书山有路勤为径,优质资源伴你行
注册世纪波学院会员,享精品图书增值服务

名师名校系列丛书

为思维而教

小学语文结构化课程设计

王在英·著

电子工业出版社
Publishing House of Electronics Industry
北京·BEIJING

未经许可，不得以任何方式复制或抄袭本书之部分或全部内容。
版权所有，侵权必究。

图书在版编目（CIP）数据

为思维而教：小学语文结构化课程设计 / 王在英著. —北京：电子工业出版社，2023.4（2025.9重印）
（名师名校系列丛书）
ISBN 978-7-121-45476-9

Ⅰ. ①为… Ⅱ. ①王… Ⅲ. ①小学语文课 – 课程设计 Ⅳ. ① G623.202

中国国家版本馆 CIP 数据核字（2023）第 072612 号

责任编辑：袁桂春
印　　刷：北京建宏印刷有限公司
装　　订：北京建宏印刷有限公司
出版发行：电子工业出版社
　　　　　北京市海淀区万寿路173信箱　　邮编100036
开　　本：720×1000　1/16　　印张：17.25　　字数：230千字
版　　次：2023年4月第1版
印　　次：2025年9月第4次印刷
定　　价：66.00元

凡所购买电子工业出版社图书有缺损问题，请向购买书店调换。若书店售缺，请与本社发行部联系，联系及邮购电话：（010）88254888，88258888。
质量投诉请发邮件至zlts@phei.com.cn，盗版侵权举报请发邮件至dbqq@phei.com.cn。
本书咨询联系方式：（010）88254199，sjb@phei.com.cn。

名师启示

"三点五步"单元整合教学模型让我在较短时间内掌握了语文阅读教学的基本规律，因业务成长快，工作三年我就评上了区级骨干教师，五年评上了区级学科带头人。

——海淀区区级学科带头人　李　倩

我正在准备一节二年级识字单元研究课，试讲后总觉得整节课是老师牵着学生走，课堂教学形式单一，但又不知如何改进。当我向王主任请教时，她欣然应允，中午匆匆吃了午饭就来到班中找我说课。我惊讶于在很短时间内，王老师对教材、课标的精准把握理解能力；感慨于每个环节的设计既能指向目标，又巧妙地处理了课后的问题，还能展现出课堂中学生对知识学习后的运用。我想，这就是一位特级教师的不同之处，只有具备扎实的业务功底、丰厚的文化底蕴和灵活的教学智慧，才会在短时间内找到授课教师的问题并给出建议。

——海淀区区级骨干教师　赵　娜

实施尊重学生阅读偏好的个性化阅读后，学生阅读量明显增加，课外阅读习惯自然形成。

单元整合教学，使我感受到教学有了主线，课时目标更加清晰，在课堂教学过程中能够大胆取舍文章内容，精简教学环节；引导学生在学习过程中不仅关注内容，更能够习得方法，对学生的思维训练更加深入、语言训练更加扎实，单元语文要素得以有序递进落实。

在阅读教学中关注习作目标达成的教学理念，让阅读教学与习作指导变成了一回事儿，极大地降低了写作的难度，语文阅读教学也提升到了指向习作目标的教学层次。

——海淀区区级骨干教师　孙　辉

通过课例展示、教材解读与教学设计培训，单元整合教学的理念引导一线教师对课文内容和课堂教学结构进行优化，对单元教学甚至全册教学有了整体系统的设计，提高了一线教师研究语文教学的兴趣。

——海淀区区级骨干教师　朱爱云

我是单元整合教学实施的最大受益者，单元整合教学令语文教学和教研充满挑战并使我体验到成长的快乐，完成了"三骨""五带""七市骨"的专业成长之路。

——北京市骨干教师　张　颖

序 言

在启迪学生思维的语文教学中实现自身的蜕变

什么是教育？什么是语文教育？什么是教学？什么是语文教学？作为语文教师，如何教学才能最有效地促进学生全面而有个性的发展？作为语文教师，如何在促进学生发展的过程中实现自身的蜕变与发展？从事小学语文教学30多年的王在英老师在这本著作里做了较好的回答。

认识王老师是在2022年1月14日。这天下午我有一个面向小学教师的讲座，她去旁听；这天有个拜师仪式，她说她要跟着一起学习；这天我写了日记，她给我提出了要加强条理性的意见；这天她开始与我进行日记交流，开始我们的双向奔赴，相向而飞。也是从这天开始，她的文字呈现在我的眼前，她的故事走进我的内心，她的思想映入我的大脑。我好奇，她是怎样从区县教学能手、学科带头人成为省城语文特级教师，又成为首都语文特级教师的。她凭什么工作一年就成为校级骨干，三年成为区县骨干，五年成为市级学科带头人，七年成为省级优秀教师并被破格评为小学高级教师？她又因为什么在36岁就评上中学高级教师，37岁就评上省特级教师？大致原因如下。

特别肯干，特别爱动脑筋，特别能坚持

自1989年参加工作后的十几年，她一直带着一个班的语文教学兼班主

任工作。面对每个班都有80多名学生的大班，她认为仅凭教师一人之力，很难取得令人满意的成绩。于是她充分发挥学生的自主自治力量，坚持做了四个方面的工作。

第一，坚持自主晨诵，培养学生的自信心。每天清晨，早到校的学生在领读生的带领下熟读课文，熟读从课本中画出来的短语和词组，熟练到一口气儿能读很多个词语并做到流畅、不间断，有时拓展些短小的诗文。她希望通过坚持自主晨诵，让每个学生具有良好的普通话朗诵能力，培养学生的自信心。这个习惯，让她的班语文成绩一直保持在年级第一。

第二，坚持学生一帮一，培养学生的自主管理能力。教学的核心是以学生为主体的学习，只有自主管理和自主学习才是最有效的。她把班级事务和中队事务进行梳理，分成若干个岗位，让更多的学生参与到班级管理中。一个月一轮换，这样就保证了80多名学生，每人每学期至少有一次能在班级管理中履职，淡化了班干部意识，增强了班级小主人意识。在学习管理方面，实行结对子小导师互助小组管理。由此解决了学困生不交作业、学习跟不上队、学习需要督促的问题。

第三，坚持互助自学，提高学生的自主学习能力。把教材知识按照难易、类别分为不同的板块，根据学生的学习程度布置课上自学、学后自查和自选作业。另外，她还培养了三四个"小老师"，学习重点知识时做讲解员，自学时带领学生自学。这样，语文学习学什么，怎么学，学生一清二楚，仅靠自学部分的学习，学生的学习成绩就已经有了保障。精读课文，作为教师的她只需要讲重点、难点部分。略读课文则提1~2个问题进行讨论，然后进行知识的积累练习。长此以往，学生摸到了自学语文的门路，培养了一种问题解决型阅读心智模式，并逐渐养成提问和自行解决问题的习惯。班主任外出学习，一走就是半个月，即使不派带班的班主任和带课的老师，班级管理、学习也井然有序，期末成绩遥遥领先。

第四，坚持开展丰富多彩的活动，提高学生的综合能力。她坚信，通过开展丰富多彩的活动，可以让学生们的少年时期过得有趣味，留下难忘的回忆，不留遗憾；也可以让学生学会做事，学会学习，学会思考，学会生活。在刚当班主任时，她就精心策划了许多活动。如每周一的队会由学生自己提前策划，主持；下午课外活动时间班级组织各种活动，讲故事、做手抄报、一分钟演讲、相声表演、课本剧表演、跳大绳比赛、拔河比赛、慰问孤寡老人等。学生在各种各样的活动中学会建立规则，遵守规则，互帮互助，团结合作。20世纪90年代初还没有让学生读整本书的意识，但诵读、讲故事、各种活动令学生在准备的过程中读了许多书，促进了大量阅读。

自主探索，自觉研究，自由创造

经过前十年的探索，她逐渐建立起"唤醒和激发学生的生命自觉，培养人的优势而非弥补短板"的最朴素教育认识。在此基础上，她逐渐形成了对语文教学的认识，即重视学生知识结构、能力结构、思维结构的形成过程；重视学生自学能力和自我教育能力的提升，重视学生健康、全面而富有个性的成长。此后，她更加注重学习，加强研究。特别是在学习了叶澜先生"育生命自觉"的教育思想后，她加深了对"唤醒和激发学生的生命自觉"的教育理念的理解，加快了课堂教学探索与研究的步伐。

第一，课堂教学的探索进一步聚集。她聚焦小学语文教学基本模式课题研究、单元整合教学研究、资料包式备课研究等。这一系列研究改变了语文课堂教学"一模式到底"的课堂教学现状，极大地提高了学生们对语文学习的兴趣，同时极大地提高了教学效率。

第二，"为思维而教"的教学理念逐步形成。2008年她在参加济南市"单元整合 比较阅读 拓展训练"研讨会做专题发言时正式提出"为思维而教"的教学理念，力求从思维培育的角度切入研究，改变语文高耗低效的现状。2014年她到北京工作，2015年申请了北京市海淀区课题"'为思维而教'的小学语文课例研究"，进一步深化"为思维而教"的理念，构建与实施了"基于尊重和发现学生的个性阅读偏好阅读课程"，把整本书阅读和活动课程纳入教学计划，整体规划目标、内容及实施方案，实现语文课程整体育人。八年来，"两加一减"的语文阅读课程重构正契合了《义务教育语文课程标准（2022年版）》提出的"深化课程改革，凸显学生主体地位，关注学生个性化、多样化的学习和发展需求，增强课程适宜性"的要求，真正实现了"课程育人，完整育人，育完整的人"的理想。

第三，"为思维而教"的语文教学思想日趋成熟。就基础课程而言，由基于教材单元整合教学发展到同册跨单元整合教学，后又发展到基于文化主题的跨学科单元整合教学，真正实现了大单元整合教学。

由于相处的时间不长，对王老师的了解还不够深入，对王老师的语文教学思想理解也不够透彻，这本书可以让我们更加深入地了解她作为一名小学语文教师的成长，更加透彻地理解她的语文教学思想。

王老师用自己30多年的语文教学生涯对教师的真善美做了诠释，对语文教师的专业成长做了解读，为我们广大教师的专业发展提供了范例，为我们广大教师培训者提供了参考。真哉，善哉，美哉！

谨以此为序。

杨秀治

2022年9月10日

前言

我从事小学语文教学研究三十多年了，一直扎根一线课堂教学，做课题研究，参加评优课或听课、评课，指导教师参赛，与一线语文教师备课、磨课、赛课，积累了几十本听课记录，保存了大量的教学案例，包括自己的授课教案。这些来自课堂的第一手资料，真实、朴素地反映、见证着小学语文课程理念随着时代变化而发展变化的过程。

自1989年参加工作后的10年里，我一直负责一个班的语文教学兼班主任工作。班额很大，有85名学生，仅凭个人之蛮力，很难取得令人满意的成绩。凭借理论直觉，我做的第一件事是让学生坚持自主晨诵，大声朗读。每天清晨，早到校的学生在领读生的带领下熟读课文，熟读从课本中画出来的词语和短语，熟练到一口气儿能读很多个词语并做到流畅、不间断。我希望通过坚持自主晨诵，让每个学生具有良好的普通话朗诵能力，培养学生的自信心。这个习惯让我们班的语文成绩一直保持在年级第一。

第二件事是坚持培养学生的自主管理、自主学习能力，实施分层教学。教学的核心是以学生为主体的学习，只有自主的学习才是最有效的。我把班级事务和中队事务进行梳理，分成若干个岗位，让更多的学生参与到班级管理中。一个月一轮换，这样就保证了85名学生每人每学期至少有一次能在班级管理中履职，淡化了班干部意识，增强了班级小主人意识。

在学习管理方面，实行结对子、小导师互助、前后桌四人一组的小组管理模式。这样做就解决了学困生不交作业、学习跟不上队、学习需要督促的问题。为每个学困生安排一个小导师同桌，小导师的座位在同一列，学困生的座位在同一列，其他同学也这样搭配并分组。上课时老师可以重点观察，眼睛一扫一列，课堂练习一收一列，也可以及时了解不同层次学生的学习情况。这种一带一、一帮一，隐性和显性分层的形式，极大地提高了学习管理和教学的效率。在此基础上，我进一步把教材知识按照难易、类别分为不同的板块，根据学生的学习程度布置课上自学、学后自查和自选作业。另外，我还培养了三四个"小老师"，学习重点知识时做讲解员，自学时带领学生自学。这样，语文学习学什么，怎么学，学生们一清二楚，仅靠自学部分的学习，学生们的学习成绩就已经有了保障。对于精读课文，我只需要讲重点、难点部分；对于略读课文，则提1~2个问题进行讨论，然后进行知识的积累练习。长此以往，学生们摸到了自学语文的门路，培养了一种问题解决型阅读心智模式，并逐渐养成提问和自行解决问题的习惯。后来，但凡有市级部门来视导、督导、听课、送课，必用我们班级做课，学生的精彩发言、顿悟思维总能不断引来听课老师的啧啧称赞。我外出学习，一走就是半个月，即使不派带班的班主任和带课的老师，班级管理、学习也井然有序。

第三件事是开展丰富多彩的活动。这样做的初心是丰富学生的学校生活，让学生少年时期过得有趣味，留下难忘的回忆，培养学生的各种能力，不留遗憾。每周一的队会由学生自己提前策划、主持。下午课外活动时间班级会组织各种活动，如讲故事、做手抄报、一分钟演讲、跳大绳比赛、拔河比赛、慰问孤寡老人等。学生在各种各样的活动中学会建立规则，遵守规则，学会做人，学会做事。

以上做法在当时完全是凭借一种教育情怀和理论直觉，在认识—实践—再认识—再实践中逐渐建立起自己对教育最朴素的认识——"唤醒和激发学生的生命自觉，教育的目的是培养人的优势而非弥补短板"；并逐渐形成了自己对语文教学的认识，重视知识结构、能力结构、思维结构的形成过程，重视自学能力和自我教育能力、学习自信、非智力因素对学生成长起到的重要作用。1996年我在《中国教育报》上发表了《利用非智力因素促进学生成长》一文。后来，又遇到了叶澜先生著的《回归突破："生命·实践"教育学论纲》，书中提出了"育生命自觉"的思想，这更坚定了我的教育初心。秉承着唤醒和激发学生生命自觉的教育理念，在课堂教学方面我又做了进一步探索。从1992年起我由自学能力、自我教育、自主管理能力研究，转型到小学语文教学基本模式课题研究，旨在提高教学效率，提高学生对语文学习的兴趣，改变"一模式到底"的课堂教学现状。一次，上级领导来学校走访，学校领导安排听我的课，我本着"大胆取舍，提高课堂容量"的想法对教学内容进行了整合，结果引起轰动，"原来语文现在这样教啊，课堂容量大，学习还轻松"。现在来看就是落实了"一课一得，优化教学内容和教学结构"的理念。

参加工作第五年，我评上了济南市市级教学能手（政府颁发）、市级学科带头人，第七年评上了山东省优秀教师，并破格评上了小学高级教师，真正实现了"三、五、七"青蓝工程成长培养目标。七年后又跟市教研员一起探索"文意兼得"语文研究。在2001年《全日制义务教育语文课程标准》（实验稿）出台之际，我评上了教育部首批"跨世纪园丁工程"骨干教师并在东北师范大学参加了系统培训，在此期间，我学会了读理论书，确立了"对话互动式教学"研究课题，一年后顺利通过了论文答辩，论文发表在《中小学教师培训》杂志上。

2005年我破格评上了高级职称，2006年评上了山东省特级教师。2008年，我在济南市"单元整合 比较阅读 拓展训练"研讨会上做专题发言时正式提出"为思维而教"的教学理念，力求从思维培育的角度切入研究，改变语文高耗低效的现状。2014年我来北京工作，2015年申请了北京市海淀区区级课题"'为思维而教'的小学语文课例研究"，并进一步深化"为思维而教"的理念，构建与实施了"基于尊重和发现学生的个性阅读偏好阅读课程"，把整本书阅读和活动课程纳入教学计划，整体规划目标、内容及实施方案，实现语文课程完整育人。每周有1/3或1/4的课时，学生课上进行自由阅读和共读，开展读书活动和其他语文活动。八年来，"两加一减"的语文阅读课程重构正契合了《义务教育语文课程标准（2022年版）》提出的"深化课程改革，凸显学生主体地位，关注学生个性化、多样化的学习和发展需求，增强课程适宜性"的要求，真正实现了"课程育人、完整育人、育完整的人"的理想。

一个人可以走得更快，但一群人可以走得更远。在参与北京市育英学校全国规划办课题"小、初、高一体化课程建设与育人模式研究"的过程中，"为思维而教"的语文教学实践日趋成熟。就基础课程而言，由基于教材单元整合教学发展到同册跨单元整合教学，后又发展到基于文化主题的跨学科单元整合教学，真正实现了大单元整合教学，提升了课程育人质量。在教学研究不断深化的过程中，也为育英学校小学语文教研团队的专业成长做出了贡献，我带领学科组两次承担海淀区教研组领导力研修培训的任务，六年里有近一半的语文教师评上了北京市骨干、区学带、区骨干。"小学语文教师单元整合教学设计与实施培训"课程被评为海淀区精品课程。

小学语文阅读课程成为学校的品牌课程之一，全国各地的兄弟校前来观摩、学习，我也被邀请外出做专题报告。一线教师一致认为这些研究成果很接地气、很实用，也很好用，很有价值。因此，我整理出文字，把实践经验记录下来，传承下去，以期惠及更多的一线教师。本书有以下基本特点：一是体现"为思维而教"的语文育人理念，以学生的"学"和"思"为中心，整体育人，育完整的人。通过对语文课程结构和内容的整合重构，体现语文课程育人模式的变革。二是基于尊重和发现学生个体偏好的阅读课程实践，为个性化阅读、成长找到一条新路。三是进行单元整合教学，通过优化教学内容、单元课程结构和课堂教学结构，实现高效教学。

由于个人学识、能力有限，此书还有待完善的地方，特别希望各位同仁、专家真诚地提出自己的意见，一起探讨语文课程育人和教学问题，让语文教师教得更有趣、更有意义、更高效、更有激情。

王在英

2022年6月1日

于北京市育英学校

目录

第一章　为思维而教　/ 001

　　一、"为思维而教"的理念建构　/ 002

　　二、小学语文课程的重构与实施　/ 005

　　三、整体推进、融合实施的教学策略与效果　/ 022

　　四、单元整合教学中的语文思维培育　/ 025

　　五、单元整合教学设计与实施的教师培训　/ 040

　　六、总结反思　/ 046

　　七、师训成果　/ 047

第二章　"为思维而教"的单元整合教学　/ 049

　　一、"为思维而教"的单元整合教学基本理念　/ 050

　　二、"为思维而教"的单元整合教学设计原则　/ 056

　　三、"为思维而教"的单元整合类型　/ 064

　　四、"为思维而教"的精读拓展课教学模型　/ 071

　　五、"为思维而教"的单元整合教学案例　/ 076

第三章　从"整本书阅读"走向尊重学生个体偏好的阅读　/ 117

一、当前阅读普遍存在的问题与解决方法　/ 118

二、基于尊重和发现学生个体偏好的整本书阅读策略　/ 124

三、让学生爱上阅读的指导与实施方法　/ 132

四、绘本阅读教学案例　/ 151

第四章　学思课堂　/ 159

一、"学思"理念建构　/ 160

二、"学思"语文的价值追求　/ 163

三、"学思"语文课堂特征　/ 165

四、"学思"语文实践的现实意义　/ 173

五、培养学生提出高质量问题的策略　/ 180

第五章　创思习作课程实施　/ 183

一、写话、习作教学的理性思考　/ 186

二、写话、习作教学的范式　/ 204

三、怎样教，才能写得"多"　/ 226

第一章

为思维而教

> **本章导读**
>
> 当代教育倡导整合教育，完整育人，育完整的人，点化人之生命。当代教研倡导在教学理想感召下自主研究、自主建构、反思改进。小学教育是启蒙教育，教育的目的是唤醒和激发学生的生命自觉，其价值是"为思维而教，为态度而学"。
>
> 思维本身就是"探究、调查、熟思、探索和钻研，以求发现新事物或对已知事物有新的理解"。树立以思维发展为先，以发展思维能力为核心的教学思想，通过健全语文课程结构，对语文学习内容进行结构化统整与优化，把整本书阅读和语文活动纳入语文教学计划中，整体推进，融合实施，借以增强课程及教学过程的实践性、综合性、实用性，突出课程内容的动态更新及与学生生活的实际联系，增强学习的开放性，培养学生的核心素养，实现自主合作探究学习方式的有效转变，全面发挥语文课程的育人功能。

一、"为思维而教"的理念建构

思维即思想，指理性认识，与感性认识相对，是人脑对客观事物间接和概括的反映。思维即思考，指理性认识的过程，是主体对信息进行的能动操作，是人类自己对情感信息的处理过程。在语文学习中常用到的或基于创造性思维培养的思维类型有发散思维、聚合思维、形象思维、直觉思维、隐喻思维、逻辑思维、还原思维等。思考的过程包括分析与归纳、比较与整合、分类与变相、存储与删除、采集与辨别等。

为思维而教就是紧紧把握"思维也是语文学科本质"这一根本，以学生的思维发展为先，把促进学生思维发展作为首要目标和终极目标，运用抛锚式、启发式、讨论式教学策略，推进对话交流、发现探究的学习方式，唤醒、激发学生的生命自觉。

当下，在小学语文课程改革背景之下，语文课堂教学中存在的问题比较集中：教师的课程意识、整合运用资源意识不足。"教材就是个凭借，课文就是个例子"的理念落实不够。课堂上教师主讲的现象还非常普遍，不注重对学生自主学习能动性的激发，没有给予学生充足的发现探究的机会；不注意培养学生自主学习的能力，限制了学生的思维发展；课堂教学只引导学生关注课文内容写了什么，在深入理解内容方面着力，没有关注作者是怎样写的及为什么这样写指向的有效表达思维训练；学生不会思考，课堂发言时语言组织不成片段，语言凌乱，思想不清，思路不明。解决问题不注重依据文本进行分析归纳、整合诠释，空泛地谈感觉，问题解决效果差。教师教得累，学生学得苦，语文学习缺乏生机。

学习的必由路径是大脑。朱绍禹曾有过这样精辟的阐述："语文科是语言学科，同时也是思维学科。同对语文科是工具性学科和思想性学科的认识一样，这样的认识也是语文科的一种本质观。"在语文教学中，对语言和思维同等重视，是众多国家的现状，也是世界性的趋势。而在实践中，老师们更多关注的是增进理解，揣摩语言，在语言的实践与运用中着力，不重视思维的锻炼，忽视了培养学生的思维能力这个最终的目标。叶圣陶先生说："思想不能空无依傍，思想依傍语言。思想是脑子里在说话——说那不出声的话，如果说出来，就是语言，如果写出来，就是文字。朦胧的思想是零零碎碎不成片段的语言，清明的思想是有条有理组织完密的语言。""写文章就是说话，也就是想心思。思想、语言、文字，三样其实是一样。"100多年前俄国教育家乌申斯基就提出了学生的"思维发展先于语言发展"的教育思想。他说："语言并不是什么脱离思想的东西，相反，语言乃是思想的有机的创造，它扎根于思想之中，并且从思想中不断地发展起来；所以，谁想要发展学生的语言，首先应该发展他的思维能力。离开了思想单独地发展语言是不可能的；在发展思维以前发展语言甚至是有害的。"我国当代教育研究者郅庭瑾在《教会学生思维》一书中指出，过去的教学习惯，没有提出把培养思维放在语文教学的首位。语文教育中出现的种种弊病大概根源于此。

要想有效地解决以上问题，首先，我们要树立"为态度而学，为思维而教"的理念，从根本上解决语文学科"陷于内容理解"式的教学现状。通过语文课程的重组，完善课程结构，完备课程内容，形成尊重与发现学生个体偏好的语文课程，使之呈现出这样的课堂样态：通过同一主题下思维的发散与聚合、联想与想象单元整体教学，采用对比发现、比较阅读的策略，体会同一主题不同文章的不同侧面，领悟认知规律的本质或语言表达方面的异同，促进思维和语言的协调发展。教师要通过单元整体推进整合教学（以下简称单元整合教学），增强自身服务学生学习的意识，转变以"教"为中心的教学设计思路和课堂教学过程定位，"以学为中心""以学生为中心"，落实教师"贴着学生的学情"即顺学而导的教学理念。

其次，集智教研，让教研焕发活力。在传统教研中，教师是作为执行者来观摩、学习、落实某种理念下的行动的。而新课标要求下的教师是需要通过自主参与、探索，在一种假设或一种教学理想的感召下自主研究，在行动中自主建构、反思改进、总结经验，在固化中深化的行动者。参与者（学生）就是创造者的角色，这才是最大魅力。

高度重视学生思维发展与提升的语文教学，同时重视每一位教师的智慧创生和分享，通过单元整合教学倒逼教师团队合作。自主意识、教研组互助合作、自主进修学习同样在教师身上自然发生。学生的独立性、创造性、自主性、能动性得到点燃，学生和学生之间、教师和学生之间焕发出一种温暖、自由、愉悦的和谐关系，形成"为态度而学"的浓厚氛围。

总之，由学课文、理解内容向学会阅读、掌握方法、进行阅读实践、领悟语言运用规律、进行自主习作转变，从而走向运用语文创造美好生活的目的。

二、小学语文课程的重构与实施

（一）语文课程重构

小学语文教科书编写思路围绕"人文主题"和"语文要素"双线组元，加强单元整合。关于整合，《新华词典》给出的解释为"通过整顿、协调重新组合"。《义务教育语文课程标准（2011年版）》在课程理念部分提出了"整合"概念："注重跨学科的学习和现代科技手段的运用，使学生在不同内容和方法的相互交叉、渗透和整合中开阔视野，提高学习效率，初步养成现代社会所需要的语文素养。"而《义务教育语文课程标准（2022年版）》则更加强调了"整合"，在课程理念方面强调"以学习主题为引领，以学习任务为载体，整合学习内容、情境、方法和资源等要素，设计语文学习任务群""注重课程内容与生活、与其他学科的联系，注重听说读写的整合"；在课程目标上主张"主动积累、梳理基本的语言材料和语言经验，逐步形成良好的语感"；在课程内容组织与呈现方式上要求"义务教育语文课程按照内容整合程度不断提升，分三个层面设置学习任务群""通过倾听、阅读、观察，获取、整合有价值的信息""注重整合听说读写，引导学生综合运用朗读、默读、诵读、复述、评述等方法学习作品"；在学业质量上要求"依据义务教育四个学段，按照日常生活、文学体验、跨学科学习三类语言文字运用情境，整合识字与写字、阅读与鉴赏、表达与交流、梳理与探究等语文实践活动，描述学生语文学业成就的关键表现，体现学段结束时学生核心素养应达到的水平"；在课程实施教学中建议"应整合关键的语文知识和语文能力，体现运用语文解决典型问题的过程和方法"；在教学研究与教师培训上强调"要注意语文学科与其他学科的关联，提高跨学科整合课程资源的意识和能力"。

《义务教育语文课程标准（2022年版）》首次单独设定了课程内容，分为三个层次、六个学习任务群：语言文字积累与梳理（一个基础型学习任务群）、实用性阅读与交流、文学阅读与创意表达、思辨性阅读与表达（三个发展型学习任务群）、整本书阅读、跨学科学习（两个拓展型学习任务群）。基于对生活的完整性和人的生命发展完整性的认识，为推动课程及教学过程的实践性、综合性、实用性，加强语文学习内容的整合，打破只学教材的现状，应重视发挥整本书阅读、语文活动（日常生活化的活动和围绕读书开展的读书活动）的育人功能，进行语文学习内容的结构化统整，突出课程内容的动态更新及与学生生活的联系，培养学生的核心素养，真正发挥语文课程的育人功能。由此，以彰显"阅读育人"为价值取向和路径，以课堂实施为主阵地，建立新的语文课程结构，该结构以四大课程为基础：基础发展课程、阅读实践课程、活动拓展课程、跨学科实践课程，如图1-1所示。

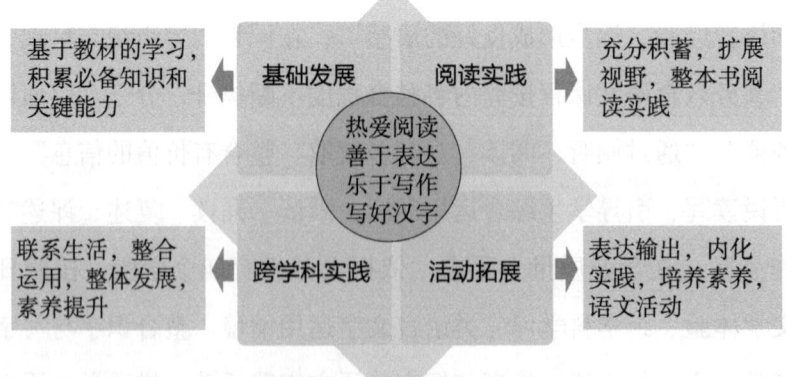

图1-1　新的语文课程结构

《人民教育》2013年第23期、第24期连载了重要的学术文章《做会为自己选书的阅读者——基于儿童阅读偏好与兴趣的观察与解释》；《义务教育语文课程标准（2011年版）》中也明确指出，"鼓励学生自主阅读、自由表达""阅读是学生的个性化行为""鼓励学生自主选择优秀的阅读材料""开展各种课外阅读活动，创造展示与交流的机会，营造人人爱读书的良好氛围"，在理论和指导思想上为语文课程个性化实践提供支撑。基于尊重学生个体偏好的小学语文阅读课程建构与实施示意图如图1-2所示。

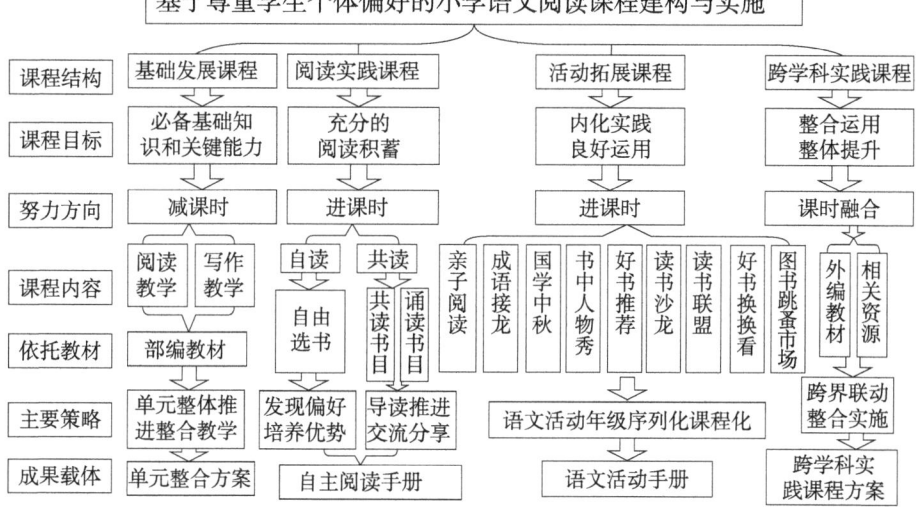

图1-2　基于尊重学生个体偏好的小学语文阅读课程建构与实施示意图

基础发展课程即基于教材内容的学习。"用好教材，活用教材"，拓宽语文学习和运用的领域，对国家课程进行校本化开发与实施，落实双基，使学生获得必备的语文知识和关键能力，初步获得基本的语文素养。

阅读实践课程即将基于教材规定的整本书阅读和教师推荐、教育部推荐、同伴推荐、学生自主选择的整本书阅读纳入学校课程，占用一定课时，进行充分的阅读积蓄，培养学生良好的语言运用能力，尊重学生的阅读偏好，激发学生的阅读兴趣，培养阅读习惯，引导学生学会阅读，开阔视野，积淀人文素养。本课程最突出的特点是从教材规定的整本书阅读走向基于尊重和发现个体偏好的整本书阅读。阅读偏好是指每个读者由于先天的趣味及后天环境的影响而对不同的阅读内容、方式等有个性化的爱好，阅读课程中要尊重学生对文本的选择、尊重学生阅读文本的方法、尊重学生对文本的阐释及回应文本的方式。有关学生阅读偏好的基本观点有三个：一是阅读过程的所有环节都带有个人偏好的强烈色彩；二是不同偏好之间是可交流的，而且交流本身就是阅读的最大价值；三是交流碰撞以每个人的差异性为前提，交流的频率越高，阅读的收效越好。

活动拓展课程即整合综合实践活动和日常语文生活，统筹规划与基础发展课程、阅读实践课程相匹配的学科综合活动课程，让学生在体验中感受语文学习的乐趣，在生活中学习和运用语文。利用活动拓展课程加强基础发展课程、阅读实践课程的密切联结，整体、生动地刻画和展示学生的语文学习成果。

跨学科实践课程即聚焦跨学科主题和目标，整合教材内容中与生活相关的课程资源，进行跨学科的整体、融合式的学习设计与实施，促进知识与能力、过程与方法、情感态度与价值观的整体发展。

四大课程互为基础、互为支撑、相互促进、融合实施，旨在逐步培养学生的核心素养，为学生终身发展奠定基础。基础发展课程强调基础和关键；阅读实践课程突出基于阅读偏好的自主阅读，强调自主和个性化；活动拓展课程强调阅读实践的活动化、系列化；跨学科实践课程强调学习的跨界与生活实践。着眼于学生语文核心素养发展的四大课程不是并列平铺式的学习，而是呈登山式的进阶学习。就课时分配而言，每周6课时中，一二年级是5+1，5节用于学教材，1节用于整本书自由阅读；三至六年级是4+2或者3+3。前三类课程课时比例为5∶3∶2。跨学科实践课程是前三类课程的整合形态，因此以下主要介绍前三类课程。

（二）基础发展课程的实施

基础发展课程在教学策略上主要采取单元整合教学，实施一课一得。

具体操作中，依据课程标准和学生学情采取"保留、调整、删除、补充"等方法，将教材进行整合，每个单元聚焦一个大问题即本质问题，这也是部编版教材中的单元语文要素。每节课围绕单元目标聚焦本节课、本篇课文具有独特价值的一两个具体问题展开教学，大大提高了效率，节省了授课时数，形成了学科、年级两级"基础发展课程单元整合教学实施方案"，轻负高质，以综合素养过程性评价、终结性评价等进行评价，促进学生掌握必备的语文基础知识和基本能力。

1. 基础发展课程实施的基本原则

基础发展课程通过激发学生学习语文的兴趣，使学生掌握语文学习的基本方法，养成良好的学习习惯，积淀人文素养，落实双基。基础发展课程力求构建紧张、灵动、活泼、充满生命张力的对话互动式课堂，以提高学生自主学习能力、积极学思、经历有深刻心理体验的课堂设计为主线，培养学生"敢于质疑、善于提问"的问题意识，让学生更多地参与课堂学习。

基础发展课程实施总体遵循六大原则：

（1）以学定教，教无定法。

（2）一课一得，得之深刻。

（3）方法指导，实践运用。

（4）指向表达，说为引桥。

（5）自主合作、发现探究的学习方式。

（6）抓点找线，单元整合教学。

2. 基础发展课程课堂教学基本模型

1）单元整体推进的课型

教科书围绕"人文主题"和"语文要素"双线组织单元，由导语、课文、口语交际、语文园地、习作组成单元系统。单元系统内部要素间环环相扣，相互配合，横向联系，形成合力，共同促进学生发展。强化阅读，构建"精读""略读""课外阅读"三位一体的阅读体系：精读课文学习方法，略读课文运用方法，"快乐读书吧"使课外阅读课程化，引导学生进行大量阅读实践。这样的设计力求把课外阅读和课内阅读有机整合，共同促进学生能力的提升。通过对语文学习的课程重构，"快乐读书吧"具备了阅读课程中的整本书阅读导读的作用。

根据教科书单元系统内容要素的定位和功能，我们可把一个单元的课型分为四种基本课型：预习交流课、精读拓展课、略读拓展课、迁移表达课。

预习交流课即整体感知、自主交流课，低年级倡导零起点教学；中年级课内进行预习指导，逐渐放手课下预习；高年级课前预习。自主预习后组织学生进行充分的自学交流。关于预习交流课的重要性，叶圣陶先生说："只要指点与诱导得当，凭着精读教材也就可以培植学生的欣赏文学的能力。如果课前不教学生预习，上课又只做逐句讲解的工作，那就谈不到培植。前面已经说过，不教学生预习，他们就经历不到在学习上很有价值的几种心理过程；专教学生听讲，他们就渐渐养成懒得去仔细咀嚼的习惯。综合起来，就是他们对于整篇文章不能做到透彻了解。"

精读拓展课又称教读课或精读引领课。叶圣陶先生在《论国文精读指导不只是逐句讲解》一文中提到"养成阅读书籍的习惯，培植欣赏文学的能力，训练写作文章的技能"；"所谓欣赏，第一步还在透彻了解整篇文章，没有一点含糊，没有一点误会。这一步做到了，然后再进一步，体会作者意念发展的途径及其辛苦经营的功力。体会而有所得，那踌躇满志，与作者完成一篇作品的时候不相上下，这就是欣赏，这就是有了欣赏的能力"。通俗地讲，精读就是对文本进行认真仔细地研读，对文本的用词造句、段落层次、篇章结构、表达方法等进行揣摩品味、细读探究等。

略读拓展课又称自读课。叶圣陶先生在《略读指导举隅》前言中说道："学生从精读方面得到种种经验，应用这些经验，自己去读长篇巨著以及其他的单篇短什，不再需要教师的详细指导，这就是'略读'。就教学而言，精读是主体，略读只是补充；就效果而言，精读是准备，略读才是应用。"略读不是粗读，就教师指导而言，不必纤屑不遗，只须提纲挈领；就学生功夫而言，还是要像精读那样仔细咀嚼，但是精读时候出于努力钻研，从困勉达到解悟，略读时候却已熟能生巧，不需多用心力，自会随机肆应，所以叫略读。通俗地讲，略读就是大致地读，其目的在于粗知文本大致的内容，而文章的结构、语言修辞等不是主要关注的。略读也应认真地读，它的优势在于发挥人的直觉思维的作用，整体把握文本的内容，快速捕捉关键的信息。

精读、略读要多多参考其他材料，要翻检、搜寻，"读书不求甚解"的态度是终身的病根。略读原是用来训练阅读的优良习惯，必须脚踏实地、毫不苟且，才有效益，到习惯既成之后才会"过目不忘""展卷自得"。略读拓展教学环节有两个目的：一是用来培养理解能力、问题解决能力和进行写作技术研究；二是训练对内容形式研究的敏捷度。

"拓展"指在原有的基础上增加新的东西，是质量的变化，而不是数量的变化。课堂中的拓展指通过知识、资料、文章的补充，实现认知的深化、理解的深刻、情感的升华、视野的开阔、智力背景的丰富。学生拥有越多的背景知识，对教师教的内容理解得越容易，理解得越多。精读拓展课中的"拓展"可与单元内的略读课文进行整合，也可以根据学习目标补充紧密相关的资料，还可以根据训练点补充篇目。略读拓展课中的"拓展"指补充与训练点相关的其他篇目或表达的训练，最终为对比发现、建立结构、寻找表达途径、联系生活进行有效表达实践服务。

迁移表达课指借助教材和生活中的课程资源训练学生口头表达和习作的技能。叶圣陶先生曾说："临时搬出些知识来，阅读应该怎样，写作应该怎样，岂不是要把饱满的整段兴致割裂得支离破碎？所以阅读和写作的知识必须化为习惯，在不知不觉之间受用它，才是真正的受用。"生活如泉源，文章犹如溪水，泉源丰盈而不枯竭，溪水自然活泼地流个不停。写文章不是生活上的一种点缀、一种装饰，而是生活本身。

2）不同课型的学习目标

预习交流课：①学会本单元课文中的生字、生词，自主积累常用的和自己喜欢的词语、词组，发现构词规律，自主查字典并联系上下文理解词语的意思；②正确、流利、熟练地读课文；③概括课文内容；④提出自己不懂的问题，并初步交流。

精读拓展课：①渗透、总结、运用、实践阅读方法；②通过多种方法达成单元语文要素即训练点；③有感情地朗读课文。

略读拓展课：①通过多篇对比阅读，发现聚焦语文要素之下每篇课文的独特价值和共同反映的文本价值、语文规律及哲学性领悟（思维的发散与聚合）；②联系生活，进行有效表达，为习作做铺垫。

迁移表达课（习作指导、评改与小练笔、口头表达训练）：①认真审题，根据写作主题要求积极实践，乐于分享，乐于交流；②通过赏析、评改他人习作，主动修改自己的习作。

操作要领：预习交流要充分到位；精读拓展"点"上深究；略读拓展力求升华；迁移表达需紧密联系生活。

3）"三点五步"单元整合教学模型（见图1-3）

三点即关注思维、方法、有效表达，体现语文四个核心素养教学层面的实施。一切教学活动围绕这三个核心点展开。一般情况下，每种课型根据学习目标，将课堂教学模型要素组合成每课时五步教学，即单元五步模型。

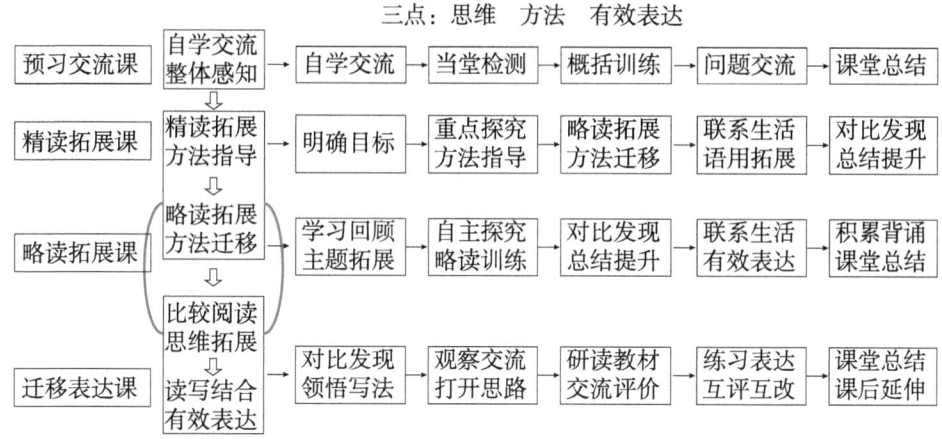

图1-3 "三点五步"单元整合教学模型

（三）阅读实践课程的实施

1. 打造"随处遇书"的阅读环境

班级和学校为学生提供了丰富的校园阅读资源。学校里，随处遇书，随手拿书，随地可以读书，营造了浓厚的阅读氛围；有主题阅读馆、书香大道、静心读书吧等藏书丰富的阅读馆，还有三四个集中展示区。教学楼内，在教室里有个性化小书架，每个楼层都设有读书角，楼内外到处张贴着学生读书的照片、感悟，这些都构成了校园里随处可见的流动图书馆。校园成了大教室，学校就是大课堂，实现了"处处有书可以读，时时有人在读书"。我们还制定了"校园读书安排表"，在天气条件允许的情况下，阅读课都是在校园的各个景点进行的，银杏广场、校友广场、翠竹广场等都是读书的好去处。编制"自主阅读手册"是另一个重要举措。该手册的内容主要包括"我的读书计划""每天的读书记录""读书感悟"等板块。"我的读书计划"每月制订一次，月初制订，并利用"我的读书足迹"在月末进行对照总结。"每天的读书记录"包括"基本信息""摘抄赏析""自由表达""补充材料"等板块。"读书感悟"每个月设计两次，每学期八次。同时，为了解学生的阅读偏好，我们进行了大量的问卷调查，研究学生的阅读偏好，寻找阅读偏好变化的规律。这些措施在帮助学生读到书、怎么读书、读什么书方面给予了全面和充分的保障。

2. 培养阅读习惯

持续激发学生的阅读兴趣，培养阅读习惯，主要做好三件事：一是持续缄默式阅读；二是为孩子们大声读书；三是自由阅读。

3. 纳入课时与评价

阅读实践课程通过课外阅读课内实施，持续激发学生的阅读兴趣，培养阅读习惯，形成阅读能力，增加阅读量，扩大阅读视野。以小学为例：一二年级拿出一节语文课的课上时间通过读绘本、背古诗、诵歌谣、读故事、讲故事等活动手段拓展识字量，平均达到2500字，促进学生"尽早阅读"，在低年级就实现"自由阅读"。三至五年级拿出2～3节语文课的课上时间进行整本书"自主阅读，个性表达"探索，尊重和发现学生的阅读偏好，让学生在自主阅读中学会选书，学会读书，以读促思、以读促说、以读促写，读写融合，全面提升语文素养。高年级的阅读课分自由阅读和共读书目阅读。针对共读书目，教师要做好导读过程交流与评鉴。

阅读实践课程评价方面，采用过程性评价、结果性评价、表现性评价、成果性评价、荣誉评价、积分评价，以及自评、生生互评、师评、家长评、伙伴评等多种形式，多元实施。借助低年级书香家庭评价，以亲子活动为抓手，促进家校同频共振抓阅读兴趣和习惯培养。"课堂自主读书状态调控"即自由阅读课上教师"干什么"和"怎么管"：上课过程中教师观察记录，下课前的几分钟进行统计，并纳入评价体系。每学期评选出"书香少年""阅读明星"，在校园内设展示专栏激励学生读书，以榜样育人。

4. 体现尊重和发现学生个体偏好的阅读

（1）每个班级建立个性化小书架。

（2）自由阅读课时可以在教师的组织带领下到图书馆自主选书阅读；或者在班内读自己的书，读班级小书架的书；或者学生间互相借阅，但教师不得干涉学生读什么书、怎么读书，发现有问题的书教师及时做出引导。

（3）经常做不同书籍的阅读交流和分享。

（四）活动拓展课程的实施

1. 体现尊重个体偏好的整本书阅读活动

《做会为自己选书的阅读者——基于儿童阅读偏好与兴趣的观察与解释》一文指出："阅读是一种社会化活动。在阅读中，我们既希望与书中的人物认同，又希望能在现实中与他人交流读书的乐趣。在一个阅读群体中，交流碰撞以每个人的差异性为前提，交流的频率越高，阅读的收效就越好。"

读书交流活动的方式是多种多样的。年级、班级各自设计自己的读书活动品牌，形成年级特色，然后经过梳理、整合和固化，形成语文活动课程体系，并编辑形成"语文活动指导手册"，以利于教师自主传承与运用。例如，三年级有国学中秋活动，还有成语接龙系列活动，包含讲成语故事、演成语故事、成语大赛、你演我猜等。四年级有好书推荐、书中人物秀、国学中秋等活动。五年级有读书沙龙、跨年级读书联盟、课本剧表演、续写大赛等活动。语文学科组集中统一组织的活动有"作家有约""好书换换看""图书集贸市场"等，丰富的活动满足了学生个性化的需求。尤其在跨年级读书联盟活动中，打破班级界线，把相同阅读偏好的学生组织在一起进行读书交流。

具体操作：各班推荐两至三个交流主题，参加全校的读书联盟交流活动。上报主题后，教师根据主题进行简要分类，即初步结盟，然后由联盟成员推选出联盟长，参加跨年级的读书交流自主结盟，可以是同主题也可以是不同主题的结盟，但每个联盟必须是跨年级的，随后选出联盟盟主。盟主组织本联盟成员设计海报、安排交流顺序、设计互动策略等。其他同学根据自己的阅读偏好自行报名，盟主全面安排本联盟的交流工作。最后择期开展读书联盟活动。在这样的活动中，语文教师可打破任教年级界线，根据自己的阅读偏好或专攻方向指导一两个团队，加入同学们的交流中。

再如，班级"好书推荐"活动，即每天由两名同学，每人限时八分钟，向同学们推荐自己喜欢的书籍；三分钟"名家介绍"活动，即向同学们推荐自己喜欢的古今中外的名人大家；"读书大讲堂"活动，由学生自定内容，向同学们讲读自己喜欢的佳作名篇。

活动课程坚持"评价先行、有活动就有评价"的原则，每开展一个活动都会制订相应的评价方案，如"好书推荐评价方案""佳作欣赏评价方案""续写大赛评价方案""个性化阅读交流活动评价方案"等，最终汇聚到"语文学科综合素养评价方案"。

基础课程、阅读课程主要是基于班级范围的小的社会化学习，而活动课程就是大的社会化学习。通过固化、深化和完善学科、年级、班级、个人不同层面，以及学期、月份不同时间的语文活动，提高学生在各种场合学语文、用语文的意识，多途径提高学生语文素养，打造跨学科融合的语文品牌活动，为学生综合运用语文、创造性使用语文提供优质的平台。

2. 其他语文活动

千百年来，传统节日在中国社会中占据着重要位置，深受官方、文人、百姓等各界重视、推崇和喜爱。中华传统节日的发展是一个继承和沿用的过程，也是一个不断充实和创新的过程。传统节日的变化和创新，不仅表现在纵向的时间维度上，而且表现在横向的空间维度上。正所谓"百里不同风，千里不同俗"，不论是传统节日的设置方式还是庆祝方式，各个地区和民族都形成了鲜明的自身特色。各个地区和民族的传统节日都是中华传统节日体系的组成部分，都对丰富和发展中华传统节日文化起到了推动作用。中华传统节日在精神层面上的文化特质主要有五项：一是颂扬爱国；二是追求美好；三是重视情感；四是崇尚科学；五是关注健康。近些年来，传统节日中像上巳节等这些小的传统节日越来越被边缘化、空心化。如何保护传统节日这一祖先留给我们的珍贵遗产，捍卫民族身份的重要标识，建设大家共有的精神家园，是摆在所有中国人面前的一项重大课题。因此，组织中华传统节日文化溯源活动，很有必要。

中华传统节日文化溯源活动

——以《乞巧，女生的狂欢节》为例

活动目的

通过搜集资料、调查研究、亲身体验等引人入胜的活动形式，了解农耕文明的兴衰，体验中华传统节日文化价值的人文底蕴，追寻、研究中华文明的起源、发展，培养学生的探究能力、社会调查能力、与人交流合作的意识、团结精神，发掘、抢救、保护、传承乞巧风俗文化，增强文化认同与自信，扩大文化影响。

探究活动内容

1. 乞巧交流会：通过调查、阅读、搜集有关乞巧节的相关文化知识，丰富学生的精神文化生活，增强对传统文化的认同。

2. 乞巧中的文学：通过了解与乞巧节有关的民间故事、诗文，准备故事会暨诵诗会。

3. 乞巧文化活动：调查、了解、对比各地乞巧节的民俗风情，参与到应节食品制作等有趣的活动当中，亲身感受传统节日的人文魅力，自觉传承具有本土特色的节日文化生活。

4. 乞巧狂欢节：通过创造乞巧狂欢节活动，学生在自主活动中体验坐巧、迎巧、祭巧、拜巧、娱巧、卜巧、送巧七个环节的趣味性，了解农耕文明，增强文化认同。

活动过程

阶段一：情境创设，任务驱动，设计方案。

情境创设：同学们，在中华传统节日中，有一个节日可谓女生的"狂欢节"，你们知道吗？不是妇女节，也不是七夕节，更不是由大学生发起的女生节，而是乞巧节。我们在征询同学们的建议后，决定在班级创立一个具有中华传统文化的男女生狂欢节，祈求获得无限的智慧。我们一起来探究吧！

讨论（1）：从哪些方面准备？用什么方式调查、了解？

探究内容：节日主题、节日时间、节日特征、节日价值、节日起源与发展、民间传说、乞巧民俗、诗文、活动形式与过程、文化拓展等。

讨论（2）：为了完成以上探究任务，小组内要进行分工，讨论并确定以什么样的形式梳理、呈现这些知识。

阶段二：小组交流，确定在狂欢节上要呈现或表演的内容。

阶段三：企划、征选狂欢节活动方案，确定活动时间、活动流程，统计每个人准备的内容（对诗文、赛唱、讲故事、乞巧舞）等。

活动流程要求：按照坐巧、迎巧、祭巧、拜巧、娱巧、卜巧、送巧七个环节进行，每个环节用乞巧歌舞或唱词相伴。

阶段四：乞巧狂欢节活动。现场按照乞巧节的道具要求布置，活动类按照乞巧七环节展示，乞巧美食、手工作品、手抄报、绘画作品等提前在家准备好带到学校里来。

活动小结：整理出文字材料和图片资料，做成第一届乞巧狂欢节纪念册。

附：安以恒同学做的调查研究报告。

乞巧节的历史和现状研究报告

一、问题的提出

乞巧节和七夕节是同一个节日吗？现在有女生节，古代有女生节吗？许多国家都有一个传统的狂欢节，有化装舞会、彩车游行、假面具和宴会等有趣好玩的项目，中国有类似狂欢节的节日吗？为什么乞巧节被定为中华传统节日，可是现在人们叫它七夕节呢？带着这些问题，我对乞巧节的历史和现状做了一次调查研究。

二、研究方法

1. 查阅书籍和报刊、知网。

2. 询问身边的人。

3. 其他方法。

三、资料整理

项目	内容
时间	每年农历六月三十日晚（小月二十九日）至七月初七晚，连续举行七天八夜的乞巧活动
主题	"乞巧"是向神灵讨要智慧的意思，乞是乞讨，巧则是心灵手巧，有巧思妙想，其实质是有智慧。乞巧最普遍的方式是对月穿针，如果线从针孔穿过，就叫得巧。这一习俗唐宋最盛。诗人林杰的《乞巧》这首诗浅显易懂，表达了少女们乞取智巧、追求幸福的美好心愿
特征	乞巧文化，是起源并流传于甘肃陇南西汉水流域的秦人遗风，是一种集信仰崇拜、诗词歌赋、音乐舞蹈、工艺美术、劳动技能为一体的综合性节日民俗文化活动。西和乞巧节是中国古代乞巧民俗的"活化石"，是名副其实的"中国女儿节"，是全国范围内保存最完整、历史最悠久的七夕节日民俗活动之一
价值	**学术价值**：对西秦文化的探究有重要价值 **艺术价值**：大量的乞巧歌曲和丰富的舞蹈动作，具有较高的艺术价值 **实用价值**：是女子娱乐、狂欢、精神解放的主要方式；是女子集中交流学习生活经验、提升自身素质、追求心灵手巧的重要途径

续表

项 目	内 容
起源与发展	**乞巧起源于**：①天象崇拜；②牛女传说；③秦人习俗 乞巧民俗历史悠久，与中华民族"七夕"文化同源同根。乞巧源于中国文化中织女、牵牛、河汉三种天象。古文献中最早关于乞巧的记载是东汉崔寔的《四民月令》。《西京杂记》中也有"汉彩女常以七月七穿七孔针于开襟楼，人俱习之"的记载。西河乞巧活动源于牛郎织女的传说，与当地的天文现象和独特的地理环境密切相关。西和礼县交界处的大堡子山秦文公墓的出土，说明秦人发祥于西、礼二县一带，因此"乞巧"风俗是秦人古老遗风。传统习俗中，人们通常把心目中最尊敬的女性神灵称作"娘娘"，如王母娘娘、送子娘娘等。据载，天上织女"年年机杼"，善织"云锦天衣"，所以人们尊称她为"巧娘娘"。姑娘们怀着对巧娘娘虔诚的心情，抱着美好的期盼，届时请她下凡来，从农历（下同）六月三十日晚（小月二十九日）至七月初七晚，举行七天八夜的乞巧活动，乞求巧娘娘赐以聪慧、灵巧，故当地称其为"乞巧节"。因参加乞巧的多为未出嫁的姑娘，历代文人又称其为"女儿节""女节" 自20世纪50年代以来，受现代文明的冲击，这一古老的民俗文化在全国已经基本绝迹，至20世纪80年代得以恢复。中国甘肃陇南西和县、礼县的西和乞巧女儿节在2006年申请了民俗文化遗产，名称为乞巧节，遗产编号：X-3 **闽南** 在闽南，当地人把织女称为"七娘妈"，是保护孩子平安的神。闽南的习俗是在七夕这天吃石榴和使君子煮蛋、肉，以及红糖糯米饭，以驱虫防瘟疫 **江南** 江南的刺绣女孩会在夜晚月光下，将一根绣花针轻轻放到一碗水的水面上，借助水的表面张力将针托浮。在月光照射下，针周围会出现水波纹，哪个波纹最复杂，哪个就会绣出最好的作品，有时针上穿有红丝，也是向七仙女"乞巧" **西南** 染指甲是西南一带的七夕习俗。年轻姑娘们还喜欢在节日时用树的液浆兑水洗头发，传说这样可以保持年轻美丽，对未婚女子而言还意味着找到如意郎君 **胶东** 胶东地区则多在七夕拜七神姐。妇女们穿上新装，欢聚一堂，盟结七姐妹；少女们则制作牡丹、莲、梅、兰、菊等带花的饼馍食品，称巧饼，用来祭祀织女 **广东** 在广东，人们六月便开始准备，把稻谷、麦粒、绿豆等浸在瓷碗里等待发芽。临近七夕便扎糊起一座鹊桥，还会制作各种精美的手工艺品。七夕之夜，人们在厅堂中摆放八仙桌，摆上各种精彩纷呈的花果制品和女红巧物

续表

项　目	内　　容
民间传说	传说中的秦人始祖女修以织闻名，传于后代。织女的传说同周人始祖中发明了牛耕的叔均传说结合在一起，形成反映中国古代农村社会男耕女织经济结构的牛郎织女的传说
民间习俗	摆设瓜果香案、观巧芽成影、穿针乞巧、练唱乞巧歌、准备乞巧服装、制作巧娘娘像、迎请巧娘娘像、攀搭桥、迎巧、祭巧、唱巧、跳麻姐姐、相互拜巧、祈神迎水、乞巧歌舞、"打十"舞、针线卜巧、巧饭会餐、转饭、照瓣卜巧、送巧等
文化活动形式和过节过程	**乞巧前的准备**：选址、联络、筹资、练歌、备装、生巧芽、请巧、造巧等 **乞巧全过程**： 1. **坐巧**。姑娘们将自己的手襻解下，一条接一条地连成一根长头绳。手捧香盘的姑娘走在前面，其他人列队跟随。香盘内放有香、蜡、黄裱纸等祭品和头绳。来到村镇外的大河（沟）边，先由两人分别站在两岸，把头绳横拉在河面上。接着点蜡、炷香、焚裱纸、祭祀跪拜。然后，大家成排列队、牵手摆臂齐唱《搭桥歌》。唱罢，站在河（沟）两岸拉头绳的姑娘同时松手，绳子即刻落入水中被水冲走 2. **迎巧**。农历六月三十日晚上，姑娘们穿上盛装，整齐列队，挑上"巧娘娘"，端上香、蜡、纸品盘，在老年妇女的引导下来到河（庄）边举行迎巧仪式。主持者焚香点蜡，燃纸放炮，"巧娘娘"头儿跪迎接拜，其余姑娘则站在河（庄）边齐唱《迎巧歌》。然后，揭去"巧娘娘"头上的丝帕，一路唱着歌将"巧娘娘"请进院。进院门要唱《进院歌》，进屋要唱《坐巧歌》，敬献茶果要唱《献茶歌》，此时，乞巧活动便正式拉开序幕 3. **祭巧**。祭巧，一般分集体祭巧和个人祭巧两种。从迎巧仪式开始至送巧仪式结束，整个乞巧过程中，由专人负责在早晨、中午、晚间三个时候点蜡、炷香、焚裱纸、跪拜。白天香烟袅袅，晚上明烛高照 4. **拜巧**。姑娘们坐在一起互称姐妹，问长问短，有说有笑，十分亲热 5. **娱巧**。在七天八夜的乞巧过程中，最主要的活动就是"唱巧"，也称娱巧，即姑娘们齐集坐巧处，从白天直至深夜，按一定的程式，用不同的歌曲在巧娘娘像前尽情地载歌载舞 6. **卜巧**。用巧芽在水中的投影图案问自己的巧拙、祸福，俗称"照花瓣" 7. **送巧**。卜巧举行后，说明七天八夜的乞巧活动即将结束。在供神桌前，你约四五人往来穿插唱一曲，她约四五人极足跳跃唱一曲，有时集体牵手摆臂唱一曲，此起彼伏，歌声不断。深夜，乞巧组织者会很不情愿地宣布送巧仪式开始，姑娘们无奈地分站神桌两旁，齐唱《送巧歌》

续表

项目	内　容
建议	1. 疫情情况下，我们可以开展网上乞巧活动，办成有仪式感的、班级或学校的女生狂欢节 2. 搜集乞巧歌曲、诗歌，做成汇编 3. 组织女生做手工：绣花、绣荷包等
结论	1. 乞巧节是七夕文化的一部分，不等同于七夕节，但人们往往把乞巧节与七夕节合并在一起过 2. 乞巧节就是中国古来有之的女儿节，是女生的狂欢节 3. 全国各地还传承着乞巧民俗，西和地区成功申请了非物质文化遗产，其文化生活有了创新

三、整体推进、融合实施的教学策略与效果

（一）整合课程中教师"教"的策略

1."三点"目标教学设计研究

单元整合教学设计体现了三个维度即三个核心，以突出思维发展下指向言语实践的语文教学为特点。三个核心包括：思维、方法、有效表达。思维是指教会学生运用思维方法，学会思考，善于思考，基于对单元主题的认识，进行发散与聚合思维训练，发现同一主题下的不同侧面，多角度思考，通过对比，对主题思想有本质的认识。语文教学过程就是方法指导的过程，方法指阅读方法，即怎样精读、略读和浏览。阅读教学的最终目的是培养学生有效表达的能力，所谓有效表达，就是能文从字顺、不蔓不枝地表达自己的思想情感。

2."三单"设计研究

自主学习任务单落实自主学习能力培养，课堂检测任务单落实自主交流后的基础知识学习效果，单元自测任务单落实单元学习重点的掌握，从而及时反馈学生的学习状态和暴露出的学习问题，便于及时调整教学。学习单的设计就像试题命制，最能体现一个教师的专业素养，同时促进学生

深度思考。

3. 创造性思维教学策略研究

人的发展首先是思维的发展，语文学习实质上是对人的生命关照，学习语文、运用语言的目的是创造美好的生活。因此，特别强调对学生创造性思维能力的培养。

（二）整合课程中学生"学"的策略

1. 伙伴合作

传统的小组合作学习是指学生在小组中为了完成共同的任务，有明确的责任分工的互动性学习方式。在小组合作学习中，每个人的任务是不同的，独立完成、协作完成也各有侧重，更注重完成任务过程中的和谐进展。而伙伴合作虽强调合作及合作中的团结协作，但伙伴的意识更强一些。学习需要伙伴，需要陪伴，需要与他人平等对话和交流，需要相互启发和碰撞，需要互相感染和激发。这样的伙伴合作学习更符合小学生的心理年龄特点和实际学习需要。六人或四人为一个小组，每组根据学习做事能力和性格特点进行一对一帮扶，通过伙伴合作、小组合作和评价促进学生自主的学习。

2. 伙伴阅读

整本书阅读就是基于教材阅读学习和领悟阅读方法的阅读实践，是真正培养阅读能力的途径。以《做会为自己选书的阅读者——基于儿童阅读偏好与兴趣的观察与解释》为理论依据，强化学生间的阅读交流，发挥阅读交流的最大价值，通过分享、共享、交流互动，促进默化知识变成外显的学生语文综合素养，尤其是语言的充分积蓄、思想的丰盈，从而提高思维能力和运用语言的能力。

3. 伙伴创作

学生到学校是来学习的，更是来寻找伙伴的。伙伴成长伴随学生整个小学阶段。学生喜欢结伴干同一件事情。他们喜欢通过集绘画、表演、收藏、文字创作等于一体的综合性活动进行美好生活的创作，如循环日记、循环作文、文学手账、班报、班刊等。

（三）整合课程中学生与教师的双成长

1. 学生喜欢语文课，思维活跃，发言活跃

学生喜欢语文课，爱阅读。经过数据调研，喜欢语文课的学生占99%以上，学生敢发言，爱发言，会发言，自由自主自动自发发言，阐述观点、思想或感情充分，有理有据，思维开放活跃，思考独立。小组合作有序、有组织，效率比较高。三年级学生语言表达便可文从字顺，基于真情实感，爱创作。

2. 教师点拨引导的服务意识增强

教师不再占据课堂绝大多数时间，学生自主学习、自主交流时间达到25分钟，教师点拨、引导、铺垫的学习服务意识增强。课堂师生关系融洽。教师更加注重运用对比发现式教学法，教会学生自主学习和思考。单元整合教学设计与实施是对教师语文教学观念的挑战，促进了教师对专业书籍的学习，也促进了教师解读教材和把握教材能力的提升，还促进了对学生自主学习能力的培养，尤其促进了课堂对话交流、互动分享、自主合作探究学习方式的转变，这意味着语文课堂生态在"基于学生"方面发生了根本性的改变。

3. 中青年教师成长迅速，爱上教研

以阅读课程建设与实施为平台，促进教师"好好学习"、团队合作，实现团队专业成长；在基于课程特色基础上，鼓励教师大胆探索、实践，逐渐形成个人教学风格；整合运用课程资源，提升语文课程的育人张力，建设"鲜活"的语文课堂；尊重学生的阅读偏好，激发阅读兴趣，培养阅读习惯，让学生在阅读中学会阅读，全面提高学生的语文素养，为学生终身发展奠基。这样的语文教研内容具有智慧挑战、合作能力的挑战，因此，教研也具有了独特魅力，彰显出教师的团队智慧，由此，教师爱上了教研。每学期每位教师主动上一节面向学校的研究课，面对学区和全区教研邀约，异地教研，积极承担区级教研课和教育部教育电视台的空中课堂录制。教师们不惧全国各地前来学习的同行不打招呼地推门听课……2016年前，语文教研团队没有一位区级以上骨干教师，到2022年已有10名教师分别成长为区级骨干、区级学科带头人和北京市骨干。

四、单元整合教学中的语文思维培育

《义务教育语文课程标准（2022年版）》中指出："核心素养是学生通过课程学习逐步形成的正确价值观、必备品格和关键能力，是课程育人价值的集中体现。义务教育语文课程培养的核心素养，是学生在积极的语文实践活动中积累、建构并在真实的语言运用情境中表现出来的，是文化自信和语言运用、思维能力、审美创造的综合体现。""思维能力是指学生在语文学习过程中的联想想象、分析比较、归纳判断等认知表现，主要包括直觉思维、形象思维、逻辑思维、辩证思维和创造思维。思维具有一定的敏捷性、灵活性、深刻性、独创性、批判性。有好奇心、求知欲，崇尚真知，勇于探索创新，养成积极思考的习惯。"

（一）语文思维的培育

就言语心理看，词义就是思维活动。生成思想的完整过程是这样的：物象激发思维动机，思维参与思考过程，在混沌的酝酿中逐渐清晰，生成思想，匹配表达思想的语义，寻找匹配语义的词汇，按照约定的语言提取思想，输出可理解的语义。思想"隐蔽"在头脑之中，人们要想认识、理解和接受这种思想，就需要把它"提取"出来，使之变成他人可以听到、看到或感觉到的刺激物。能够将思想从头脑中提取出来的刺激物有很多，言语只是其中的一种，但不是唯一的，运用言语从头脑中提取"思想"是语文学科的专责，也是语文之所以成为语文的特有属性。同一思维方式形成的思维结果（思想、精神、情感、心理），用言语提取出来就是语文，用画面提取出来就是绘画，用旋律提取出来就是音乐。"在思想里同时布景般存在的东西，在言语里是逐渐地、演替般展开的。"霍华德·加德纳的"多元智能理论"使每门学科都对应着一个专项智能，语文学科对应的是"言语-语言智能"。霍华德·加德纳对"言语-语言智能"的描述与界定正契合了我们对于语文学科基本学习内容的描述，这是"言语思维"专属于语文学科，能厘定学科边界特有属性的理论基础。与语文学科紧密关联的言语-语言智能，就是借助言语思维，运用言语提取思想的一种语言表达与语言鉴赏的深层能力，在这项能力中起决定作用的是言语思维，而不是语言运用。单元整合教学强调的不是在某个语言材料处设计语用训练，而是强调从单元整体角度走思维发散与聚合之路，通过几次的对比与发现，建立思维架构，发现语言形式运用的特点和规律，寻得表达路径。就教师的教学方式而言，运用的是自主发现探究对话式教学，这就是在充分发挥言语思维的作用。学习的过程就是言语实践的过程、言语加工思维的过程，也是进行思维能力锻炼的过程。

语文课上观察过程中思维培育的两个基本问题，一是教学生运用分析、综合等方法认识事物的形态特征；二是教学生从内在联系上去认识事物的本质。

从语文学科来讲，记叙文的写作主要锻炼的是学生的回想和联想能力，说明文和议论文的写作主要锻炼的是学生的抽象思维能力，文学作品的阅读主要锻炼的是学生再造想象或再造性形象思维的能力，而唯一能够锻炼学生创造想象能力的便是文学性的写作。如果不让学生进行文学性的写作，学生就失去了锻炼创造想象能力的机会，而这对学生创造想象能力乃至整个智力的发展都是不利的。

语文思维训练的五个整体目标包括：①目的性，指按照一定的思维目的选择、组织和加工材料，使思维过程和思维结果保持与思维目的的一致性；②程序性，能够在思维目的的控制下，沿着正确方向开展思维，做到思维先后有序、上下有层，有条不紊地思考问题；③发散性，从思维目的出发，多角度地发散联想和想象，在更广阔的范围和背景内寻找材料，尽最大可能地进行求异和创造；④合理性，即联想和想象的结果应该符合现实逻辑，如自然逻辑、历史逻辑、性格发展逻辑、事件发展逻辑，做到既合情又合理；⑤现实性，不仅联想和想象的内容须以客观现实为依据，而且所创造的结果应具有一定的现实意义和实际价值。

1. 形象思维的培育

形象思维，主要用于记叙文的写作和文学作品的阅读。通过记叙文和文学作品的学习，学生的再造性形象思维、再现性形象思维和创造性形象思维都将得到发展。

（1）再造性形象思维培养的基本内容有：①阅读感知能力，即教学生能够准确领会语言文字的意义，能够联系自己的生活经验去体会文章的内容；②再造想象能力，即教学生能够按照语言文字的示意，并抓住形象的特征开展合理的想象；③联想能力；④情感性理解能力。

再造想象能力的培育策略：没有再造想象，就无从谈起对作品的感受和理解。首先必须创造条件扩大学生的经验范围，不断丰富学生头脑中的表象，并提高表象的质量。①教学生按照文字的示意进行想象，保持再造形象与作品形象的一致性。②教学生通过合理的想象补充和丰富形象的内容，包括对想象非描述部分的补充、对情节非描述部分的补充、对作者形象部分的补充。通过补充，形象更丰满，情节更完整。③教学生善于进行联想式的想象。

（2）再现性形象思维培养的基本内容除观察能力外，主要有回想能力和联想能力（回想、联想能力评价量表如表1-1所示）。回想过程要注意正确的方向性、明确的层次性和合理的逻辑性。再现性形象思维在语文学科中指的就是以真人真事为题材的记叙文写作过程中的形象思维。让学生初步掌握接近联想、相似联想、对比联想、关系联想等方式，逐步学会以联想的方式立意布局，并能以联想式想象的方式构成象征、比喻、通感、比拟等再现性形象思维，这些应在小学和初中打好基础。

表1-1　回想、联想能力评价量表

级别	具体描述
一级	能够初步地围绕一定的目的，有条理地开展回想活动、记叙人物或事件
二级	不仅能够有目的、有程序地进行回想，而且能够运用联想拓宽思路，构思文章
三级	能够较好地运用联想来说明和修饰本事物，初步显示出思维的创造性

（3）创造性形象思维在语文学科中指的就是文学写作的艺术思维。创造性形象思维培养的基本内容，除培养审美观察和审美感知能力外，还包括创造想象能力、联想能力、审美情感。

创造性在小学学习阶段表现为常见的类创造，即独创性。问题解决的过程有助于激发和促进创造力的发展，而且创造力高低也是通过解决问题体现出来的，问题越复杂、困难，越能体现一个人创造力的高低。心理学研究表明，创造性的核心是创造性思维，创造性思维中更为重要的是发散思维。正是由于这一智慧品质的参与，创造性思维才能实现单纯智力所无法完成的创造。不过，创造性思维所需要的也不仅是发散思维，还需要与它相反的聚合思维，应该说，创造性思维是一种以发散思维为核心，以聚合思维为支持性因素，两种思维有机结合的操作方式。

创造想象能力的培育策略：①活跃的文学写作活动——表现生活，表达思想；②不断扩大学生的生活领域和知识领域，丰富想象的内容，提高想象的现实性；③教学生逐步学会典型化，提高想象的创造性和概括性。所谓创造性，也就是通过想象的分析和综合所得形象达到的新颖程度。想象的思维价值全在于它的创造性。想象能力评价量表如表1-2所示。

表1-2 想象能力评价量表

级别	具体描述
一级	能够运用想象虚构简单的寓言、童话故事，表现简单的主题
二级	能够通过想象对真人真事做某种典型化的艺术加工，记叙中已包含有某种虚构的成分，试图以回想和想象相结合的方式来表现现实生活，突出主题意义
三级	能够初步运用想象创设意境、塑造人物和虚构情节，进行简单的文学习作，但内容往往还缺乏某种合理性、现实性和概括性
四级	能够运用想象创设意境、塑造人物和虚构情节，进行初步的文学写作，所创造的形象能初步具有一定的典型性和现实意义，并具有一定的理想化色彩

在对三种不同类型形象思维的阐述中都提到了"联想能力"，如果我们对三种形象思维类型的概念搞不太懂，运用时记住"联想能力"就可以了。这样想虽然不是很专业，但于教学实践者而言做到会运用足矣。

2. 抽象思维的培育

语文学科的抽象思维主要用于对各类文章的阅读分析，以及说明文、议论文的写作过程中。应该结合各类文体的阅读教学和说明文、议论文的写作教学，重点从思维方法、思维形式和思维规律几个方面，使学生的形式逻辑思维和辩证逻辑思维得到发展。

（1）形式逻辑思维。在思维方法上，要让学生具有对客观事物的分析、综合、比较、分类、抽象、概括、系统化、具体化的能力。在思维形式上，要让学生具有对抽象概念的理解和运用能力、抽象判断和推理的能力；学会运用归纳推理、演绎推理和类比推理来论证自己的观点。在思维规律上，要教学生能够遵守形式逻辑思维的基本规律即同一律、矛盾律、排中律和充足理由律。

（2）辩证逻辑思维。在思维方法上，要教学生能够运用辩证分析和综合的方法去认识事物内在矛盾的各个方面及其相互联系或关系，认识内在矛盾的对立和统一，从而获得对概念的辩证的理解。在思维形式上，应该重点培养学生对具体概念的理解能力和辩证推理的能力。在思维规律上，要抓好辩证思维基本规律的教育。辩证思维的基本规律包括对立统一思维律、量变质变思维律、否定之否定思维律和辩证的充分理由律。其中，对立统一思维律是最基本的规律，也是培养学生辩证思维、运用能力的出发点。

抽象思维可以说是人类与生俱来的一种思维能力，如人类可以在两年时间内学会语言，这就是典型的抽象思维的体现。笔者自创的主要表现在对各类文章的阅读分析和写作过程中的抽象思维能力量表如表1-3所示。

表1-3 抽象思维能力量表

级别	具体描述
一级	从感性具体到思维抽象的初级加工阶段：阅读中划分段落层次、概括段意、分析人物、分析情节、概括中心思想等。能运用分析和综合、比较和分类、抽象和概括等方法
二级	从思维抽象到思维具体的高级加工阶段：辩证分析和综合，着眼于事物的整体和部分的关系，能够深入事物的内部去分析从事物整体中所抽象出来的不同属性之间的关系，并通过综合将这些不同的属性复归为统一整体
三级	对事物整体进行分析，能够提取事物的本质方面、主要方面，形成概念和范畴。以概念、范畴为工具反映认识对象，并以某种框架形式存在于人的大脑中即思维结构，能更深刻、更正确、更完全地反映客观事物

3. 创造性思维的培育

创造性思维的培育首先应该重视形象思维和抽象思维的培养，因为这两种思维是创造性思维最基本的表现形式。其次，还应该重视直觉思维、灵感思维和发散思维的培养。直觉思维、灵感思维的培养要重视学生知识经验的积累，增强问题意识和思维的敏捷性、灵活性、果断性，并让他们养成多思善想的思维习惯。发散思维的培养主要是教学生多角度地思考问题，善于通过联想、想象、猜想和推想拓宽思路，并教给他们一些多向思维的方法。发散思维的训练要注意同聚合思维的训练结合起来。最后，还应该重视对学生个性品质的培养，如献身事业的精神、顽强的意志、思维的独立性和灵活性、一丝不苟的态度等。

1）从问题开始

创造性思维是人类思维的最高表现。重视创造性思维的培育对于造就具有开创性的人才有着重要的意义。创造性思维是从问题开始的。从"问题解决"的角度看，创造性思维就是一个发现问题、明确问题、提出假设、验证假设的过程。文学等创造性活动，其思维过程始于问题。爱因斯坦说："提出一个问题往往比解决一个问题更重要，因为解决问题也许仅是数学上的或实验上的技能而已，而提出新的问题、新的可能性，从新的角度去看旧问题，却需要创造性的想象力，而且标志着科学的真正进步。"培养学生发现问题、提出问题的能力，首先要鼓励他们敢于和善于质疑。在发现问题的过程中，思维的创造性主要表现在能够同中见异、异中见同和平中见奇，能够从一般人不易觉察的地方看出问题。而要做到这一点，又在于能对司空见惯的事物提出疑问。如果说发现问题是解决问题的开端，那么质疑是发现问题的起点。不质疑，便无问题可言。哥白尼提出日心说、爱因斯坦提出相对论，无不始于对传统的不曾被他人怀疑的经典理论提出质疑。所以，要培养学生的创造性思维，培养他们发现问题和提出问题的能力，就必须积极鼓励他们敢于和善于质疑，增强他们的问题意识。善于质疑的品质和问题意识的建立又与一个人的好奇心和敏锐的洞察力相联系。好奇心和惊讶感本是儿童的天性，可惜随着年龄的增长、知识的增多，一个人的好奇心便渐渐淡漠，似乎自己什么都懂了。好奇心的淡漠是问题意识淡化和不能激起创造热忱很重要的原因。爱因斯坦说："我们所能有的最美好的经验是奥秘的经验。它是坚守在真正艺术和真正科学发源地上的基本感情。谁要是体验不到它，谁要是不再有好奇心也不再有惊讶的感觉，他就无异于行尸走肉，他的眼睛是迷糊不清的。"学生好奇心的淡漠乃至泯灭，与令人窒息的学习环境和强迫式的、灌注式的教学方法直接相关。爱因斯坦回忆自己的学生时代，曾批评这种教学方法说："无论多好的食物强迫吃下去，总有一天会把胃口和肚子搞坏的。纯真的好奇心的火花会渐渐地熄灭。"因此，在教学中应该充分发扬民主，给学生创设一个宽松的、和谐的环境，应该爱护和激发他们的好奇心，鼓励他们敢于质疑、敢于提问，这样才能逐步增强他们的问题意识并进而形成发现问题和提出问题的能力。

创造性思维是发散思维和聚合思维的辩证统一。发散思维的培养主要是教学生学会多角度地思考问题，以求得多种设想、方案或结论。培养学生多角度思考问题的能力，首先，要引导学生吃透问题，把握问题的实质；其次，要教学生善于通过联想、想象、猜想、推想等拓宽思路。能否多角度思考，变思维的单向性为多向性，关键是打破思维定式，敏捷而灵活地思考问题。在智力因素上，思维的发散性主要是通过联想、想象、猜想、推想等来实现的。以问题为开端展开联想，便可由此及彼在多方面、多层次上获得众多的方案或假设；想象可以弥补联想环节上的不足，并可通过形象的分解、组合产生新质；猜想可以凭借直觉做出猜测性的辨别和判断；推想则可由事实出发做出推断性的预测。这几种思维不仅可以获得思考的多种角度，而且可以获得创造性的结果。最后，培养学生多角度思考的能力，还要教给他们一些多向思维的方法。例如，顺向思维，即循着问题的直接指向去思考。逆向思维，即从问题相反的角度对原意提出质疑。纵向思维，即在原材料已知内容基础上，对原材料做合理的推想和引申，从而得出新意。横向思维，也称侧向思维，即通过联想把材料内的已知内容要素同材料外的其他内容要素联系起来思考。这种联想可以由此及彼，也可以由彼及此。学会多向思维，就可以从多角度、多方向、多方面看问题，使思维更加灵活而有广度，这样就会大大提高成功的机会。聚合思维，就是要让学生能够对发散思维所得到的多种结果进行比较，从中选择一个正确的答案。聚合思维所涉及的主要是分析、比较、综合、选择的能力，其中，直觉选择的能力起着重要的作用。例如，考试时的作文，学生从审题到确立写作主题，其思维速度是异常迅速的，必须凭借直觉进行选择。

2）重视知识经验的积累，多思善想

直觉、灵感和想象是创造性思维非常重要的三种因素。培养直觉思维和灵感思维要重视知识经验的积累，要多思善想。直觉和灵感的产生，尤其需要对问题的沉思。一方面要教学生多思甚至于沉思，另一方面要教学生善于想问题。善想，就要注意思维的技巧和灵活性，这就需要通过教学的方式予以训练。例如，在课上进行同义词、反义词、形近字等的拓展练习，对培养学生思维的灵活性、流畅性和快速性都有好处。学生的思维有了一定的自由度和速度，遇到问题才会快速地做出反应和判断。孔子说："不愤不启，不悱不发。举一隅不以三隅反，则不复也。"举一反三，即一种直觉的顿悟。可见，教师要诱发学生的直觉或灵感，需给学生积极创设某种特定的问题情境。

（二）语文学科思维培育的基本原则

1. 思维训练和语言训练相结合的原则

不能离开思维训练去单一进行语言训练。首先，要使思维训练符合学生语言发展的实际。其次，思维训练必须结合学生理解和运用语言的过程来进行。

2. 发展思维和生活实践相结合的原则

每篇文章都是现实生活的反映，来源于生活，又服务于生活。生活实践既是语文写作的源泉，又是思维认识的源泉，学生的思维正是随着自身生活的不断拓宽和深入而向前发展的。因此，语文学科的思维培育必须坚持生活、实践的观点，把发展学生的思维和注重学生的生活实践很好地结合起来。

3. 发展思维和知识教育相结合的原则

知识和思维是学生能力形成的两个重要因素。一方面，知识不等于思维；另一方面，思维又和知识紧密联系。学校教育中，应当把发展思维和知识教育紧密地结合在一起，做到通过知识教育去促进学生的思维发展，通过发展思维去促进学生知识的掌握。

在语文教学中要做到二者的紧密结合，教师应注意：

1）要在全局上把握语文知识体系和科学思维体系，并能形成二者紧密结合的综合训练体系

语文知识体系是由语言知识、文章知识、文学知识、阅读知识、写作知识等组成的。科学思维体系则可以从不同的角度分为：形象思维、抽象思维和灵感思维的体系，再现性思维和创造性思维的体系，直观动作思维、具体形象思维和抽象逻辑思维的体系等。语言和思维之间、语文知识和思维之间的内在联系，决定了语文知识体系和科学思维体系之间的内在联系。要从语文知识体系和科学思维体系的内在联系出发，确定既符合学生语文知识运用能力发展规律，又符合学生思维发展规律的综合训练体系。例如，记叙文读写知识的教学应该和再现性形象思维的训练是同步的，文学作品读写知识的教学应该和审美性、创造性的形象思维的训练是同步的，说明文读写知识的教学应该和抽象的思维过程（分析、综合）等的训练是同步的。在教学方法上，尽量做到既从语文知识的角度又从科学思维的角度双管齐下、互相渗透，最终取得相得益彰的效果。

2）要加强学生人文知识的积累

语文不像政治、历史那样是对本学科固有研究内容的理性而系统的阐释，而是以具体作品的形式对民族古今思想文化的一种综合反映。语文教育就是要让学生在这块丰厚的文化沃土上充分地吸收思想文化营养，继承和发展本民族优秀的文化传统。人文知识是学生语文思维重要的基础材料。长期以来，学生作文水平低的一个重要表现方面就是思想内容贫乏，人文功底浅薄。凡是优秀的作品，无不反映出作者丰厚的人文知识功底。所以，教学生学语言、学思维，还必须让他们能够多读、多记一点儿东西。学生缺乏知识经验的积累，即使会联想、会发散思维，大脑空空，又会想到什么？通才达识，厚积而薄发，在强调思维训练的同时，一定要重视学生人文知识的积累，学生的知识经验增多了，人文素养提高了，就会才思敏捷，写出既具有一定的思想见解，又具有较丰富文化内涵的好文章。

4. 认知因素和非认知因素同时发展的原则

在人的思维结构中既存在着认知因素（思维是一种具有核心意义的认知因素，其他认知因素有观察、记忆、想象和注意等，这些因素的发展构成了思维发展的基础条件），又存在着非认知因素（动机、兴趣、情感和意志等）。这些非认知因素作为人的主观意向活动，对思维起着制约的作用。同时，以思维为核心的认知活动对人的主观意向活动也起着指引的作用。

5. 思维训练符合学生思维发展规律的原则

要培养思维敏捷性。首先要培养学生迅速地分析问题和解决问题的能力；其次要注意教给学生一些要领和方法。

要培养思维灵活性。首先要重视培养学生的发散思维；其次从学生的实际情况出发进行培养，不要过急，要注意方法灵活。

要培养思维深刻性。思维深刻性是指学生在思维活动中善于深入事物本质，揭露其根源的思维品质。首先要培养学生善于透过现象看本质的能力，重点应放在概括能力的提高上；其次结合课堂教学内容，加强逻辑思维的训练，逐步使学生的认知结构条理化，这是思维深刻性培养的关键。

要培养思维独特性。思维独特性是指学生在思维活动中能够独立思考，独立地发现问题与解决问题的思维品质。首先要培养学生独立思考的自觉性，把独立思考的要求作为常规加以训练；其次要在学生中提倡解题的新颖性，让他们善于挖掘解题的各种新方法；最后要鼓励学生通过自编应用题来提高自己的思维独特性的水平。

要培养思维批判性。思维批判性是指学生在思维活动中严格地评价所依据的材料、验证所提出的假设，以实际结果来确定假设的正确性的思维品质。首先要培养学生善于对解决问题所依据的条件进行分析，对提出的假设和思维的结果进行分析，从而提高思维批判性品质的水平；其次要注意对学生进行思维策略的培养，以提高他们分析问题和解决问题的能力，做到不盲从；最后要把学生的自我评价能力和思维批判性品质的培养有机结合起来，使二者相辅相成。

（三）怎样发展学生的语文思维

发展学生的思维，首先要教会学生思考。建立思维框架，获得思维路径：思考有框架，就像盖大楼，先搭架子后装修；思考有路径，即"思想会走路"。发展思维需要策略，在教学设计系统中要有重要环节和教学策略的体现。

1. 情境创设

情境创设即创设与当前学习主题相关的、尽可能真实的情境。建构主义认为，学习总是与一定的社会文化背景即"情境"相联系的。在传统的课堂教学讲授中，由于不能提供实际情境所具有的生动、丰富的形象，不能激发联想，难以提取长时记忆中的有关内容，因而使学生在对知识的意义进行建构时发生困难。创设接近实际的情境进行学习，可以利用生动、直观的形象有效地激发联想，唤醒长时记忆中有关的知识、经验或表象，从而促使学生对原有认知结构进行"顺应"或"同化"，从而达到新知识意义的建构。

2. 交互式、对话式的课堂

在交互式、对话式的课堂上，教师从"教练"变成了学生的"学习伙伴"、"学习首席"、学习的协助者。教师运用抛锚式（教师提出问题，提供方法支架，学生自由探究）、随机进入（呈现相关情境，过程中教师进行点拨、引导、难点的集中讲授）的策略，通过"随风潜入夜，润物细无声"式的引导、辅助过程，构建情境化、协作化、发现式、对话式、意义建构化、认知结构化的学习过程。在此过程中，学生自主发现问题，自主讨论解决问题，思维能力和表达能力同时得到锻炼。交互式、对话式的学习环境需要充分发挥和尊重学生的主动性、积极性和首创精神。

这句与句的关系，句与段的关系，段与篇的关系，篇与段写法上的秘密，语言形式与内容、结构的关系全可以用图（见图1-4）来读懂。

3. 建立思维框架，找到思维路径

提供方法支架即策略支架，尤其是加强思维方法的指导；或提供未解决的问题所需要的知识支架；或帮助诊断错误原因，提供发展修正的策略；或提供问题支架。通过支架的支撑作用，不停顿地把学生的智力从一个水平提升到新的更高水平，真正做到使教学走在发展的前面。若提出的问题是非纯知识性的，应有利于促进学生认知能力的发展，如："这个人物给你留下什么样的印象？结合课文内容说一说。"

可通过提问来建立学生的思维模型。比如："你的意思是指？""是什么？为什么？怎么样？""有什么共同点和不同点？""你怎么知道这是正确的？""你对这个问题怎么看？"

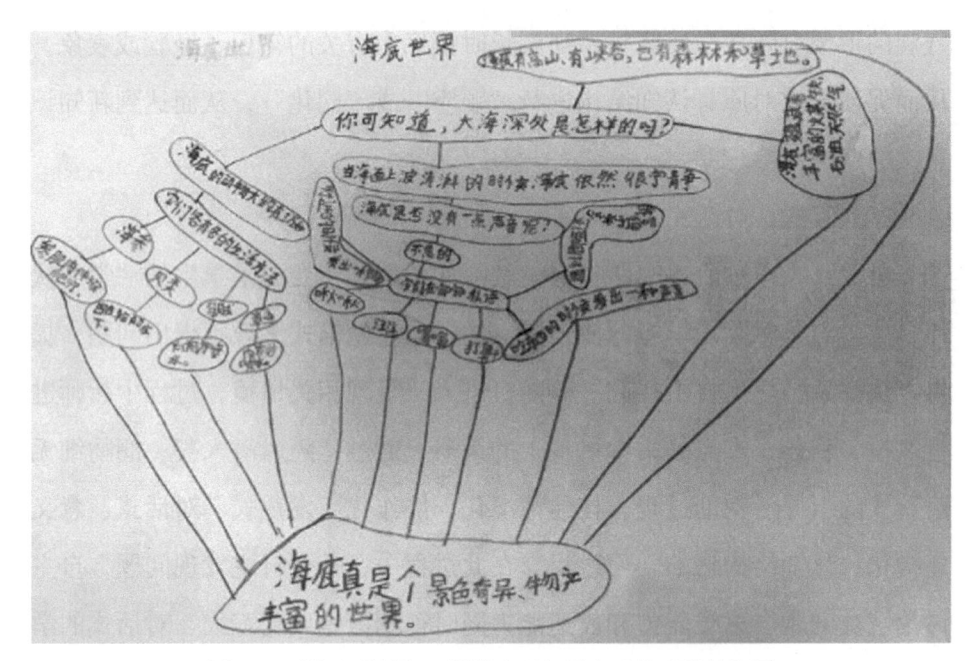

图1-4 《海底世界》一课学生理解课文后梳理的结构图

4. 运用启发式教学

孔子的启发式教学思想体现在"不愤不启,不悱不发"。宋代理学家朱熹这样解释:"愤者,心求通而未得之意;悱者,口欲言而未能之貌;启,谓开其意;发,谓达其辞。"重视利用思维过程中的矛盾,在"愤"和"悱"的心理状态下点拨、引导,让学生有豁然开朗的心灵体验。

挖掘和发挥学生的思维潜能

——以《和氏献璧》一课教学为例

如何进一步尊重学生的差异性、多样性,更加注重发现、发挥学生的思维潜能?我在执教《和氏献璧》这节课时重点在如何呈现方面做了探索。

我尝试用可视化、形象化思维导图的方式呈现学生的思考过程和思考成果，通过学生间个性化的互动交流、思考评价推动学习发展。每个人都有自己独特的思维方式、学习路径，学生是如何学习、思考的呢？只要找到一种策略能够呈现学生的这种学习、思考过程，学生的差异性和多样性就呈现了出来。我征求了学生的意见，用他们常用的、喜欢画的思维导图（见图1-5）方法来呈现自己对课文的理解。我们从内容、人物评价、写法探究、感悟主题四个方面任意选取一方面进行自主阅读，然后呈现自己的理解。

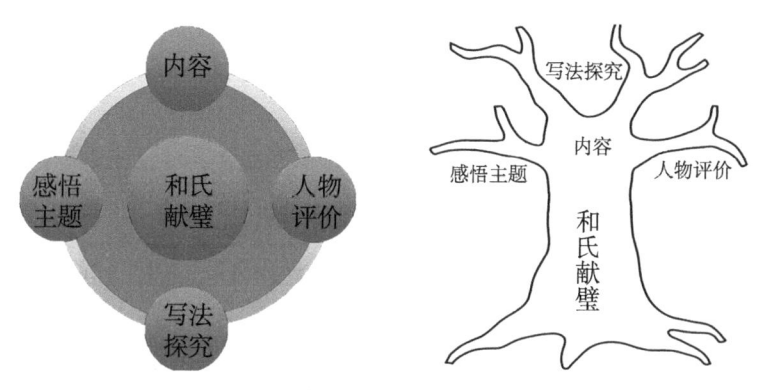

图1-5 思维导图示例

5. 运用创造性思维教学

布鲁姆指出，一个人的思维扩展到一个新的概念之后，就绝不会再退回到它原来的思维层次。创造性思维教学的策略是扩展内在思维，主要强调借由类推、隐喻的反应激发一个人的好奇心、想象力和联结力。

例如，给出一个字，想象一种情景的练习。

"暗"——太阳落山后，天色逐渐暗了下来，周围只剩下树林和高山的轮廓，我们只好打开手电筒，借着微弱的光顺着小路慢慢地走着。

"慢"——小乌龟抬起右脚，试探了一下，又慢慢地放下，过了好一会儿，才抬脚向前走了一步。

教师在实施创造性思维教学时，尤其应关注的是发问技巧，由基本的认知、记忆发展到较高层次的发散、收敛及评鉴的问题。美国学者米克设计了一套SOI的发问技巧，陈龙安先生又将其综合归纳为创造性发问技巧"十字口诀"：假列比替除，可想组六类，即假如、列举、比较、替代、除了、可能、想象、组合、六W（Who、What、Why、When、Where、How）、类推。

创造性思维教学的策略有头脑风暴、创意十二诀等。创意十二诀，即加一加、减一减、扩一扩、缩一缩、变一变、改一改（改进）、联一联（联系）、学一学（模仿）、代一代（替换）、搬一搬（挪到别的地方）、反一反（颠倒一下）、定一定（规定）。

例如，在阅读实践课上，教师进行创造性思维教学时应注重以下几点：

（1）对比阅读。用对比阅读的方法深度理解。

（2）多路思维，发现探究。提供同一主题下不同侧面的群文阅读，从各种角度去思考问题，开阔思路。

（3）综合运用多种思维机制，品味语言之妙。如，替换、重组、扩充、缩小（减）、归纳、移植等。

（4）主问题提问技巧。细读文本，把握显性资源设计主问题；细品文本，根据隐性资源设计主问题；细究文本，利用衍生资源设计主问题。

五、单元整合教学设计与实施的教师培训

（一）课程背景

部编版小学语文教科书围绕"人文主题"和"语文要素"双线组元，加强了不同年段、不同册次之间的纵向联系，同时加强了单元内部的横向联系，使各板块内容形成合力，形成了"精读""略读""课外阅读"三位一体的阅读体系，共同促进学生发展。这样的教材编排特点，需要教师认

真解读教材，抓住单元目标和教材内容的横向与纵向联系，进行整体的、系统的、有逻辑的教学设计，课内、课外阅读有机融合实施。而多年来，小学语文教师不分课型，平均用力，碎片化教学现象严重。语文教学耗时多、效率低的弊病一直没有得到有效解决。

在教研方面，教研内容和形式主要体现在统一教学内容和进度等常规性活动方面，缺乏挑战性和实效性。经调研显示，教师迫切需要基于课堂实际问题解决的教研，如教法研究、教学环节优化等。

当代教育倡导走向整合教育，完整育人，育完整的人，点化人之生命。当代教研倡导在教学理想感召下自主研究、自主建构、反思改进。王宁教授提出了语文学科核心素养的四大内涵，"思维的发展与提升"是其一。从"发展思维为先，把发展学生的思维能力作为最终目标"的角度研究语文单元整体教学，把课外阅读、语文活动纳入教学计划和课时当中，突出整本书阅读实践的作用，倒逼教师重视对学生思维的培养，通过单元整合教学来提高课堂效率，为完成这一挑战性的任务而开展团队合作、集智研讨，并积极主动地进行业务学习，研、训、学一体，共同促进教师队伍专业发展。

（二）课程目标

课程总目标：以理论课程为引领，以课堂为阵地，以单元整合教学设计与实施研修为依托，教研组成员结成学习共同体，通过理论学习、课例设计、教学实践、反思提升、展示分享五个环节形成共生互进、互补的"学习链"，以读书沙龙、专题讲座、课例观摩、教研邀约、工作坊等方式，增强教研组团队研究的凝聚力，提高教师专业化水平，使学校教研组真正成为富有生命力的学术团队。

不同阶段的课程目标如下所示。

第一阶段：通过阅读和交流理论专著、文献，促进对现代语文教学理念的思考，转变教学观念。

第二阶段：以一个单元整合教学为例集体研讨，形成单元实施方案，初步获得实践经验。

第三阶段：通过"认知—实践—总结"不断循环往复的研讨过程，在区域联动教研、教研邀约、工作坊中提升单元整合教学设计与实施能力。

第四阶段：通过反思总结、梳理提炼，形成单元整合教学精品案例，并推广、发表。

（三）课程内容

在专家的引领下，立足课堂教学，坚持问题导向，教研组开展团队合作，自主实践领悟，完成三个课程模块的研修，即思想建设、行动实践、成果固化（见图1-6），三个课程模块遵循"认知—实践—总结"的流程，相互渗透，融合实施。"为思维而教"单元整合教学设计与实施的教师培训课程表如表1-4所示。

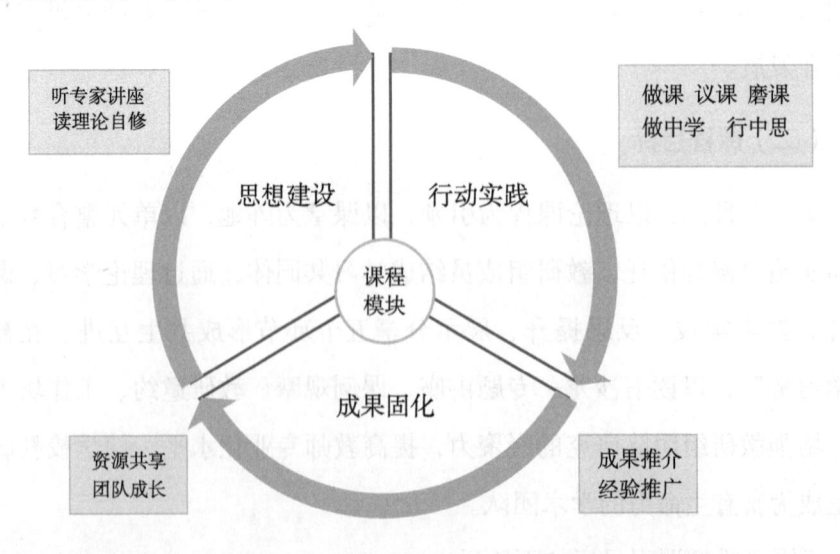

图1-6 "为思维而教"单元整合教学设计与实施的教师培训课程模块

表1-4 "为思维而教"单元整合教学设计与实施的教师培训课程表

序号	课程模块	课程类型	课程内容	活动形式
1	思想建设	理论研讨 共修自学	专著：《论教学过程最优化》《叶圣陶语文教育论集》《教会学生思维》《语文思维培育学》《语文对话教学》《朗读手册》《阅读的力量》《小语教学专题案例透析》《教育是向学生传递生命的气息》 文章：邵克金、徐林祥《新中国成立以来现代语言学对我国语文教育的影响及启示》；黄晓丹、武凤霞：《做会为自己选书的阅读者——基于儿童阅读偏好与兴趣的观察与解释（上、下）》；郭史光宏：《打造儿童阅读环境》《阅读第一：所有学习的基石》；崔允漷：《指向学科核心素养的教学即让学科教育"回家"》《素养本位的单元设计》《评价是教育专业化最后的堡垒》；崔峦：《统编小学语文教材与教学》《言意兼得》；王在英：《"为思维而教"单元整合教学设计与实施》	专家报告 答疑互动 话题讨论
		读书分享 交流碰撞	读后有感、思想采撷、观"我的教学"、好书推荐、导读、一书一得、一文一议	读书沙龙
2	行动实践	案例研讨 研课磨课	促进教师研究课程标准、研究教材、研究高效课堂、反思教学，开展"三点五步"单元整合教学实践与研究。以教研组团队为一个研究小组，接龙授课，观摩研究课	做研究课 课例观摩 评课议课 同课异构 工作坊 教研邀约
3	成果固化	经验分享 成果发表	展示、汇报、交流，固化单元整合教学成果，并分享、发表	成果推介会 教研邀约 区域联动教研 异地教研 建立资源库

（四）课程实施

通过不同模块的课程内容研修，增强教研组团队研究的凝聚力，焕发语文教研组的生命力，快速提高教师专业水平，打造专业化的学术团队，彰显校本研修特色。

1."为思维而教"单元整合教学设计与实施的教师培训课程结构（见图1-7）

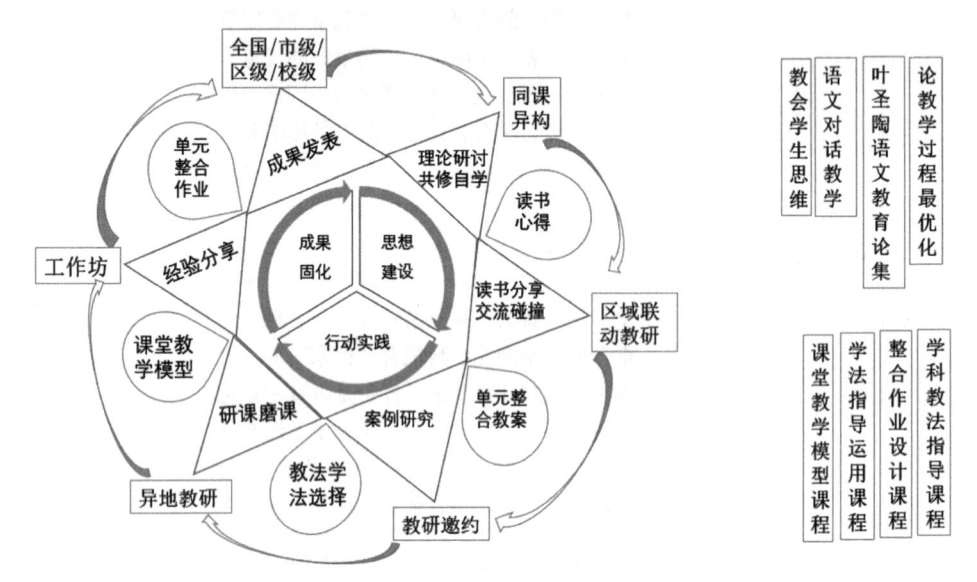

图1-7 "为思维而教"单元整合教学设计与实施的教师培训课程结构

2. 具体要求

1）思想建设模块

坚持读教学理论专著和文章，写读书心得，组织读书沙龙，分享交流。通过专家引领，自主对话，更新观念，提升认知，从宏观理论高度到微观教学实践理论层面进行系统的学习和理解，为下一步的行动实践做铺垫。

2）行动实践模块

行动实践分两个阶段：第一个阶段是以教研组为研究团队，在学习理论和具体设计方法的基础上进行单元整体方案的设计；第二个阶段就是磨课。这两个阶段遵从集智设计—研讨式审核—上课、说课、议课—反思、再磨课—展示、总结五步环节进行。

3）成果固化模块

将研讨比较完善的课例在学科组、全校等范围内进行展示、研讨，听取更多同行的评价，然后反思不足，总结亮点，加以梳理并将成果固化，收录到学科资源库。

（五）课程评价

评价是为了帮助教师解决各种各样的问题，而不是给一个定性的结论。因此培训课程的评价应关注教师发展的多样性、阶段性，以成果为导向，促进其可持续发展。评价方式多样化，真实性评价与表现性评价相结合；个人表现与小组表现相结合；形成性评价与终结性评价相结合。参与评价的主体多元化，包括学校管理层的评价，教研组自评、互评，来自专家、同行的评价，学生的评价等。不仅关注表面的材料积累，更注重常态化的校本研修质量。"为思维而教"单元整合教学设计评价指标如表1-5所示。通过多为教师搭设展示的平台，创造交流的机会，提供发展的空间，突出榜样激励的作用，教师自主研修的乐趣和幸福指数得到提高。

表1-5 "为思维而教"单元整合教学设计评价指标

研究教材	基于对单元内容和学生的分析，明确本单元在小学阶段的学习中的地位、作用和具体要求，即本单元教学与其他单元的关联性和独特性。正确把握课程标准学段要求和本册教材教学要求
主题聚焦	聚焦语文要素的落实，突破重点的策略突出且落实有实效
富有逻辑	不同课型的教学任务落实扎实。突出精读拓展课时的方法指导，学习引领作用；加强略读拓展课时的自主实践，通过对比发现，拓宽思路，建立思维结构，并继续有效表达的训练
加强整合	教学过程和教学内容统筹规划，课上课下自主与合作、教师的协助引领统筹安排。本册内相同能力训练点的单元整体系统设计，力求点上突破，学生所获深刻
学法指导	整个单元的学习，同一的学法贯穿学习全过程，突出学法指导—学法运用—学法自主实践的过程
思维提升	体现基于能力或人文主题的思维发散与聚合的过程，基于内容理解基础上的想象、联想、联系与推测等创造性思维活动设计

续表

教学方法	突出言语思维的核心价值，运用启发式、讨论法、抛锚式对话教学，创造形成互动对话、教学相长的课堂文化
课程意识	充分发掘和利用身边的课程资源，引导学生学会使用各种学习资源，并不断创造使用这些资源的机会。拓展与课文相关的大背景资料，如文章或整本书等
学习方式	通过自学、合作学、互学、同伴帮学、借助自主学习单学等多种方式学习，贯彻自主合作探究的学习方式。学生有充分的讨论、思考、实践、交流的空间和时间，在此基础上，进行概括、反思、提炼、质疑、思辨。教师进行有效的指导
情境激发	在实际情境或通过多媒体创设的接近实际的情境下进行学习，利用生动、直观的形象有效地激发联想，唤醒长时记忆中有关的知识、经验或表象，通过"同化"与"顺应"过程（对原有认知结构进行改造与重组）达到对新知识意义的建构
布置作业	分层设计，实践性强，拓展阅读，突出整合作业设计，提升自主学习能力

六、总结反思

课程特色与亮点总结如下。

1. 突出实践导向，聚焦教师发展

以课例研究为载体，立足课堂教学，落实叶圣陶先生的"教材无非就是个例子"的语文学科教学理想。

2. 立足减负提质，锻造高效课堂

"三点五步"单元整合教学模型把握了学科本质、教学规律、学生的认知规律、思维发展规律，单元目标聚焦，能力训练主线清晰，课时目标逻辑清晰，学生所得深刻。

3. 强化团队合作，促进共同成长

单元整合教学研修强调教研组的主体意识、团队合作行动，允许教师在团队研究过程中自主探索、试误，以过程参与为重，在问题解决中发展、进步。每个教师的作用被充分挖掘和发挥，通过多元、多样的评价，激发了教师自主提升的积极性。

七、师训成果

北京市育英学校小学语文教研团队具有先进的教师发展理念和校本研修理念，对教师发展目标有着系统思考和精准定位，研修思路清晰。教研组注重顶层设计，关注校本教师发展的整体性建构，注重研究的引领作用和课程系列化设计，有效地驱动了教师开展学习。该案例在创新校本教研方面提供了良好的实践范例，具有一定的参考借鉴价值。

（1）课程主题聚焦真实的实践困惑和需求，直指学科教师的痛点，具有很强的针对性与实用价值，很好地驱动了教师开展学习。单元整合教学是语文教学的一种全新的突破，是将语文学科素养落地生根的有效路径，是一线教师必须直面的严峻挑战。该案例基于问题导向，有针对性地设计实践取向的教师研修课程与内容，研修主题最终落脚点为促进教师和学生发展，研修内容紧扣教师发展实际需求。"为思维而教'三点五步'单元整合教学模型"打破了单元教学主题不突出、能力训练主线不明确、教学目标逻辑不清晰等困境，有效提升了课堂教学效率，使语文教学走出低效之谷。

（2）课程目标明确，任务合理，具有系统性、阶段性和持续性特点，架起了理论与实践的桥梁，促进了教师学习的有效发生。比如，教材研究阶段中教材解读与教材整合处理板块以问题解决为切入点研究，从教师的教研兴趣点入手，分成几个小的板块小步子推进。按照从容易到复杂的原则一个板块、一个板块地结合具体案例进行理论加实践的指导，激发了教师的主体意识，调动了教师参与研修的积极性。

（3）课程内容丰富，将课程教学改革的理念与教师经验紧密结合，实现教师经验的丰富、优化和再造。语文教研团队立足课堂教学，坚持问题导向，开展团队合作，自主实践领悟，完成三个课程模块的研修即思想建设、行动实践、成果固化。三个模块遵循认知—实践—总结的流程，相互渗透，融合实施。"为思维而教'三点五步'单元整合教学模型"基于教师的"最近发展区"和学校自身的"最近发展区"，恰当设定发展目标，基于不同教龄、不同发展阶段教师的研修需求，整体规划设计聚焦主题的研修活动，坚持实践取向，体现了在研修内容、方式和机制上的积极创新。

（4）研修方式能立足学校实际，探索多种富有实效的研修模式，激发教师参与研修的积极性。学校关注每一位教师的发展，充分发挥每一位教师的主动性、积极性和创造性。通过建立常态教研制度，将研修与教师日常的工作有机结合。采用多种研修方式（如读书沙龙、专题讲座、课例观摩、座谈研讨、教研邀约、工作坊等），以教研组为研究团队，营造易于研讨、温馨和谐的培训氛围，如小组互相切磋商讨、合作完成一个单元的整合设计，确保每一位教师都有机会分享交流自己的观点，带动了教师跨年级、跨学段，纵横双向研究教材、解读教材、把握教材和运用教材。

学校长期持续的"为思维而教'三点五步'的单元整合"探索实践，折射出学校不断健全和完善教师研修机制的发展路径。该案例以实际成效为追求，顺应教师作为成人学习者的特点与实际需求，充分利用参与者既有体验和实践经验知识化发展需求，自觉实践了兼容个人实践、专业阅读、专题讲授、同伴分享、团队共创、实践改进等方式的"混合式学习"，努力探索能够吸引对象群体全程参与且有益于促进他们能力发展的学习过程，确保提升研修实效。

第二章

"为思维而教"的单元整合教学

本章导读

　　课程育人、学科育人需要具有整体观念、系统思想。部编版教科书以单元形式双线组元进行整体教学，形成"精读""略读""课外阅读"三位一体的阅读体系。单元整合教学在将"课外阅读"课内实施的背景下以"发展思维为先"，以发展学生的思维能力为最终目标，给足教师开发课程内容和整合资源的主动权，通过整体设计和优化单元教学内容、教学结构及学生自主学习能力培养过程，使学生获取的知识更加丰富，思维结构、路径更加清晰，学习体验更加深刻，从而实现有效表达，综合提高语文核心素养。单元整合教学是高效的教学，一课一得、一步一个台阶的教学，有力地保障了课外阅读的课内实施。

一、"为思维而教"的单元整合教学基本理念

　　梳理《义务教育语文课程标准（2022年版）》，发现有九处提到"整合"一词，出现的位置分别在课程理念、课程目标、课程内容·内容组织与呈现方式、学业质量内涵、课程实施教学建议和教学研究与教师培训中，更加显示出"整合"理念的重要性。"为思维而教"的单元整合教学，从实践层面探索出了将"整合"理念落地的有效路径。

　　语文教育中更重要的是应该强化对学生思维能力的培养。语文的责任正在于促进学生的语言和思维都得到良好的、协调的发展。"为思维而教"是一种思想、一种理念、一个方向，突出思维性也是语文学科的本质特点，语文教学应以培育和表现思维能力为最终目标，培养学生的独立见解、个性化和创造力等。

　　单元整合教学课程以"为思维而教"的教学思想为理论基础，通过优

化、整合单元内容和教学结构，抓点找线，整体推进，整合教学设计，构建富有逻辑的单元教学，实现语文学科的培养目标。

1. 整体观念

整体观念就是对单元内部各组成要素之间围绕单元目标具有统一性和完整性的想法。一个单元就是一组小的课程，单元内导语、课文、语文园地等各要素都有独担的任务，围绕单元总目标，对单元课时目标、单元课时内容和教学结构进行优化，构建有逻辑的整体设计（见图2-1）。

单元核心目标：阅读简单的说明性文章，了解基本的说明方法；搜集资料，用恰当的说明方法，把某一事物介绍清楚。

说明文习作课时目标

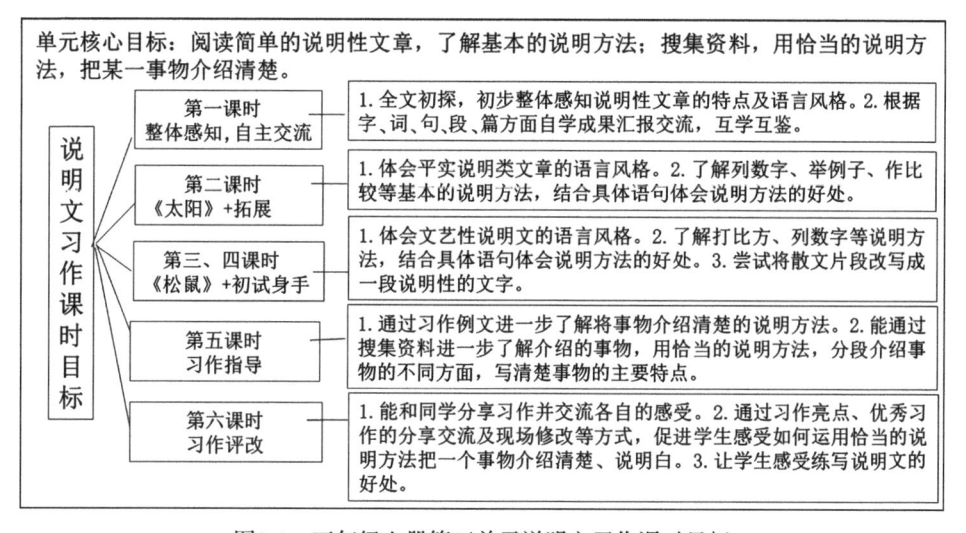

第一课时 整体感知，自主交流
1. 全文初探，初步整体感知说明性文章的特点及语言风格。2. 根据字、词、句、段、篇方面自学成果汇报交流，互学互鉴。

第二课时 《太阳》+拓展
1. 体会平实说明类文章的语言风格。2. 了解列数字、举例子、作比较等基本的说明方法，结合具体语句体会说明方法的好处。

第三、四课时 《松鼠》+初试身手
1. 体会文艺性说明文的语言风格。2. 了解打比方、列数字等说明方法，结合具体语句体会说明方法的好处。3. 尝试将散文片段改写成一段说明性的文字。

第五课时 习作指导
1. 通过习作例文进一步了解将事物介绍清楚的说明方法。2. 能通过搜集资料进一步了解介绍的事物，用恰当的说明方法，分段介绍事物的不同方面，写清楚事物的主要特点。

第六课时 习作评改
1. 能和同学分享习作并交流各自的感受。2. 通过习作亮点、优秀习作的分享交流及现场修改等方式，促进学生感受如何运用恰当的说明方法把一个事物介绍清楚、说明白。3. 让学生感受练写说明文的好处。

图2-1 五年级上册第五单元说明文习作课时目标

钻研教材，解读文本，把一篇篇课文放置在一个大的目标系统中思考。课文、语文园地等是整个教学链条中的一个个环节，研读、解析单元中的每篇课文，弄清楚它是整个链条中的第几个环节，从而弄清楚教学的起点，确定位置，上出年段特点，突出教学重点。

例如，五年级上册第五单元说明文习作单元，有两篇课文即《太阳》《松鼠》，单元阅读要素是阅读简单的说明性文章，了解基本的说明方法；习作要素是搜索资料，用恰当的说明方法，把某一种事物介绍清楚。《太阳》一课在体现两个要素方面承担的任务是，从说明文语言方面体现说明文的平实风格，让学生全面了解举例子、列数字、打比方、作比较的说明方法及其表达作用和效果。《松鼠》一课主要承担了让学生体验文艺性说明文语言生动的任务，在说明方法方面主要是让学生体会打比方的作用及表达效果。

2. 系统思想

系统论的基本原理告诉我们：任何系统都是一个有机的整体，单元中的每一个部分都是一个有机的整体，它不是各个部分的机械组合或简单相加，每个要素在系统中都处于一定的位置，起着特定的作用。每一个环节都是系统中的链条，不是孤立存在的，是有联系的。单元教学的设计单位不是一个个孤立的知识点，不是内容板块的拼合，而是围绕主题将知识结构化，从而建立起思维结构，组成一个有意义的单元。要素之间相互关联、共同作用，进而达到1+1>2的教学效果。学习步骤要层层递进，不是平推的，而是一步一个台阶，如登山的感觉。教师使用教材时，需要多关注彼此融合方面。

对以上两个基本理念，以五年级上册第五单元作业设计为例加以分析说明。

第一阶段：单元内容整体感知

作业一：创设真实的情境，任务驱动

任务类型：长时实践类（任务）

课时分配：占用年级活动课时30分钟（访查、搜集资料等贯穿在单元学习过程中）

任务学习情境：秋天是校园最美的季节，我们学校幼儿园的小朋友要来本校游学，我们五年级的同学们将光荣地承担这个任务，与小朋友结对子，"手拉手"带领他们感受校园的美。希望大家精心准备。我们可以自

由结组，以小组为单位进行活动。你们会选择校园中的哪种动物、植物、物品等来做最精心的介绍呢？活动之后可以把讲稿整理出来，编撰成一本校园百科全书。同学们，我们从哪些方面介绍，小朋友会喜欢听呢？下面让我们积极准备，行动起来吧！

（1）小组成员先游走校园，确定要介绍的事物。

（2）采用上网、查阅书籍、访查等方法搜集第一手资料，填写小组合作访查记录单。查阅什么，事先头脑风暴做好计划和分工。

介绍的事物名称		校园中的位置			任务：认领拍照	
介绍的不同方面	1.	2.		3.	4.	
查阅相关资料（网络、书籍）	（可另附页）					
访查的问题及对象						
其他						

作业二：基础知识掌握

学习任务自我检测单

（一）填空。

"区"的最后一笔是（　　）；"鼠"的第三笔是（　　）。

（二）选择正确的读音。

摄（niè shè）氏度　　矫（jiāo jiǎo）健

（三）判断，请指出下面的句子是哪一种说明方法。

（1）太阳会发光，会发热，是个大火球。（　　）

（2）松鼠一胎生三四个。（　　）

（3）太阳温度很高，表面温度有6000摄氏度，中心温度估计是表面温度的3000倍。（　　）

（4）有的流星体运动的最大速度能达到二十五万千米每小时，是火箭运动速度的六倍多。（　　）

第二阶段：课文学习、习作（两篇主体课文）

作业类型： 知识拓展类、实践类

作业三：二选一

（1）这节课我们熟悉了列数字、举例子和作比较等说明方法，学习了从哪些方面介绍事物，同学们可查看学习任务单，看还有哪些资料需要补充，继续搜集资料。

（2）通过上网、阅读相关书籍等，了解太阳其他方面的知识，仿照课文进行口头介绍。

作业四：

（1）学习了《太阳》《松鼠》两篇说明文，借助表格对比两篇文章有什么相同点和不同点。

课文	说明文类型	哪些方面	语言风格 相同点	语言风格 不同点	说明方法
《太阳》					
《松鼠》					

（2）推荐阅读：感兴趣的同学可读一读法国人布封写的《自然史》，这本书的描述详细而科学，文笔极为优美，从中能够了解更多包括动物介绍在内的自然知识。

第三阶段：习作（介绍一种事物）

作业五：

（1）课下完成全篇习作，读给同伴听。

（2）编撰校园百科全书，评选校园百科全书的封面设计和好文章，招募志愿者。

（3）"手拉手"游园，承担介绍任务。

3. 课程意识

课程意识指对课程的敏感程度，包括对课程理论的自我建构意识、课程资源的开发意识等方面。教师即课程，学生即课程，身边的生活即课程。课程不是一篇课文，而是一个单元的学习、理解、实践、练习、评价的综合体系，它更多地关注教学的价值问题，既有听、说、读的指导，又有实践活动的设计。

例如，对于艾青的诗歌《绿》，教师选择了在清明节之后学习这篇课文。节前布置作业，要求学生在清明节期间春游踏青时注意观察和感受春天的绿。上课时，伴随着抒情的音乐，教师先播放自己录制的一分钟小视频：人坐船顺流而下，从水波的绿、两岸的绿，到公园中各处的绿，再聚焦到校园中的绿，唤醒了学生自己的生活经验，激发了头脑中的想象。这样学生能很快进入文字描绘的情境中，这就是课程意识。

4. 真实的学习

真实的学习指所学知识的真实和所运用的思维方式的真实。真实的学习注重学习情境的创设和学习的开放性：注重设计产生真实思维、知识意义化的学习情境和实践任务，激发学生乐学、主动学的情感和态度；注重设计让学生自主探究、自主发现、主动参与学习的社会结构或学习规则；注重设计促进学生自主发展的学习支架，同时提供思维外显化和反省的学习工具。"一切皆有可能"，不框限，引导学生从不同方面看待问题，积极寻找解决问题的各种途径，促进学生不断有发现、有创新、有前进。"用自己的头脑亲自获得知识的一切形式"，是最宽泛意义上的发现学习、开放性学习，也是真实的学习。学生获得的知识要依靠学生自己的力量去引发出来，激发首创精神。师生在参与对话学习的旅程中总会冒出属于自己的"不同意见"或"越轨"的思维，这就是课堂上"长"出来的新的意义。真实的学习倡导教师带着学生走向教材，教师是导游，学生是学习的主体，更倡导学生带着教材走向教师，完全实现学生的自主学习，这是最理想的教学方式，也是最难实现的方式。

张田若老师曾经提出过"四三二一"教学内容与时间安排的理论：扎扎实实落实好熟读课文占40%，字词句基本过关占30%，还有20%是重点训练项目（语文要素），10%是理解课文、体会情感。受此启发，单元整合教学的五步即五大环节所用课时也按照4:3:2:1的比例进行。举例来说，一个单元用8节课完成教材的学习，其中预习交流占3节，精读拓展占2或3节，略读拓展、比较发现、领悟表达占3或2节（含习作）。有的单元课文少，有的单元课文多，有的单元精读课文、略读课文混搭，有的单元只有精读课文，课时分配可以根据学情、教材灵活决定。"快乐读书吧"融合于课文学习中，将统筹作业与自主晨诵的时间作为语文课程实施的一部分，这样就完成了课上课下时间与学习内容的整合。

二、"为思维而教"的单元整合教学设计原则

1. 情境激发

语文学习是心理体验的过程。学习永远不会撇开情感因素，它是整个学习过程的"发动机"。对于不同的人，可能是一种乐趣、一种热情、一种激动、一种愿望、一种喜悦、一种冒险、一种承认就可以激发学习行动。建构主义认为，学习总是与一定的社会文化背景即"情境"相联系的。在实际情境或通过多媒体创设的接近实际的情境下进行学习，可以利用生动、直观的形象有效地激发联想，唤醒长时记忆中有关的知识、经验或表象，通过"同化"与"顺应"过程（对原有认知结构进行改造与重组）才能达到对新知识意义的建构，否则，学生在学习中的意义建构会发生困难。

语文学习情境激发的目标一般指向两类：第一类是帮助学生丰富智力

背景，激发积极思维。小学生思维发展的基本规律是从以具体形象思维为主要思维形式，逐步过渡到以抽象逻辑思维为主要思维形式，但这个发展过程是建立在直接经验与感性经验、表象理解基础上的。这类适用于学科内容有严谨结构的情况，创设有丰富资源的学习环境，包括实际例子、相关信息资料、学习者根据自己的兴趣爱好进行主动发现和探究等。情感性是美感的主要特征。在具有审美意义的语文阅读和写作中，情感活动贯穿形象思维的全过程。作者以形象思维饱含着情感写成的作品，具有强烈的感染力量。第二类是创造积极学习的心理环境，用任务驱动。创设接近真实情境的学习环境，从而激发学习者参与交互学习的积极性，在过程中完成知识的理解、应用和意义建构。比如，问题情境使学生头脑中产生疑团，并通过提出新的疑团解决这个疑团，让学生的思维从一个波澜到另一个波澜。这样，学生的内部学习动机也就孕育在学习活动中了。

以上两种情况往往在教学中会交叉、融合使用，使用的界限分得并不那么清。真实情境的创设不仅包括在上课之前、之初，还包括在实际课堂教学之中。课堂教学中运用小组互助合作的学习方式进行对话交流、发现探究时，学习过程是动态的，教师、学生、文本之间交互作用，会生成新的知识，产生新的学习机遇，这个过程本身就是一种真实情境的创设，教师要积极创设这样的学习状态，使学生整节课都处在一种不满足、新鲜感、积极活跃的思维状态中。

比如，一年级上册"快乐读书吧"一课教学的设计，上课前教师布置"介绍照片"的任务：说说这张照片上的你在哪里，跟谁在一起，读的什么书。课前可以把学生的这些照片贴到他们自己的书包橱柜上，教室里还可以挂上同学们喜欢的书的图片，为上课做铺垫。这个真实情境的创设也包含了学习心理建设和构建积极的思维、丰富智力背景的目标。

单元整合教学实施过程就是让学生经历提取信息、分析归纳、整合诠释、反思评价、创意表达的过程，即审辩式思维发展的五个层级，把学生培养成会思考、会学习、爱读书、乐写作的学习者。教师应注重从完整的人感知、体验、领悟完整的生活，完整的学习经验，创造性地学习文化的角度，优化教学内容、单元教学结构，构建一个具有深刻心理体验的学习过程的课堂教学。

2. 一课一得

基于小语课堂教学目标散、乱、不着边际的现状，我们应重视和落实陶行知先生提出的"一课一得"理念：在一堂课的教学中，教师要让学生或理解一个问题，或明白一个道理，或掌握一种方法。作为单元整体设计整合教学实施，单元学习目标要聚焦和整合，要区分核心目标和基础目标。课时目标紧紧围绕单元核心目标的达成而设计，课时目标之间既有联系又有区别。每篇课文的学习就是"点"，将一课一得连起来就成了"面"，即达成了单元目标。

单元整合教学是一种高效的教学，是一课一得、一步一个台阶的教学，以"发展学生的思维为先"，以发展学生的思维能力为最终目标，对单元教学内容和教学结构进行优化，整体规划和设计学生自主学习能力的培养方案，促进学生思维结构化，先清晰思维路径，而后进行有效表达的训练。

学生在单元学习中经历了一个完整的思维活动：预习交流课单元整体感知，自学提出问题；精读拓展课自主探究，发现问题，解决问题，领悟方法；略读拓展课自主解决问题，强化方法运用和实践，通过拓展阅读、比较发现，促进认知和思维结构化；迁移表达课联系生活实际，有效表达。教师也经历了一个整体、全面、深度解读教材，整体设计单元整合教学实施的过程，可以说教和学的过程都是首创的过程，较好地解决了重语用轻思维导致的教学碎片化问题，也从实践中改变了语文阅读教学一课一学，停滞于理解内容、体会思想情感层面的教学现状。

单元整合教学是变"教教材"为"用教材教"，只有从课堂上提质增效，才能从根本上"减负"。

3. 以学定教

奥苏贝尔在《教育心理学：一种认知观》一书的扉页中用特大号字表述道："假如让我把全部教育心理学仅仅归纳为一条原理的话，那么，我将一言蔽之曰：影响学习的唯一最重要因素就是学习者已经知道了什么。要探明这一点，并应据此进行教学。"这就是以学定教。所谓"以学定教"就是要根据学生学习的基础、兴趣、经验，遵循学生学习的过程、规律、特点，进行教学设计。也就是说，在教学设计的时候，要揣摩、预测学生会怎么学，以此来确定怎么教。它体现的是"学生是学习的主人"这一教学思想，其目的是引导学生能自主地学、主动地学、积极地学，最终形成自主学习能力。

（1）在钻研教材的基础上，教师要弄清楚重难点和关键之处，哪些是学生自己能够自读自悟，或者在学习单的指导下能够自己读懂的，哪些是学生在阅读中发现不了的，或容易忽视的，抑或发现了但理解不深、认识不到位的等，从而确立更加符合学生学习实际的教学重难点、疑点、关键点，并找到突破的方法、策略。

（2）在教学设计过程中，预测学生的具体学习情况，可能会遇到的困难。在思考、解决某一问题时，学生可能会怎么想，怎么说及说到什么程度；如果学生答错了、说偏了、说不到、说不透怎么办，教师怎么回应，等等，设计出相应的对策。有时一个点的教学还应有多种对策、方案，达到以不变应万变。

（3）教学没有零起点，学生总是带着自己的生活经验进入学习的。教师要弄清学生已学习、掌握了哪些相关知识、经验和相应的阅读基本功，以便引导学生把学过的阅读基本功加以自觉运用，把新学的阅读基本功落实到位。教学思路也要遵循学生的学习思路来调整和设计。

4. 抓"点"找"线"，三线并行

"抓点"就是找到单元整体教学的整合点，即核心知识、关键能力点。"找线"是指达成单元教学目标实施整合教学的线索和教学环节设计。整合点的确立可以是人文主题，也可以是语文阅读能力培养或习作能力培养的要素。

确立整合点，一看本册教材说明及教学建议；二看课程标准学段要求；三看本单元或本篇课文的特点和课后题。

"三线并行"指教学过程贯穿一条明线、两条暗线：明线即整合点（核心知识和关键能力）的贯穿；暗线即学习方法线和思维发散与聚合线。每篇课文独自承担着"一课一得"的任务，知识点和能力点的训练各有侧重，在单元课文学习完之后，进行几篇课文的对比和发现，使学生获得全面、整体而深刻的知识，学方法、用方法也贯穿其中。

例如，三年级上册第六单元的整合点为学习关键语句。

本单元课文内容也是写法线：写的是什么景物？什么样子？有什么感受？

学习方法线：在课文中发现关键语句——得方法；体会关键语句——用方法；运用关键语句迅速了解文章内容——方法实践。阅读和习作能力训练贯穿的是借助关键语句理解一段话的意思，明白一篇文章、一个段落都是围绕一个意思写的。

思维发散与聚合线：《古诗三首》抓词即诗眼；《富饶的西沙群岛》中心句和总起句都在段或篇的开头部分，总领全文或段落内容；《海滨小城》中心句在结尾，段落有总起句，出现了过渡句；《美丽的小兴安岭》中心句在结尾，段落没有总起句但有提示词。人文主题方面也体现出发散

与聚合的思维，即古诗体现的是山、湖的美，三篇课文分别体现的是岛、城、林的美景，而且这些景色分布在祖国的大江南北。

5. 自主合作、发现探究、对话交流的学习方式

"阅读教学是学生、教师、文本之间对话的过程。"这是《义务教育语文课程标准（2011年版）》中提出的一种理念，也是我们进行阅读教学设计的理论依据。杜威说："好的教学必须能唤起儿童的思维。"课堂教学的最终目标是让学生成为聪明的人，思维活跃的人。单元整合教学课堂模型设计突出了"自主合作，发现探究，对话交流"这一理念，突出了学生自主对话文本、生生交流、师生交流的重要特征。对话，凸显一种民主、平等，师生以阅读文本为媒介，彼此敞开心扉，互动共进、建构或解构，珍视学生独特的原创性的见解和发现，激发学生的阅读需求、阅读期待，引导学生运用阅读技能。对话交流的过程就是言语思维外化的过程，通过言语思维转化为语言就是言语实践。怀特海说："教育的全部目的就是诗人具有活跃的智慧。"对话便是思维训练和言语训练的最好方式。

例如，《可贵的沉默》一课中句子的学习：

先是一两声，继而就是七嘴八舌了："问爸爸！""不，问外婆！""自己查爸爸妈妈的身份证！"

师：这几句话你发现有什么特点？

生：是语言描写，但是没有提示语。

师：这是为什么？

生：（沉默）人多，都抢着说话。

生：都抢着说话，如果加上提示语就啰嗦了，显不出抢着说了。

师：仔细观察标点，再读读句子，想象当时的情景和场面，还能体会到什么？

生：大家心情很激动，很兴奋，都在七嘴八舌地说话……

从"对话"到"发现"一直在启发和激发学生的思维，思维的功能在于将经验得到的模糊、疑难、矛盾和某种纷乱的情境转化为清晰、连贯、确定与和谐的情境。思维就在这两端之间进行着。有疑问，有矛盾，体现了追问和启发的精神。提问应该是把教师要教授的内容巧妙地转化为学生想学习的内容的契机。把必须教的东西转化为学生想学的东西，这才是发问的本质。

对学生最细致入微的人文关怀就是给予他们充分自主自由发表学习成果和互动交流的时间、空间。单元整体感知及自主交流课，就是基于"对话教学"思想设置的，这个课时特别强调与突出了学生自主学习成果的自主展示和交流，给予学生充分进行思维碰撞和交流的机会。通过对字、词、句、段、篇等各方面预习的自主交流，教师也充分了解了学生当下的知识学习和思维发展状况，为后面的学习做了"以学定教"的铺垫。这个课时还设置了归纳概括、提出问题、大胆质疑并初步交流的环节，这更是对学生思维发展的重视。

怎样激发学生自主对话与互动交流的积极性？采取抛锚式的教学策略，即任务驱动。由学生讨论解决问题的方法，然后自主探究，随后组织班级或小组的互动交流。这个过程体现了问题来源于学生，问题的解决依靠学生，评价交给学生。

6. 体现思维高阶发展过程，建立思维结构

单元整合教学课堂模型必须按照认识—实践—再认识—再实践—总结的流程设计，体现"整体—部分—整体""语言文字—思想内容—语言文字"的学习过程。

1）单元整合教学结构中思维语言发展的过程、教学模型建构的逻辑
阅读与表达：预习交流—精读拓展—略读拓展—比较、表达—习作实践
学习方式：独立自学—同伴互学—合作探究—同伴交流—个性表达

审辩式思维：提取信息—分析归纳—整合诠释—反思评价—创意表达。

方法指导：学法渗透—学法探究—学法总结—学法应用—学法实践。

思维过程：发散与聚合—分析与归纳—抽象与具化—直觉与顿悟（形象与灵感）。

2）把阅读教学与习作教学变成一回事儿

当下小学语文阅读教学的基本程序一般是：整体感知—重点探究，深刻理解，方法渗透—方法迁移，语用实践—领悟表达，读写结合—总结提升。叶圣陶先生说："鉴赏不是单凭一时的印象，给文艺加上一些形容词语。讲到一些事物，描写风景，表达情感，我们就得问：作者这些描写和表达是不是最为有效？好在哪里？这样，从好的文艺得到的感动自然更深切。"从这句话中可以找到理论根据，小学语文阅读理解应该有两个层次：一是大家常常认为的理解内容、内涵，体会思想感情；二是"鉴赏性理解"，即体会语言形式的表达效果"好在哪里"。对于字、词、句、段、篇的学习，无论哪个环节都应该做到以上两个层次，这样表达、写作层面的学习就与阅读理解成了一件事儿。阅读教学过程可重新设计为"整体感知—感性理解—鉴赏性理解—学以致用（联系生活，有效表达）—总结提升"，阅读教学与习作教学达到了有机统一。

3）对比发现，建立联系与思维结构

无论在精读拓展课时还是略读拓展课时，很重要的一个环节就是对已经学过的几篇文章进行对比阅读，学生自主发现相同点和不同点，通过思维的发散和聚合，更加明晰地获得单元语文要素和主题及写法等方面的知识，并从整体上建立一种思维结构，获得表达的思维路径，为进行有效表达的训练做铺垫。

例如，学完三年级上册第六单元这三篇课文，发现有什么相同点和不同点？（注意相同点和不同点一起问。）

教师利用板书帮助学生直观建立思维结构，便于知识深刻内化，并寻得表达的路径。

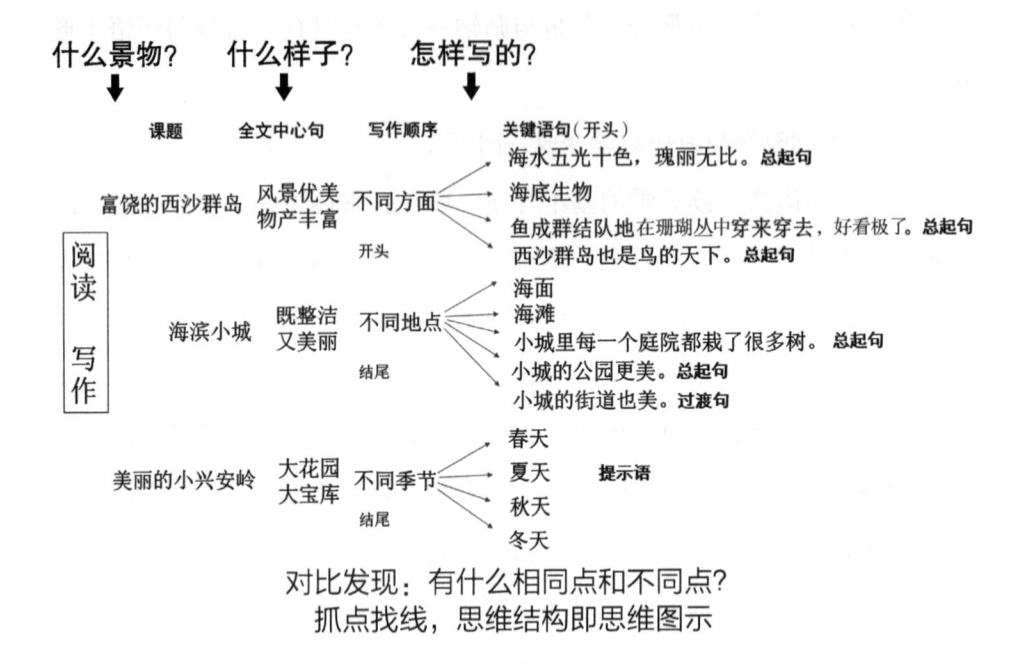

```
什么景物?        什么样子?        怎样写的?
   ↓                ↓                ↓
  课题           全文中心句         写作顺序         关键语句（开头）
                                                   海水五光十色，瑰丽无比。总起句
                                                   海底生物
         富饶的西沙群岛   风景优美    不同方面 ──→   鱼成群结队地在珊瑚丛中穿来穿去，好看极了。总起句
                        物产丰富      开头          西沙群岛也是鸟的天下。总起句
阅读
                                                   海面
写作                                                海滩
         海滨小城       既整洁     不同地点 ──→    小城里每一个庭院都栽了很多树。总起句
                       又美丽       结尾           小城的公园更美。总起句
                                                   小城的街道也美。过渡句

                                                   春天
         美丽的小兴安岭  大花园    不同季节 ──→    夏天    提示语
                       大宝库      结尾           秋天
                                                   冬天
```

对比发现：有什么相同点和不同点？
抓点找线，思维结构即思维图示

三、"为思维而教"的单元整合类型

"为思维而教"的单元整合类型主要有：以教科书自然呈现的单元为主的整合教学；对同册教科书训练点相近单元进行整合，形成跨单元的整合教学；对全册单元进行结构化与教学实施的统整，形成几大主题的以学习任务群为形式的整合教学；基于主题统整的跨学科单元整合教学。无论是哪一种形式的整合，都体现出教育、学科素养的完整育人，更注重教育教学过程的开放性、实践性，学生学习力、思考力、表达能力的发展，以及从学知识走向学科思维方式的培养、文化素养的积累。

1. 基于教材单元的教学整合

1拓1：精读拓展课时，可以精讲1篇课文，然后围绕此篇课文的主题

或语文要素方面从广度或深度上拓展1篇文章，即1拓1的方式，也可以拓展材料而不是文章。

1+1：在略读拓展课时，可以采取1加1的方式，也可以采取两篇课文进行对比阅读的方式，突出方法的运用和实践。

不建议1篇拓几篇，要把精力用在突出训练点上，扎实训练，重在建立思维结构，寻得思维路径，而后进行有效表达训练。

2. 全册整合跨单元教学

以五年级下册为例（见表2-1）。

表 2-1 全册整合跨单元教学（以五年级下册为例）

整合主题	阅读要素	习作
体会和感受	单元一：体会课文表达的思想感情 单元八：感受课文风趣的语言	写事
经典传统文化	单元二：初步学习阅读古典名著的方法 单元三：感受汉字的趣味，了解汉字文化，学习搜集资料的基本方法	读后感
写出人物特点	单元四：通过课文中动作、语言、神态的描写，体会人物的内心 单元五：学习描写人物的基本方法 单元六：了解人物的思维过程，加深对课文内容的理解	写人
写出景色变化	单元七：体会静态描写和动态描写的表达效果	写景

3. 跨学科单元整合教学

以花朝节主题整合为例。

"花朝节"跨学科主题整合课程设计与实施方案

一、目的意义及背景分析

学校精心打造了优美的自然生态环境，是京城最美的校园之一。校园内有植物百余种，每年2~5月，花开不断，引无数学生和家长、校友来校拍照、赏花、游春。不仅如此，校园内的每一处景观都经过精心设计，渗透着中国传统文化元素，浸润其中，自然受到中华优秀传统文化的濡染。花朝节是汉族的传统节日，寄托着人们亲近大自然，体验生命孕育、生长的多姿生活，追求美好生活的愿望，有许多有趣怡情的活动，而今却鲜为人知。恢复这一节日，传承节庆背后的优秀民俗，通过语文、科学、美术、音乐、数学、英语、思品学科整合，开发"花朝节"主题课程，是对学校课程的补充，是对学生进行科学、审美、劳动、创造教育的有效载体。通过跨学科整合实施，统筹规划了教学时段、教学内容、教学目标，把相关主题的知识整体呈现给学生，打破了学科壁垒，有机地融入了学生的生活。学习因有了真实的情境变得更有意义，学科知识间相互支撑、紧密联结，并且整合了个体经验，与当下及未来生活建立了联结，更凸显素养形成的整体性。跨学科整合课程开发更能引导教学由关注学科知识转向关注人，即关注学生作为一个完整的人的发展，突出"为了学生的学习"而教。跨学科整合课程不仅实现了跨域情境的学习迁移，将学生带入一个观察更细致、更充分，学习体验更丰富、更深刻，思考更深入，有深刻体验的学习之旅，也实现了从"教学"到"教育"的育人理想，还体现了学校提出的开放性教学思想。

跨学科主题重合：花·生命·美

教材内容重合点：观察校园里盛开的花，了解花的色彩、形态和生长特点，观察花的整体姿态和微观结构，感受花带给春的生命朝气，用不同的形式感受生命，享受美的熏陶。

表现形式的不同：①科学学科，解剖结构，种植观察。②美术学科，用色彩体现生命的张力。③语文学科，通过诗文诵读及创作感受花的生命，表达对光明和美的追求。④数学学科，观察花卉中与数学相关的现象和数学问题。⑤英语学科，拓展学习花的名字，用英文表达心情的句子创作。⑥思品学科，欣赏"育英大讲堂""体育寻宝乐"展板上展出的照片，学习校园里"英雄墙"的人物事迹等，悟理导行；进行参加活动、合作活动的礼仪教育，规范行为。⑦音乐学科，唱古诗写花写春天的歌曲，表达愉悦心情。

表现形式的融合点：观、思、诗、书、画（含摄影）、做一体；同一个时间段关于花的主题的不同角度的学习（长作业）。

二、课程目标

（一）总目标

1. 唤醒师生对花朝节这一传统节日的兴趣，传承这一传统节日文化，怡情、拾趣，进行科学、审美、劳动、创造、生命教育。

2. 通过学科整合主题教学整体推进、活动推进、阅读推进，突出以学生为中心的学习，从为了"学科"走向为了"学习"，加强文学与生活、科学与生命、审美与创造的联结，激发学生对古诗词的诵读兴趣和积累，加深学生对生命与创造的体验。

3. 通过观、思、诗、书、画、做一体的长作业等学习方式，进一步培养学生独立思考、分享合作、主动探究的意识和能力，激发学生的好奇心和能动性。

（二）分科目标

科学学科：新的生命

用解剖的方法更细微地观察花和种子的内部结构，持续地观察、记录花和种子的变化过程等，保持探究新生命产生的奥秘的好奇心，认识到自然界的生命是生生不息的，繁殖对于每个物种的延续至关重要。

美术学科：花之色

（1）结合画家凡·高的作品，拓展齐白石的作品，通过欣赏作品和观察实物，让学生了解中西绘画艺术对花和植物的基本表达方式的不同，以及如何用色彩、线条和笔触等造型手法体现花的生命力。

（2）结合校园环境，观察花的生长特点和形态特征，用生动的线条表现身边的植物，感受植物的美，了解植物与人类的密切关系，培养学生热爱大自然的情感和可持续发展的意识。

语文学科：花之韵

（1）通过"花朝节"主题教学，组织学生搜集诗词、资料，踏青对诗，制作花朝杯等，感受"生活即语文，语文即生活"，感受人们对光明和美的追求，激发学生自主积累优秀诗词的兴趣，有体验，会表达。

（2）在其他学科的应用中加强多种文体尤其是应用文的练习。

数学学科：花之思

通过观察花卉的结构，发现并探究花卉中的对称、斐波那契螺旋线、黄金分割等数学知识，感受大自然的神奇。

音乐学科：花之声

通过赏花，学唱《春晓》等古诗词歌曲，感受春天里万物萌动、充满生机的美好。

思品学科：花之魂（丁香一样的人）

通过欣赏"育英大讲堂"展板人物、"体育寻宝乐"展板呈现的生活、英雄墙的人物等，进一步感受育英"一方水土养一方人"的文化，悟理导行，做有书香气，有勇气，神气，大气，有聪明的脑、温暖的心，能担当的育英人。

三、课程内容及实施进度

课程实施阶段	内容及进度	评价方式
一、花信（迎花）：3月8日（农历二月初二）至3月17日（即第3周周末）	**花朝节启动：** 1.农历二月初二正是花朝节的开始，由课程兴趣小组成员向全校发出倡议，开展"'赏花咏春'一诗一影一话"征集活动，活动对象：全校师生。 2.3月11日，利用升旗仪式进行花朝节知识宣传，活动开启。形式：微视频、作品示范、内容介绍。 **花事：** 3月8日前迎春花开了，8日左右山桃花也开了。最早的"一白一红"出现在英雄路北头：牡丹花长出了花苞，思明楼的玉兰花钻出了花苞。	
	科学、语文合作： 1.通过实地考察和搜集资料完成调查报告，内容包括：学校的花卉所在位置、花期、种属、生长条件等。 2.主题教学：观察花种子。 3.种一片太阳花。 **美术、语文合作：** 赏红悬彩：剪花、做书画诗词杯挂在树上。 地点：桃园和海棠花溪。 **语文：** 1.搜集有关花的诗词和花朝节知识，准备诗词会和花朝节知识大赛。做成"花"主题的诗词文集或"摄影+诗"的一花一诗展。 2.做出的诗词文集，利用晨诵时间进行诵读。 **思品：** 观、议"育英大讲堂"人物。	活动展示 每个阶段三科联合
二、赏红（踏青）：第4、5周（3月18日至3月21日，即农历二月十二至农历二月十五）	**科学、美术合作：** 1.整体观察和解剖观察花的结构。 2.用超轻黏土制作花的模型。 3.收调查报告，进行交流，了解校园里的花，以及种这些花的意义。	知识赛发奖状 活动成果展示

续表

课程实施阶段	内容及进度	评价方式
二、赏红（踏青）：第4、5周（3月18日至3月21日，即农历二月十二至农历二月十五）	**语文、科学合作：** 1. 踏青感受校园花姿花情花趣，学习《花之咏》等诗词，写持续观察日记。 2. 花朝节知识赛。 3. 学习"花"单元《古诗二首》《种一片太阳花》《花之咏》，准备对诗、花咏会。 4. 成立"花事"小记者团去调查、采访、采风。 **英语：** 1. 学习15种花的英文名称。 2. 学唱一首英文歌。 3. 学用英文写一句赞美花的话。 **数学：** 观察花的形态与结构等，进行精确测量，根据一定的比例进行绘制，感受花中的数学美。	知识赛发奖状 活动成果展示
	美术、语文、科学合作： 1. 观察校园中盛开的花，写生绘画；了解花的色彩、形态和生长特点。 2. 主题教学《向日葵》等，了解画家凡·高、齐白石，感受中外艺术家表现花卉的不同艺术手法。 3. 做花神灯、做书签。 **音乐：** 学唱、欣赏《春晓》等歌曲，准备演出。 **思品：** 育英精神育英人教学，实地欣赏育英人，体悟育英精神。	知识赛发奖状 活动成果展示
三、花之咏——花咏会：第6周	**综合展示——花咏会** 地点：世纪林音乐广场。 展板部分：花朝节知识、调查报告、持续观察日记、绘画、手工制作、诗词与书法、花事、花语展示等。 汇演：现场作画，现场吟咏，某一种花的结构，科学普及等。 时间：3月28—29日或4月1—3日。 节目预设： 1. 合唱团《春晓》； 2. 书画和诗词吟诵串烧； 3. 科普绘本剧《小种子》；	展示

续表

课程实施阶段	内容及进度	评价方式
三、花之咏—— 花咏会：第6周	4. 飞花令； 5. 咏花英文演唱； 6. 花之思—数学之问； 7. 花神T台秀+诗词朗诵+书画展示。	展示
四、种植（护花）： 第7周	**科学：** 种植活动（五月底展示种植成果）。 **语文：** 记录整个活动过程，写持续观察日记。	
五、总结成果评价	文字、绘画等作品结成作品集，六一儿童节时展出。	

四、"为思维而教"的精读拓展课教学模型

教学模型是对课堂教学结构形态的抽象描述，用"模型"一词是为了与"模式"区别开来。"模式"往往指教学的"程序建构"，侧重于教学的"程序步骤"，青年教师理解应用起来容易模式化。而"模型"指的是"要素提炼""要素组合"，即先将课堂教学的要素提炼出来，然后根据课堂教学的不同目标、不同情况将这些要素选择性地加以组合，组成多种课型，使课堂教学具有灵活性，富于弹性张力，彰显创建的智慧。

小学语文课堂教学模型要素有：情境创设、当堂检测、概括训练、问题交流、重点探究、方法指导、方法实践、情感升华、入情入境、联系生活、主题拓展、对比发现、总结提升、略读拓展、积累背诵、有效表达、课堂总结、通篇会意。

精读拓展课根据文章写作内容分为以下课型：写人记事的文章为问题解决式、活动语文式；写景状物的文章为兴发感动探究式或称理解感悟式；古诗词、文言文教学为知言养气式。以上教学模型旨在建构深度理解——心理历程体验深刻、思维发展渐次递进走向高阶的教学。

无论哪种课型，课堂教学过程基本实现了以下五个思维层级的递进发

展,即提取信息、分析归纳、整合诠释、反思评价、创意表达。

1. 问题解决式

情境创设,激发联想—提出问题,方法指导—重点探究,方法实践—对比发现,深化拓展—总结提升。

操作要领:借用《叶圣陶教育文集》中对于注重问题教学的论述阐释如下:

(1)教师不多讲。可否自始即不多讲,而以提问与指点代替多讲……此如扶孩子走路,要小心扶持,而时时不忘放手也。我近年常以一语语人,凡为教,目的在达到不需要教。以其欲达到不需要教,故随时注意减轻学生之依赖性,而多讲则与此相违也。

(2)自觉动脑筋。如何给学生启发,使他们自觉地动脑筋,我看是老师备课时极其重要的一个项目。

(3)自己去领略,自己找答案。……要言不烦,启发几句,让学生自己去体会领略,自必使学生大有受益……教学的时候,似可多提问题,让学生自己找答案,待他们真答不出,然后明白告之。

(4)学生自能理解的,教师不必讲。学生自己能理解的句与段,我以为就不必讲,学生不能理解者要讲,理解而不透者要讲。最好能向学生提出些问题,引导他们由思索而达到理解,也不必见他们不怎么理解就给他们讲。因此,讲课方法宜视具体文篇、学生情况,分别定出,不能一律。

(5)必要时才畅讲。提问不能答,指点不开窍,然后畅讲,印入更深。

(6)要多读,多提问题自解。一篇好作品,只读一遍未必能理解得透。要理解得透,必须多揣摩。读过一遍再读第二第三遍,自己提出些问题来自己解答,是有效办法之一。

问题解决路径的学习以任务驱动为启动学习方式,深度建构主要表现在两个方面。

一是学生学习的过程更有深度。即引导学生学会反问、追问、质问等，学会对结论进行质疑和评论，展开更加谨慎的具有思辨性、反思性和评判性的思考；整体思维与辩证思维的培育重在引导学生学会从整体和全面的视角把握对象，在联系、发展和对立统一中认识事物；实践思维与创新思维的培育重在设计出更具真实性的问题，引导学生在实践创作中展开学习。

二是学生学到的知识更有深度。即引导学生通过高阶思维学到高质量的、真正的知识，其实质是引导学生分别从事物的本质、变化规律、学科的思想与方法、知识的作用与价值及知识的关系与结构五个方面，去建构学科学习的本质和知识的意义。

2. 兴发感动探究式

整体感知，情境导入—品读探究，入情入境（感受式理解）—学法迁移，鉴赏性理解—通篇会意，拓展升华—联系生活，有效表达。

操作要领：

情境创设要有感染力，注意入情入境，启发想象；注重朗读训练；抓点带面；丰富语言积累。

此课堂教学模型适用于散文，这类文章是因作者在生活中的兴发感动而作，文章一般都围绕中心句展开，文章结构比较好把握。这类课堂教学以抓关键句、直奔主旨、折回探究、加深体验、领悟写法为路径，使学生经历一个有价值的心理体验的学习过程，更深刻地与作者产生情感上的共鸣和态度价值观上的共振。

3. 活动语文式

创设情境，出示任务—提取信息，明确内容—学法指导，现场活动—学法迁移，展示评价—提升认识，升华情感。

操作要领：

要进行真实情境创设，这决定着学生情感投入和思维活跃的程度；研读教材，训练学生准确提取信息的能力，保证铺垫活动顺利开展；通过现场活动调动学生积极性，进行互动评价。

4. 知言养气式

因声求气，知言养气的教学简称"知言养气"式教学：读中通言—读中解言—读中会情—诵中达志—吟中贯气。

"知言"即通过听、读、说，发现语言形式及语言形式表达的情感和内涵。所谓"气"，是指"神气"，即作品所体现出来的神韵和气势，是作家精神气质和作品的情感内涵高度艺术化的体现。"养气"指精神滋养和培育，这就是诗教，也是语文教育的目的。

操作要领：

古诗词、文言文的教学应注重知言养气即读中理解，读中体会情感，读中深化主题；注意古今字词差别，准确讲解；启发学生想象；启发学生在体会意境美上下功夫，"意"蕴于"境"。

低年级的整合教学目标重在课堂学习方式、自主发展能力培养、良好学习习惯、学习内容方面进行。鉴于低年级学习经验和能力积累有限，课文的学习形式仍以一课一学为主，适当拓展，课文之间适当勾连。经过整合教学提高课堂教学效率后，安排出2课时进行自由阅读和阅读交流，即"6+2"，实现课内大量阅读。

操作要领：

低年级"四步三看"学文：初读自学—复读互学—研读共学—拓读延学—三看写字。

（1）初读自学：读、圈、认。自读课文，圈不认识的字，借助生字表认字，读通句子。标自然段序号。

（2）复读互学：读、问、帮。同伴共读课文，不认识的字、不理解的地方问同伴，互帮互助读通课文、认识生字，初步交流不懂的问题。

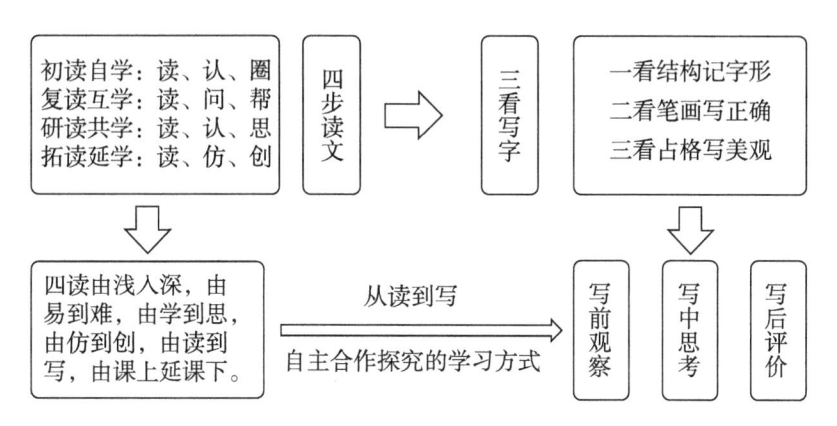

```
┌─────────────────┐     ┌────┐     ┌──────────────┐
│初读自学：读、认、圈│     │四  │     │一看结构记字形  │
│复读互学：读、问、帮│  ⇒ │步  │  ⇒  │二看笔画写正确  │
│研读共学：读、认、思│     │读  │     │三看占格写美观  │
│拓读延学：读、仿、创│     │文  │     │              │
└─────────────────┘     └────┘     └──────────────┘
         ⇓                                  ⇓
┌─────────────────┐                  ┌──┬──┬──┐
│四读由浅入深，由  │    从读到写       │写│写│写│
│易到难，由学到思， │ ───────────→    │前│中│后│
│由仿到创，由读到  │  自主合作探究的    │观│思│评│
│写，由课上延课下。 │   学习方式        │察│考│价│
└─────────────────┘                  └──┴──┴──┘
```

（3）研读共学：读、思、议。在教师的组织下班级共同学习，朗读课文并交流，认读生字等，进入精读学习阶段，深度理解课文，教师指导书写生字。

（4）拓读延学：读、仿、创。进行各种形式的个性朗读实践，熏习语言表达并模仿。

（5）写字三看：学生当小老师的教学模式。

以写"窗"字为例。

师：下面我们开始写生字，谁来当小老师？

生：我来当小老师。（举手）

生：（站讲台前）请同学们跟我看。

一看结构记字形。（学生们跟着说一遍，后面这位小老师继续说）这个字是上下结构，上宽下窄，穴字头。下面是个烟囱的囱。

二看笔画写正确。这个字下半部分，口上面有一撇，口里面不是夕阳的"夕"，中间的点要出头。

三看占格写美观。口字的第一笔起笔在横中线上，横折起笔也在横中线上。

我们一起书空写一遍，点，一二……

我还会组词：开窗、窗户、门窗。

五、"为思维而教"的单元整合教学案例

部编版教材按照人与自我、人与社会、人与自然三大领域，以人文主题与语文要素双线编排单元内容，单元内容结构的六大板块有着内在的课程逻辑，承载着不同的功能。加强单元整合、方法指导和语言实践，树立整体意识，灵活处理单元间板块的内容，强调人文内涵与语文要素的有机融合是教材编写的要求，进行富有逻辑的单元整合教学是落实学生核心素养发展的高效途径。单元整合教学案例如下所示。

三年级上册第六单元整合教学设计与实践

三上第六单元整合教学设计	
单元学习主题	祖国河山
单元教学设计说明	

一、单元教材分析

本单元以"祖国河山"为主题编排了四篇精读课文《古诗三首》《富饶的西沙群岛》《海滨小城》《美丽的小兴安岭》，语文园地又拓展了一首古诗。像这样，一个单元的课文都是精读篇目的情况是不多见的，由此可以看出这个单元的重要性。在这个单元多用几个课时扎实落实教学目标也是不为过的。每篇课文都是写景的，从美景所在的地域来说，从祖国南端的西沙群岛，到祖国最北端黑龙江的小兴安岭，从海上到岛上，从海滨小城到北方森林，景色涵盖了江、山、湖、岛、城、林，体现了祖国的疆域辽阔、风景美丽和物产丰富。

纵观小学语文教材，在二年级上册第四单元编排了一组围绕"爱家乡"主题的课文，教材选择了鹳雀楼、黄山、庐山、日月潭、葡萄沟等著名景点，这些课文涵盖古今，跨越海峡，表现了祖国的辽阔和美丽，激发了学生赞美家乡的感情和认识家乡的渴望。本组课文以"祖国河山"为主题，是"爱家乡"主题学习的拓展和延伸，从关注家乡到放眼祖国，体现了视野和情感的提升。

语文能力培养方面，语文要素指向阅读的是借助关键语句理解一段话的意思；指向习作的是习作试着围绕一个意思写。可以看出，在本单元，阅读要素和习作要素目标统一，相互渗透融合，联系紧密。

通过学习四首古诗,感受长江冲破天门山的气势,领略杭州西湖百变的风姿,欣赏湖南洞庭淡雅的美景,体会白帝城的壮丽。通过挖眼理线、背景分析、推敲现景、诵读品味、吟唱悟韵,分类把握古诗所描写的景物及特点,为本单元三篇写景文的学习做好准备。

《富饶的西沙群岛》是本单元的第一篇精读课文,这篇课文起着引导学生提升阅读能力,形成阅读方法的作用。通过本篇课文的学习,除了要体会祖国海疆的风景优美、物产丰富,还要发现、体会中心句在文章开头,起到了总领全文的作用。文中第一次以泡泡语的形式提示学生关注关键语句,即"我发现这段话是围绕一句话来写的"。引导学生感悟总起句在自然段中的总领作用;进而了解全文是围绕中心句来写的,自然段是围绕总起句来写的;最终借助"小练笔",选择一幅图,用上关键语句来写一段话,为本单元同文体的另一篇主体课文《海滨小城》的学习做好准备。

《海滨小城》描写了南国小城的迷人风光,能为没到过海边的学生提供直观的感受。学生可以运用在学习《富饶的西沙群岛》时所掌握的阅读方法去感受这些阅读要点,通过自主探究,进一步发现、体会中心句和总起句的位置及作用,借助关键语句理解课文段落的意思。课后题对接本单元的训练重点,直接明了地提出有些句子很重要,能够帮助学生理解一段话的意思。

《美丽的小兴安岭》介绍了我国东北小兴安岭一年四季美丽的景色和丰富的物产。学生可通过自主探究、想象画面、替换词语、关注长句、对比朗读等,体会小兴安岭四季的美丽景色和丰富的物产,进一步体会中心句的作用,并学以致用地做到能围绕关键语句说一段话。可以说,这篇课文的学习是《富饶的西沙群岛》和《海滨小城》学习的有益补充。而下一单元第七单元《大自然的声音》第2、3、4自然段也是围绕关键语句来写的,课后题也要求学生找到关键语句并填到表格中,这是"借助关键语句理解一段话的意思"这一训练重点的延伸。

语文园地中的"交流平台"重点讨论、梳理关键语句在段落中的位置及作用,"词句段运用"安排了围绕一个句子说一段话的练习。这是对本单元训练重点的落实和运用。本单元的习作则是主动观察身边的景物或场景,能围绕关键语句(一个意思)写下来。

本单元语文要素"借助关键语句理解一段话的意思"指向阅读方法方面。通过梳理部编版小学语文1~6年级教材,我们不难发现:在阅读方法方面,是按照字、词、句、段、篇螺旋式上升的。词句的学习贯穿整个小学阶段,一、二年级要求运用多种方法理解词语,三年级要求借助关键语句理解自然段内容。阅读能力的培养方法多种多样,但抓住关键语句来理解课文内容是最根本的方法。在二年级上册《黄山奇石》第4自然段,二年级下册《太空生活趣事多》第4自然段,三年级上册《秋天的雨》第2、3、4自然段都出现了关键语句,但对学生的要求仅停留在理解关键语句的意思上;三年级上册《大自然的声音》是"借助关键语句理解一段话的意思"这一训练重点的延伸。四年级要求抓住关键语句体会思想感情,六年级要求抓住关键句把握主要观点。可见,本单元是落实"抓住关键语句"学习的起始单元,这一要素在小学阶段起着非常重要的作用,因此本单元的课文都是精读课文,阅读要素与写作要素紧密联系。从词句到段落,不仅要理解关键语句的意思,还要体会段落总起句与其他句子之间的关系、中心句与其他段落之间的关系,这对本册学习和年段学习起到了承前启后的作用。在本单元提到的关键语句指中心句和总起句,中心句的位置在文章开头或结尾,起到总领或总结全文的作用;总起句在自然段开头,起着总领自然段内容的作用。全文紧紧围绕中心句展开,自然段内容紧紧围绕总起句展开。

教材	语文要素	人文主题
二年级上册第四单元	联系上下文了解词句的意思	家乡
二年级上册第六单元	借助词句了解课文内容	伟人
三年级上册第六单元	借助关键语句理解一段话的意思	祖国河山
三年级下册第四单元	借助关键语句概括一段话的大意	留心观察
四年级下册第一单元	抓住关键语句,初步体会课文表达的思想感情	田园生活
六年级上册第六单元	抓住关键句,把握文章主要观点	保护环境

指向习作能力培养的语文要素是"试着围绕一个意思写"。习作话题与本单元阅读教学重点联系紧密,这是"借助关键语句理解一段话的意思"这一阅读方法在习作中的运用。

首先我们应该明确,本单元重点落实的是段的教学,这也符合第二学段的目标要求。怎么落实呢?"借助关键语句"是本单元段的教学的着力点。把握好这个着力点要明确三点:第一,关键语句指的是什么?第二,这些关键语句在文中什么样的位置?第三,这些关键语句在段中起到了怎样的作用?这个关键语句与段落中其他句子之间的关系是什么?在古诗中抓关键的字或词,在《富饶的西沙群岛》《海滨小城》中抓中心句、总起句,在《海滨小城》中有的总起句同时是过渡句,比如"小城的公园更美。""小城的街道也美。"在《美丽的小兴安岭》中有中心句和提示语。《富饶的西沙群岛》的中心句在开头,起着总领全文的作用;《海滨小城》的中心句在结尾,起着总结全文的作用。在学习中我们要从以上三个方面并遵循从渗透到认识,再到理性认知的过程落实"借助关键语句理解一段话的意思"这个目标。

对于这个习作能力要求,三篇课文的课后题都很明确地体现出阅读和习作的紧密结合,形成由读到说再到写的学习路径。叶圣陶先生曾说:"阅读和写作的知识必须化为技能,养成习惯,必须在不知不觉之间受用着它,才是真正的受用。"不要忘记:养成习惯。这个单元每篇课文的课后题都注意安排了聚焦语文要素的说说、写写的练习。阅读得法尤其重要,要多比较、多归纳、多揣摩、多体会,一字一语都不轻易放过,务必发现它的特性。唯有这样的阅读，才能够发掘文章的蕴涵。也唯有这样阅读，才能够养成用字造句的好习惯，下笔不致有误失。通过梳理三篇文章的内容和结构，我们可以看出阅读和习作的可借鉴之处，学会读、学会写。我们用可视化的结构图呈现，思维的结构就一目了然了。

以上我们从单元教材的地位、人文主题、语文要素三个方面进行了理解和分析。这样做可以使教学不盲目、不模糊，知起点，明落点，把握好教学的度。

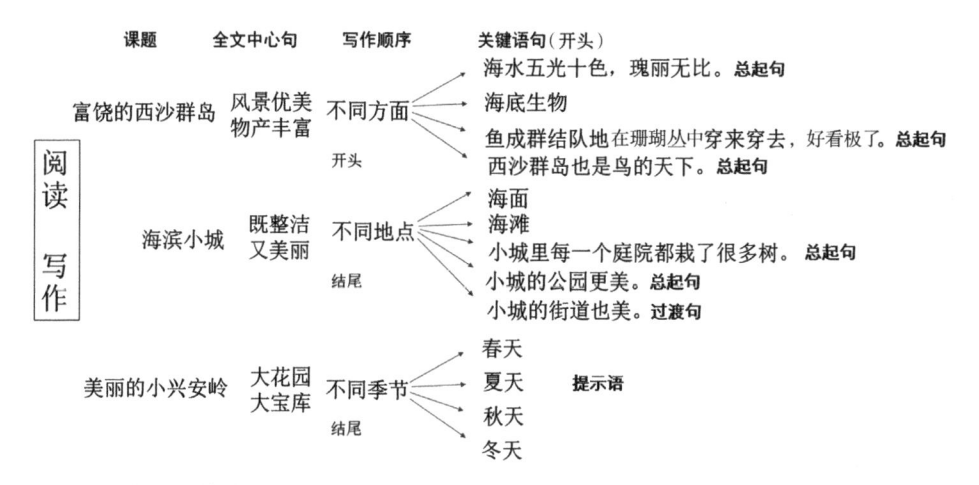

	课题	全文中心句	写作顺序	关键语句（开头）
阅读 写作	富饶的西沙群岛	风景优美 物产丰富	不同方面 开头	海水五光十色，瑰丽无比。**总起句** 海底生物 鱼成群结队地在珊瑚丛中穿来穿去，好看极了。**总起句** 西沙群岛也是鸟的天下。**总起句**
	海滨小城	既整洁 又美丽	不同地点 结尾	海面 海滩 小城里每一个庭院都栽了很多树。**总起句** 小城的公园更美。**总起句** 小城的街道也美。**过渡句**
	美丽的小兴安岭	大花园 大宝库	不同季节 结尾	春天 夏天　提示语 秋天 冬天

二、单元学情分析

1. 识字情况

我校的语文教学始终坚持"识字阅读一体化"，构建"3+3阅读课程"，包括基础课程、阅读课程和语文活动课程，这三大课程共同指向"热爱阅读、善于表达、乐于写作和写好汉字"的核心目标。针对学情和能力差异，教学采取"三点五步"的教学结构，形成符合年龄特点的"同伴互助"学习型课堂，通过读中识、识中读，实现了小学低年级大量识字、尽早阅读等课程目标。经过这样的教学，二年级的学生已经有了较多的识字积累，并初步掌握了形声字、会意字、联系生活实际、联系上下文、看图、查词典、猜字、借助熟字推想等自主识字的方法。二年级结束时，进行识字后测，我校低年级识字总量为2500字，而《义务教育语文课程标准（2022年版）》要求一至二年级识字总量为1600字，超出课标要求900字，且这900字涵盖三年级识字内容，年级平均识字率达到96.8%。

参与本单元识字前测的学生共39人，共指认了42个字，不认识的字只有"亦""饶""榕""睬""浸""梢""膝"。由上可以看出，字词教学的音、形不再是教学难点，放在具体的语境中理解字、词、句的意思，把握写景文的内容，体会作者的情感，是我校三年级字词教学的重点和难点所在。

2. 阅读能力

有了识字量的积累，我们的学生热爱阅读，且有非常好的阅读习惯，班级中 75.2% 的学生喜欢阅读 15 万字以上的儿童文学，有一定的想象力。在日常的学习过程中，学生们进行过提取信息的训练，也会对文本提出自己的质疑，乐于与老师、同学分享阅读的感受。三年级语文学习的重点和难点进入了对文本的理解，这是一个艰难的瓶颈期，以孩子现有的认知水平很难对一篇文章进行准确、深入的理解。抓中心句、关键词句，体会句子的含义等深层理解文本的能力都将从现在开始一步一步在教师的指导下形成。

3. 习作能力

《义务教育语文课程标准（2011 年版）》对三、四年级的习作要求是：乐于书面表达，增强习作的自信心；能不拘形式地写下自己的见闻、感受和想象，注意把自己觉得新奇有趣或印象最深、最受感动的内容写清楚；尝试在习作中运用自己平时积累的语言材料，特别是有新鲜感的词句。这些目标对于三年级的作文教学来说，可以归结为一句话：激发学生写作兴趣和写作愿望，引导学生学会写作文。从数据中我们不难发现，班级中所有学生都喜欢习作，95% 的学生经常读课外书，56% 的学生认为读书对作文有帮助，56% 的学生坚持写日记，95% 的学生作文平均字数在 300 字以上。单元习作前测情况如下：有 51% 的学生写熟悉的景物没有使用总起句；79% 的学生不会抓住景物的不同方面及特点将总起句写具体。可见，本单元阅读、习作语文要素的落实，对提升学生语文能力起到了重要的作用。

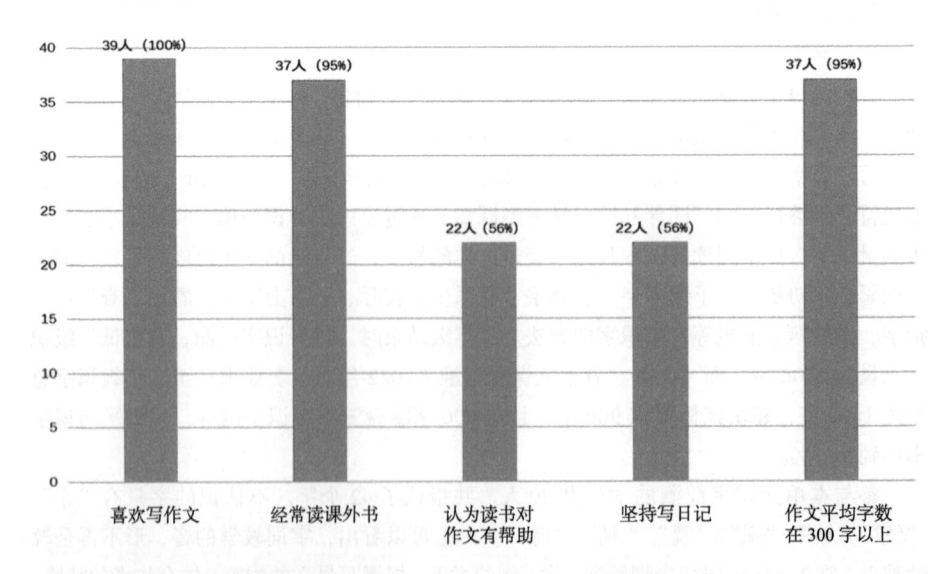

项目	人数（百分比）
喜欢写作文	39 人（100%）
经常读课外书	37 人（95%）
认为读书对作文有帮助	22 人（56%）
坚持写日记	22 人（56%）
作文平均字数在 300 字以上	37 人（95%）

4. 学生针对单元课文提出的问题

以《古诗三首》为例。

续表

提出不懂的问题	不懂的同学所占比例
天门中断是什么意思？	48.2%
"碧水东流至此回"是什么意思？	39.1%
"总相宜"是什么意思？	39.1%
"两相和"是什么意思？	41.3%
"山水翠""镜未磨"是什么意思？	32.6%

三篇课文中学生提问最多的是《海滨小城》，主要集中在以下问题：桉树长什么样？浩瀚是什么意思？为什么说小城像笼罩在红云中？为什么说小城既整洁又美丽？镀是什么意思？为什么说贝壳寂寞地躺在那里？

三、单元育人素养价值

单元导语页上呈现了诗歌形式的人文导语——"祖国，我爱你"。这就是爱国，爱国就要爱祖国的每一寸土地，爱祖国的壮美山河。从语言方面来看，本单元课文文字优美，适合学生积累好词佳句。从理解课文内容来看，"借助关键语句理解一段话的意思"要求学生在学习课文的过程中，能抓住关键语句，理清课文一段话的大意。从文章写作顺序来说，文章按照总分总、分总的顺序从不同方面、不同地点、不同季节展开，使学生有章可循、有例可依。通过学习本单元这组语言优美、结构清晰的文章，学生萌发了对祖国河山的热爱之情，同时提升了借助关键语句理解自然段和篇章的能力。

单元学习目标与难点

一、单元学习目标

1.通过形声字、看图猜字、借助熟字推想等多种识字方法，自主认识42个生字；会写52个生字、62个词语。认识多音字6个。（基础目标）

2.认识"蝌、蚪"等6个生字，注意执笔姿势，能说出字声旁表音、形旁表义的特点。（基础目标）

3.能借助注释理解诗句的意思，想象古诗中描绘的景色。背诵4首古诗，默写《望天门山》。（基础目标）

4.有感情地朗读课文，借助关键语句（中心句、总起句）理解段落和全篇的意思。能交流、总结一段话中关键语句可能的位置及关键语句的作用。（核心目标）

5.通过比较阅读，进一步体会关键语句的位置和作用。感受景色特点，想象画面，积累描写景物的词句，体会作者热爱祖国大好河山的思想感情。（核心目标）

6.联系生活实际，学会初步运用关键语句表达，能用自己的话介绍文中的景物或场景。能仔细观察一处景物，围绕一个意思用一段话写下来，自己改正错别字，乐于和同伴分享观察到的美景。（核心目标）

二、单元学习难点

1. 有感情地朗读课文，借助关键语句（中心句、总起句）理解段落和全篇的意思。能交流、总结一段话中关键语句可能的位置及关键语句的作用。（核心目标）

2. 通过比较阅读，进一步体会关键语句的位置和作用。感受景色特点，想象画面，积累描写景物的词句，体会作者热爱祖国大好河山的思想感情。（核心目标）

单元整合教学思路

《义务教育语文课程标准（2011年版）》指出，阅读是学生的个性化行为，不应以教师的分析来代替学生的阅读实践。教学中要积极创设情境，激发阅读兴趣，并且要给学生较充足的时间在读中感悟和想象，自读自悟。本单元教学将开展基于学情的单元整合教学实践，共九课时，教材内容整合教学方式与课时分配安排如下。

课前自主进行单元整体预习

第一、二课时：单元预习交流课+《语文园地》"识字加油站"。

第三课时：精读拓展课，学习《三首古诗》第一首+《语文园地》"日积月累"。

第四课时：精读拓展课，学习《三首古诗》第二、三首。

第五课时：精读拓展课，学习《富饶的西沙群岛》+捕捉《海滨小城》关键语句。

第六课时：精读拓展，比较发现，迁移表达课。

　　　　第一种方案：学习《海滨小城》+《美丽的小兴安岭》+口头表达训练。

　　　　第二种方案：学习《海滨小城》+语文园地"词句段运用"。

第七课时：精读拓展，迁移表达课。

　　　　第一种方案：语文园地"词句段运用"+《富饶的西沙群岛》课后题+拓展。

　　　　第二种方案：学习《美丽的小兴安岭》+结合课后题练习表达。

第八课时：第一种方案：习作评改。

　　　　第二种方案：传统的习作指导课《这儿真美》。

第九课时：（承接第二种方案）习作讲评课。分享交流、修改习作。

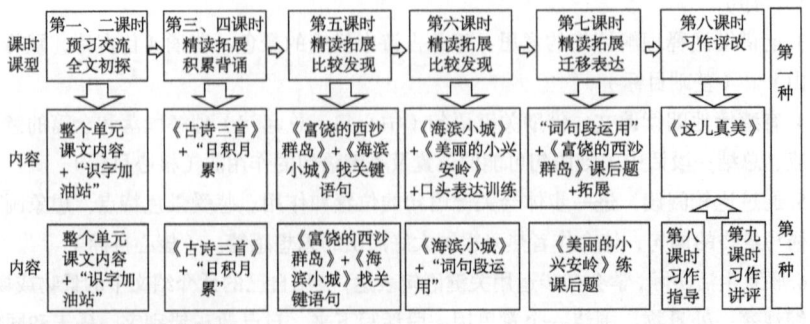

三年级上册第六单元两种整合方式

操作提示：第一种整合方式根据学情预习时间可增加，做到充分预习，《美丽的小兴安岭》一课作为略读课文学习。在对比三篇课文建立了思维结构，寻得了思维路径即表达路径之后，集中进行说和写的实践活动。习作初稿利用周末时间完成，课上做评改，课下面批。迁移表达课时可以把教材的指导部分纳入这个课时中。

\multicolumn{2}{c	}{课时教学设计}				
单元自主预习单	课题	熟读课文、画词、认字	归类写字，找出易错字	用课文中的话概括内容	画出文中你觉得很重要的句子	提出不懂的问题：查一查、搜一搜、问一问
	《富饶的西沙群岛》					
	《海滨小城》					
	《美丽的小兴安岭》					

	第一、二课时：预习交流课（整体感知，自主交流）
一、学习目标	1. 自主认识42个生字，读准6个多音字，会写容易写错的字，熟读词组和词语。认识"蝌""蚪"等6个生字，能说出字声旁表音、形旁表义的特点。 2. 正确朗读词语、短语，发现特点；读好长句子，读准字音，选取自己喜欢的段落练习有感情地朗读。 3. 借助文中的重点语句了解课文的主要内容。 4. 默读课文，边读边想，提出自己不懂的问题，初步交流。
二、明确目标	1. 读单元导语页，交流人文主题和语文要素，明确阅读和习作的学习目标。 2. 浏览单元有哪些内容。
三、自主交流夯实基础	《古诗三首》《富饶的西沙群岛》+"识字加油站"预习交流 1. 自主交流预习情况（字、词、句、段、篇方面均可）。 （意图与策略：形式和内容根据平日的训练进行展示。激活学生交流展示的欲望，呈现学情，通过交流开阔学习视野。） 2. 强化基础知识和朗读。 （四篇精读课文，可以分成两课时来自主交流和教师重点点拨，这里都写在一起，实际教学课时根据学情自定。） （1）写一写，注意笔顺和笔画 分类认读：优、淡、浅、错、虾、挺、鼓、数。 指导正确书写易错字：断、楚、孤、初、遥、鼓。

三、自主交流夯实基础	（2）注意多音字 参 { shēn 海参、人参 / cān 参加、参与、参会 抹 { mǒ 涂抹、哭天抹泪 / mā 抹桌子、抹下脸来 磨 { mó 磨光、打磨 / mò 拉磨、磨面 （3）熟读、交流词语和词组 五光十色　瑰丽无比　相互交错　各种各样　有深有浅　全身披甲　成群结队　飘飘摇摇　绽开的花朵　分枝的鹿角　彩色的条纹　茂密的树林　厚厚的鸟粪　宝贵的肥料　懒洋洋地蠕动　威武　布满　岩石　一簇红缨　圆溜溜　数不清　深蓝　淡青　浅绿　山崖　峡谷　色彩　珊瑚　绽开　海参　栖息　富饶　建设　必将 ◇观察这几个词语，有什么特点？你能仿照样子说一个吗？ 五光十色　飘飘摇摇　圆溜溜　茂密的树林　懒洋洋地蠕动 特点：四字词语中第一、三位上是数字，如七上八下；AABB式，如红红火火；ABB式词语，如懒洋洋；带"的""地"的词组，如火红的太阳、飞快地跑。 （4）读好长句子 海参到处都是，在海底懒洋洋地蠕动。大龙虾全身披甲，划过来，划过去，样子挺威武。 富饶的西沙群岛，是我们祖祖辈辈生活的地方。随着祖国建设事业的发展，可爱的西沙群岛，必将变得更加美丽，更加富饶。 先填空再读：海底的岩石上长着各种各样的珊瑚，有的像（　　），有的像（　　）。海参到处都是，在海底（　　）地蠕动。大龙虾（　　），划过来，划过去，样子挺（　　）。 （5）我爱朗读 同学们朗读自己喜欢的段落，然后说一说。（设计意图：读完学生根据自己想的说，说什么教师不必要求，只为渗透一个意识：边读边想，激发学生积极朗读。） （6）识字加油站 读一读，认一认，说说加点的字（见课本第85页）有什么特点，写一写。 **《海滨小城》《美丽的小兴安岭》预习交流** 1. 自主交流预习情况。 2. 强化基础知识和朗读。 （1）生字读写 重点观察和指导书写：载、滨、躺、夏、踩、袋、线、软。

三、 自主交流 夯实基础	（2）认读词语和短语 海滨　遍地　理睬　寂寞　贝壳　满载　喧闹　散发　笼罩　撑开　每逢　胳臂　甚至　整洁　初夏　遍地　绿绒　大伞　遮太阳　挡风雨　密不透风　灰色的海鸥　浩瀚的大海　飘得满街满院都是　打扫得十分干净　数不清　抽出　长出　融化　汇成　涨满　溪边　侧着　欣赏　挡住　遮住　浸在　浓雾　千万缕　耀眼　树梢　宿舍　显得　苍翠　积满　名贵药材　来临　景色诱人　又松又软　没过膝盖　淙淙地流着　俯下身子　酸甜可口的山葡萄　又香又脆的榛子　鲜嫩的蘑菇和木耳　又肥又厚的脚掌　美丽的大花园　巨大的宝库 （3）认读多音字 臂 $\begin{cases} bì\ 臂膀、手臂 \\ bei\ 胳臂 \end{cases}$　兴 $\begin{cases} xìng\ 高兴、兴冲冲 \\ xīng\ 小兴安岭、兴盛 \end{cases}$　舍 $\begin{cases} shè\ 宿舍、房舍 \\ shě\ 舍弃、舍得 \end{cases}$ （4）读好长句子 ☆海天交界的水平线上，有棕色的机帆船和银白色的军舰来来往往。 ☆天空飞翔着白色的、灰色的海鸥，还飘着跟海鸥一样颜色的云朵。 ☆早晨，机帆船、军舰、海鸥、云朵，都被朝阳镀上了一层金黄色。 ☆帆船上的渔民，军舰上的战士，他们的脸和胳臂也镀上了一层金黄色。 ☆凤凰树开了花，开得那么热闹，小城好像笼罩在一片片红云中。 ☆一棵棵榕树就像一顶顶撑开的绿绒大伞，树叶密不透风，可以遮太阳，挡风雨。 ☆除了沥青的大路，都是用细沙铺成的，踩上去咯吱咯吱地响，好像踩在沙滩上一样。 ☆早晨，雾从山谷里升起来，整个森林浸在乳白色的浓雾里。 ☆人们把街道打扫得十分干净，甚至连一片落叶都没有。 ☆地上的雪厚厚的，又松又软，常常没过膝盖。 ☆秋天，白桦和栎树的叶子变黄了，松柏显得更苍翠了。 ☆小鹿在溪边散步，它们有的俯下身子喝水，有的侧着脑袋欣赏自己映在水里的影子。 （5）我爱朗读 同学们朗读自己喜欢的段落，然后说一说。（设计意图：读完学生根据自己想的说，说什么教师不必要求，只为渗透一个意识：边读边想，激发学生积极朗读。） **课堂检测（一）[17课 18课]** 1.背诵《望天门山》，交流：两岸的青山怎么"出"？

四、 课堂检测	2.考考你的眼力：仔细观察18课课后的图片，分别画了什么景物？有什么主要的特点？在图片下面写一写。 **课堂检测（二）[19课20课]** 1.辨析字形，组词。 浅（　）材（　）挡（　）刮（　）软（　） 线（　）财（　）档（　）乱（　）砍（　） 2.查字典。 "厚"主要有三个意思：①扁平物体上下两个面的距离较大的，跟"薄"相对。②深，重（zhòng），浓，大。③重视，注重。下面三个词分别应该选择哪个意思，在括号中填写序号。 厚薄（　）寄予厚望（　）厚此薄彼（　） 3.句子积累。 （1）（　）的渔民，（　）的战士，他们的脸和胳膊也（　）了一层金黄色。 （2）凤凰树开了花，（　），小城好像（　）。 （3）（　）榕树就像（　）撑开的（　）大伞，树叶密不透风，可以（　）太阳，（　）风雨。 （4）早晨，雾（　）升起来，整个森林（　）的浓雾里。 （操作提示：内容不要多，针对基础知识出题，重在给孩子学习的自我检测意识、学习目标意识，适当创设一种精神振奋的学习情境，建立学习自信。）
五、 概括内容	默读课文，用文中的句子说说课文主要写了什么内容。
六、 提出问题	大家提出不懂的问题，初步交流，教师做问题分类引导，组织初步交流并讨论解决方法。
第三课时：精读拓展学习《望天门山》	
一、 学习目标	1.认识5个生字，读准多音字，掌握生字的音、形、义。 2.有感情地朗读古诗、背诵古诗，默写《望天门山》。 3.能用自己的话说出古诗大意，想象画面，体会诗人对西湖、洞庭湖、长江天门山景色的赞美之情。
二、 整体感知	1.通读三首古诗，借助生字表和注释读准古诗的字音。 2.初步了解古诗描写的景色。 朗读、发现：这三首诗分别写了哪些地方的哪些景物？在诗中圈画出来。 预设：根据注释了解天门山的地理位置，附上图片加以了解。

二、 整体感知	根据资料袋，了解天门山的来历和故事。 出示西湖景色的照片和简要资料。 　　附上洞庭湖图片和文字资料：洞庭湖，古称云梦、九江和重湖，处于长江中游荆江南岸。洞庭湖之名，始于春秋战国时期，因湖中洞庭山（今君山）而得名。洞庭湖古代曾号称"八百里洞庭"，是长江流域重要的调蓄湖泊，具有强大的蓄洪能力，曾使长江无数次的洪患化险为夷。 　　3. 初步了解诗人。 　　李白（701—762），唐代伟大的浪漫主义诗人，被后人誉为"诗仙"，与杜甫并称为"李杜"。其人爽朗大方，爱饮酒作诗，喜交友。 　　刘禹锡（772—842），唐朝时期大臣、文学家、哲学家，有"诗豪"之称。《望洞庭》是唐穆宗长庆四年（824）秋刘禹锡赴和州刺史任经洞庭湖时所作。 　　苏轼（1037—1101），北宋著名文学家、书法家、画家，历史治水名人，世称苏东坡、苏仙。苏轼是北宋中期文坛领袖，在诗、词、散文、书、画等方面取得很高成就。诗题材广阔，清新豪健，善用夸张比喻，独具风格，与黄庭坚并称"苏黄"；词开豪放一派，与辛弃疾并称"苏辛"；散文豪放自如，与欧阳修并称"欧苏"，为"唐宋八大家"之一。苏轼善书法，为"宋四家"之一；擅长文人画，尤擅墨竹、怪石、枯木等。
三、 自读探究 汇报交流	1. 李白在船上望见了哪些景物？天门山的景色带给你怎样的感受？下面请同学们自主学习。 　　学习提示： 　　朗读《望天门山》，想一想诗中描写了哪些景物？是什么样子的？用横线画出来。 　　用抓住重要的字词、串联景物、借助插图、借助注释、结合生活经验等方法，想象诗中描绘的景色，说一说你的感受。 　　2. 汇报交流前两句。 　　先自由交流前两句。 　　预设：古诗中描写的景物有天门山、楚江、碧水、青山和孤帆。楚江就是长江，碧水指的是长江水，青山指的就是天门山。 　　诗中描写的景色是什么样子的呢？我们先把前两句串起来，展开想象说一说。 　　预设：从第一句中的"天门中断"，我想到天门山本来是一座山，被楚江从中间劈开了，成了两座山。根据注释，我知道楚江指的就是长江。长江在中下游部分的河段在古代流经楚地，所以叫楚江。第二句中的"碧水"指的就是清澈的长江水；"至此回"，让我想象到碧绿浩荡的长江水到了天门山这里受到了阻挡、撞击，形成了汹涌回旋的水流。

	读出想象——抓住关键字词展开想象。从"断""开""回",你感受到了什么?
	预设:我感受到长江水势非常凶猛,力量十分巨大。我感受到长江到了天门山这里,水流很大,好像能听到江水冲撞天门山的声音,汹涌澎湃的。
	这两句写出了江水动态之美,写出了江水的力量、李白的惊叹。把这两句连起来有感情地朗读一遍。
	3. 汇报交流后两句。
	从诗的后两句,我们仿佛看到了怎样的景色?
	预设:从"青山""相对出""孤帆""日边来",我好像看到这两岸郁郁葱葱的山隔江对面而立,一起出现,好像在欢迎远客,一条小船从日边而来。
	有的同学不明白"两岸青山"为什么"相对出",哪位同学结合自己的生活经验,帮助一下这位同学?(结合生活经验和注释想象画面。)
	预设:当你坐车或骑车的时候,感觉前方的景物是朝你飞奔而来的。诗里说"两岸青山相对出",说明李白乘坐的小船速度也非常快,离天门山越来越近了,所以感觉两座青山同时出现在眼前。
三、 自读探究 汇报交流	预设:从注释我们知道,东梁山和西梁山合起来就是天门山,这两座山是隔江而立的,当李白乘着一艘小船从远处来到天门山前时,因为船的速度很快,就觉得天门山是成双成对地一起出现在眼前。
	后两句诗同学们运用多种方法想象出了诗中描绘的天门山景色。此刻,你有什么感受?
	预设:我感受到天门山的景色非常奇特壮观,有青山、碧水,而且两山的景色不断扑来,快要让人看不过来了。
	预设:天门山好像张开双臂欢迎李白乘船而来,非常有意思,这里的山水多么让人亲近啊!
	我听出来了,同学们从前两句奇特的想象中,感受到山水的壮美,体会到李白的惊叹之情;后两句一个"出"、一个"来",写出了山水和人的亲近,从中体会到李白的喜爱和赞美之情。下面就让我们有感情地朗读一遍吧!
	4. 回归整体。
	完整地想象古诗描绘的景色,展开想象说一说看到的景色。
	下面哪位同学能把这四句诗串联起来,展开想象,完整地说一说你看到的景色?
	预设:这首诗写了李白乘着小船顺江而下,远远看到浩浩荡荡的长江水把天门山从中间劈开,一分为二。长江水到了天门山这里受到了阻挡,形成汹涌回旋的水流。两岸高耸的青山隔江而立,一叶孤舟从日边而来,天门山好像在张开双臂欢迎它。

四、方法总结	学了整首诗，我们回顾一下，我们是用哪些方法想象诗中描绘的景色的。 预设：我们先画出诗中有哪些景物，这些景物是什么样子的。然后抓住诗中重要的字词，串联起这些景物，借助插图、注释，结合自己的生活经验，想象了诗中描绘的景色。这些方法的熟练使用，可以更好地帮助我们想象古诗描绘的画面，解决提出的问题。
五、指导背诵和默写	方法1：这首诗要求会背会默写。我们可以用填空提示的方法来帮助背诵。试一试吧！ 天门（　　）楚江（　　），碧水（　　）至此（　　）。两岸青山（　　　　），孤帆一片（　　　　）。 方法2：我们还可以借助插图，想象画面帮助背诵，第一幅图提示了前两句的意思，第二幅图提示了后两句的意思。 天门（　　），碧水（　　）。两岸（　　），孤帆（　　）。 指导默写： 古诗的默写要注意以下格式：题目写在中间，朝代和作者写在题目下方中间位置，一句一行。
六、积累拓展	1. 拓展一：同学们，跟着李白的诗，我们不出家门便可以游览祖国的壮美山河。李白写了很多赞美祖国自然风光的诗，我们快快去回顾、阅读吧！ **《望庐山瀑布》** 日照香炉生紫烟， 遥看瀑布挂前川。 飞流直下三千尺， 疑是银河落九天。 **《送孟浩然之广陵》** 故人西辞黄鹤楼， 烟花三月下扬州。 孤帆远影碧空尽， 唯见长江天际流。 2. 拓展二：读一读语文园地"日积月累"中的古诗《早发白帝城》，说说自己看到的和想到的，补充自己搜集到的资料并开展交流。
	第四课时：精读拓展学习《饮湖上初晴后雨》《望洞庭》
一、谈话导入揭题解题	过渡：上节课我们跟着诗人游览了天门山的壮美景色，这节课，我们再到风景名胜杭州西湖和湖南的洞庭湖游览一番。

二、 方法回顾 迁移运用	**学习《饮湖上初晴后雨》** 1.解题： 一起来读一读标题，猜一猜是什么意思呢？ 预设：苏轼在西湖上饮酒，一开始天气是晴朗的，后来，天下起雨来。 师：这位同学说的很对，苏轼一大早去接远道而来的朋友到西湖上饮酒赏景，白天天气晴朗，傍晚的时候天下起雨来。 他们看到了西湖什么样的景色？有什么感受呢？ 2.学习提示： 这首诗写了什么景物？是什么样子的？带给你怎样的感受？运用上节课的学习方法，展开想象说一说诗中描绘的景色。 3.汇报交流前两句诗。 （1）学生自主交流 预设：这首诗描写了西湖的水光和山色。不仅写了晴天里水光潋滟的样子，诗人感到刚刚"好"，还写了下雨时山色空蒙的景象，诗人感到"奇"。 预设：借助注释，我知道"潋滟"是波光闪动的意思。我们去湖边或者河边玩的时候，会看到水上有波纹，太阳光照着的时候，水波荡漾，波光粼粼。 预设：借助注释，我知道"空蒙"是指云雾飘渺的样子，我想象的是天下起雨来，山啊，湖啊都蒙上了水汽，变得模糊了，朦朦胧胧的。 小结：以上三位同学借助注释和生活经验，想象到了西湖晴天潋滟和雨天空蒙的景象。 （2）答疑，看图想象 有的同学们问，潋滟和空蒙是什么意思，是什么样子的？听了这两位同学的交流你懂了吗？ 我们再来看图片（PPT展示），并感受一下：这是潋滟的样子，这是空蒙的景象。 （3）体会思想感情 再默读这首诗，想一想，在这样的景色之中，诗人和朋友边饮酒，边欣赏西湖景色的变换，是怎样的心情呢？ 预设：第一句中的"晴方好"的意思是这样晴天里的景色刚刚好、正好，说明作者很欣赏晴天里的景色，心情愉快。第二句中的"雨亦奇"是说西湖雨中的景色也很美妙，"亦"是也的意思。这说明无论晴天还是雨天的西湖景色诗人都喜欢，都很美。"好""奇"表达了诗人的喜爱和赞美之情。 4.回应问题，再来交流后两句诗：理解诗句，想象画面，体会情感。 读了这首诗，有的同学问"西施"是谁？"宜"是什么意思？ 学生自由交流。 预设：通过查阅资料，我知道西施是春秋时期越国的美女，从小随母亲

二、方法回顾迁移运用	浣纱江边，所以又称"浣纱女"。她天生丽质、倾国倾城，后来"西施"成为美的化身和代名词。"宜"字，通过查字典我知道是适合、适当、合适的意思，"总相宜"写出了西施不管怎么打扮都是美的，也写出了西湖景色的美不胜收，表达了诗人对西湖景色的喜爱、赞美之情。 预设：结合前两句，我觉得晴天时西湖碧波荡漾、波光粼粼，有光，有色，色彩明亮，就像美女西施化了浓妆。下雨时，在雨幕的笼罩下，西湖周围的群山迷茫飘渺，若有若无，朦朦胧胧，更增添了朦胧之美，就像美女西施化了淡妆。无论是浓妆还是淡妆，诗人都觉得很美丽。这里诗人用了一个比喻，把西湖比作了人，使西湖的美丽有了生命，这说明诗人太喜欢西湖了。 小结：是啊，淡妆浓抹总相宜，苏轼多么喜欢西湖啊，表达了对西湖浓浓的赞美之情。 西湖这么美，诗人这么喜欢，那我们就有感情地边想象着画面，边朗读一遍吧！ 5. 拓展升华。 通过朗读，我们能感觉到苏轼对西湖有着很深的感情。为什么呢？下面我们借助一段资料来揭秘。 资料：苏轼在杭州为官期间由于西湖长期没有疏浚，淤塞过半，湖水逐渐干涸，严重影响了农业生产。苏轼率领百姓疏浚西湖，把挖出的淤泥集中起来，筑成一条纵贯西湖的长堤，后人名曰"苏公堤"，简称"苏堤"，是著名的西湖十景之一——"苏堤春晓"。 这西湖融入了诗人对劳动人民深切的爱，不仅是风景名胜，更是苏轼爱百姓的写照。
三、方法实践探究品悟	**学习《望洞庭》+ 拓展积累** 1. 导入，过渡。 欣赏了西湖淡妆浓抹总相宜的美景，我们再去洞庭湖看一看吧！洞庭湖的名字，始于春秋战国时期，因湖中洞庭山（今君山）而得名。 2. 我们来读一读这首诗，初步感受一下它的美。这首诗写了洞庭湖的哪些景物？是什么样子的？表达了诗人怎样的感受？继续运用学过的学习方法自主学习。 3. 交流。 预设：第一句描写了湖光秋月，还有月光下整体看洞庭山水的样子。因为是夜晚有月亮，所以湖面是有光的。"秋月"，说明这写的是秋天。我想象到月光照在湖面上，发出幽幽的光，这句话是说湖光和秋月相互辉映，带给人宁静的感觉。 第二句写湖面上没有风，很平静，在月光照射下湖面有些朦朦胧胧的样子，就像一面没有被打磨的镜子一样。这句话给人带来朦胧的感觉。 第三、四句写了洞庭湖山水辉映的样子。"青螺"指的是君山在湖中的倒影。这两句是说远远望去，洞庭湖如同白银盘，君山倒映在湖中像一只青螺，月光下洞庭山水就像白银盘里盛放着一只青螺。

三、方法实践探究品悟	我还发现，这首诗写到了这些颜色：翠色、银色、青色，这更让人感到景色的美丽。看着这幅画面，我感觉到安静、祥和、和谐的朦胧美。我想，这时候的诗人心情也一定像这首诗的意境一样吧！ 小结：月光、湖水、君山三者相映成趣、成美，你中有我，我中有你，交相辉映成为一幅和谐美图。这样静谧、空灵、和谐的画面，赶快有感情地朗读出来吧！ 4.品词想象，体会情感。 诗人看到如此美景，可能会想些什么呢？请你结合自己的生活或阅读经验来说一说。 也许诗人会说洞庭湖面真静啊，静得如同一面镜子；洞庭湖水真清啊，清得可以看到君山翠绿的倒影；洞庭湖景真美呀，湖水、月光、君山相映成趣，朦胧和谐。看到这样的景色，诗人的心情也是平静而愉快的。 5.指导背诵。 这节课我们学习的两首诗，都写了湖的美丽景色，你能背诵下来吗？我们可以用填空的方法来帮助记忆。试一试吧！ 《饮湖上初晴后雨》　　　　《望洞庭》 水光（　）晴（　），　　　湖光秋月（　　）， 山色（　）雨（　）。　　　潭面（　　）。 欲把（　　　），　　　　　遥望（　　）， 淡妆浓抹（　　）。　　　　白银盘里（　　）。
四、比较发现拓展积累	1.同学们，这两节课我们学习了三首诗，再读读看，你能发现这三首诗有什么相同点和不同点吗？ 预设：我发现，这三首诗都是描写景色的，不同的是《望天门山》写的是长江和天门山，《望洞庭》《饮湖上初晴后雨》写的是湖。 预设：我发现，第一首诗李白用了夸张的写法；第二首诗《饮湖上初晴后雨》中苏轼用了比喻的修辞手法，把西湖比作人；第三首诗《望洞庭》中刘禹锡把湖面比作一面镜子，把洞庭湖比作白银盘，把君山比作一只青螺，这种比喻很生动。 小结：是啊，同学们真有眼力。这个单元的主题就是祖国河山，所以选的这三首诗都是描写祖国河山的，都表达了诗人的喜爱和赞美之情。 2.同学们，古诗是中华民族传统文化的精粹，多积累，我们会从语言、思想、情感、审美等方面提高修养。你还记得哪些描写祖国河山的古诗呢？快快去积累阅读吧！

四、 比较发现 拓展积累	《江南春》 唐　杜牧 千里莺啼绿映红， 水村山郭酒旗风。 南朝四百八十寺， 多少楼台烟雨中。
五、 布置作业	1. 基础：背诵三首古诗，默写《望天门山》。 2. 拓展：自主预习《富饶的西沙群岛》。 3. 积累：背诵其他描写祖国山河的古诗，小组内交流。
第五课时：精读拓展学习《富饶的西沙群岛》《海滨小城》	
一、 学习目标	1. 正确、流利、有感情地朗读课文，注意读好长句子，体会重点词语的意思和作用。 2. 通过抓住关键语句了解文章主要内容，体会段落总起句（中心句）与段落其他句子之间的关系、理清课文顺序。 3. 通过朗读、体会、品味重点词句，感受富饶的西沙群岛的美丽风光。
二、 情境创设 揭示课题	1. 导入。 我们跟随着诗人，感受了长江冲破天门山的气势，领略了杭州西湖百变的风姿，欣赏了湖南洞庭淡雅的美景。这节课，我们再去往祖国的南端，去西沙群岛看一看。（边说边出示这些景色的地点。） 2. 解题，理解词语。 齐读课题。（预设：如果读得很平淡，引导——带上感情再来读一读。） 富饶是什么意思？ 预设：查词典。物产多，财富多。 引导：除了查词典，还能用什么方法来理解这个词？ 再引导：文中有一个词跟它的意思是一样的，哪个词，谁知道？ 预设：我用拆字的方法理解富饶的意思。 小结：我们用多种方法理解了"富饶"的意思。
三、 整体感知 认识中心 句	1. 上节课我们整体感知了课文，请打开语文书回顾一下，这篇课文写了什么内容？ 出示中心句：那里风景优美，物产丰富，是个可爱的地方。 2. 提问：从这句话中你读懂了什么？（西沙群岛的两个特点） 还能体会出什么呢？ 预设：体会到作者对西沙群岛的喜爱之情。（板书：风景优美 物产丰富 可爱）

三、 整体感知 认识中心 句	预设：没有说出喜爱，教师范读中心句，突出可爱，使学生体会到喜爱之情。 3. 小结。 这句话既总结了全文的主要内容，又表达了作者的思想感情，在文中很关键，我们叫它"中心句"。这句话在课文的开头，起到了总领全文的作用。
四、 重点探究 方法指导	1. 课文从哪些地方写出了西沙群岛的"风景优美"和"物产丰富"？ 学习提示：自由朗读课文，画出相关语句，说说这篇课文从哪些地方写出了西沙群岛的"风景优美"和"物产丰富"。 读完画完之后，同桌之间交流一下。 汇报：尽情地说（目的是要全部呈现学生们当时的学情）。大家意见都不统一，现在我们来看第二自然段。 2. 学习第二自然段。 引导：这个自然段一共有几句话？我们先来看看第一句写了什么。 句①：西沙群岛一带海水五光十色，瑰丽无比：有深蓝的，淡青的，浅绿的，杏黄的。 这一句说了什么？为什么？让学生先说。抓住了关键词语后，提问：那后面这些词语呢？ 学生说到冒号的时候，指出冒号后面的内容是对前面内容的解释、补充。 五光十色的海水是什么样子的？颜色多、鲜艳有光泽。为什么不是五颜六色？（板书：海水五光十色）瑰丽无比呢？是指异常美丽。 句②：一块块，一条条，相互交错着。 第二句写什么呢？色彩的形状。（PPT 展示图片）指名读前两句。 过渡：这样我们就读懂了前两句话的意思，前两句就是写海水不同的色彩和不同的形状。 句③：因为海水高低不平，有山崖，有峡谷，海水有深有浅，从海面看，色彩就不同了。 那第三句写了什么呢？海水色彩不同的原因。海水有深有浅，为什么有深有浅？因为高低不平……（边说边展示 PPT）有峡谷的地方是深还是浅？ 小结：前两句写色彩，后一句写原因。都是围绕什么来写的呢？这句话我们可以画到冒号前。画整个句子也对。整个自然段都是围绕这句话来写的。这句话总结了自然段内容，在自然段的第一句，像这样的句子有个名字叫总起句，也是段落的中心句。抓住总起句，就能迅速知道这一自然段写了什么。 3. 学习第三自然段。 在本段没有找到总起句。那每个句子写什么呢？圈一圈，说一说：珊瑚、海参、大龙虾。

四、 重点探究 方法指导	朗读。读的时候能表演出动作特点吗？（PPT 展示图片） 你能加一个总起句吗？（如果能加，就说明学生懂了。） 4. 自主交流第四、第五自然段写了什么？有什么特点？ 小组合作学习，自学提示：先读课文，然后借助泡泡语的提示，思考交流每段话围绕第一句写了什么？圈一圈，画一画。 第四自然段预设：鱼成群结队地在珊瑚丛中穿来穿去，好看极了。（板书：鱼多　好看） 交流第四自然段（有的……有的……有的……） 指导说话：西沙群岛的海底有各种各样、种类繁多的鱼。鱼成群结队地在珊瑚丛中穿来穿去，好看极了。有布满条纹的石斑鱼，有头上长着形似灯笼的触角并且会发光的灯笼鱼，有扁平的蒲鱼，还有尾巴好似一把圆形的扇子的孔雀鱼。 拓展收集鱼的样子，用上"有的……有的……有的……"说一句话。 第五自然段预设：西沙群岛也是鸟的天下。（板书：鸟的天下　遍地） 借助泡泡语发现课文的第二、第四、第五自然段里的景物都是围绕第一句写的。 5. 学习最后一个自然段。 你体会到了作者什么样的情感？（PPT 展示图片）祝愿我们的海防前哨更加美丽，更加富饶。让我们带上喜爱、自豪的情感齐读最后一段。 小结：我们经常用可爱这个词形容喜欢的人、喜欢的动物、喜欢的景色，作者说西沙群岛可爱，就是表达了对西沙群岛的喜爱之情。可爱、美丽、富饶这些词语在课文开头、结尾都有，很重要，能让我们了解课文内容，体会作者的情感。
五、 全文小结	谁能看着板书，小结一下我们学习的内容，说说作者从哪几方面写出了西沙群岛风景优美、物产丰富？
六、 略读拓展 方法实践	**学习《海滨小城》** 1. 提问：我们用抓住中心句和总起句的方法，默读《海滨小城》，说说作者从哪些方面写了小城又美丽又整洁。 2. 给前三个自然段加总起句。
七、 对比发现 总结提升	这两篇课文有什么相同点和不同点？ 相同点：都有中心句和总起句。 不同点：中心句位置不同，《富饶的西沙群岛》在开头，《海滨小城》在结尾。 写作顺序：《富饶的西沙群岛》从不同方面来写，总分总结构；《海滨小城》从不同地点来写，分总结构。
八、 布置作业	基础：读熟课文《海滨小城》《美丽的小兴安岭》。 拓展实践：画出《海滨小城》前三个自然段中小城的景物和特点。

九、 板书设计	《富饶的西沙群岛》　　　　　　　《海滨小城》 风景优美　物产丰富　可爱　　　海上 海水五光十色　　　　　　　　　海滩 鱼多　好看　　　　　　　　　　庭院 鸟的天下　遍地　　　　　　　　公园 　　　　　　　　　　　　　　　街道 总分总　　　　　　　　　　　　分总

第六课时（第一种方案）：精读拓展，比较发现，迁移表达
《海滨小城》+《美丽的小兴安岭》+ 口头训练表达

一、 学习目标	1. 借助关键语句（中心句、总起句）理解段落和全篇的意思，能结合内容说出喜欢这一处景色的理由。 2. 练习读好长句子，初步体会"抽出""浸"等词语在表达上的好处，读出喜爱的情感。通过联想、想象、联系生活实际等方法初步理解比喻句，体会景色的美。 3. 通过比较发现，进一步体会关键语句的位置和作用，联系生活实际，初步学会运用关键语句表达。 4. 通过感受海滨小城、小兴安岭的景色特点，体会作者热爱祖国大好河山的思想感情。
二、 回顾导入	同学们好，上节课我们一起欣赏了西沙群岛的风景优美、物产丰富（物种多，产量多），初步了解了通过海上、海滩、庭院、公园、街道写出了海滨小城的整洁与美丽，这节课我们继续走进《海滨小城》，欣赏我国广东海边小城的美景。
三、 学习《海滨小城》	1. 海上景色： 我们先来到美丽的海上，海上的景色很美。请大家自由朗读第一至二自然段，边读，边画一画、圈一圈你看到了哪些景物和画面。 课前同学们用手中的画笔画出了海上的景色，这是×××画的，请他来讲一讲看到的景象吧！

	还有同学补充吗？看，这是同学们画的作品。（用PPT展示一下即可）
小结：海上的景物真多呀，是海滨小城特有的。
2.海滩景色：
过渡：我们顺着海浪，来到了海滩。（PPT展示海滩空白图片，接着出示自学提示文字。）
（1）出示自学提示
自由朗读课文，边读边圈画：海滩上有哪些景物？美在哪里？有什么感受？（学生自读自画，自由发言。教师巡视，注意把握时间。）
（2）自由汇报交流
预设：为什么说贝壳是"寂寞"的呢？什么是"喧闹"？为什么"喧闹"？学生可能回答，贝壳见得多了不新鲜了，海滩上这样的美景天天如此啊。还可能有其他原因吗？也可能因为孩子们这时候在等着船队捕鱼归来，没心思去理它……
引导：沙滩上的贝壳虽然美丽多彩，但无人理睬，寂寞地躺在沙滩上，而船队一归来，海滩就喧闹起来，这一动一静中，你体会到了什么？（盼着看看捕鱼收获，见到亲人安全回家。）
三、学习《海滨小城》	（3）拓展语用
让我们想象一下当时的情景，（引述）海滩上五颜六色的贝壳孩子们见得多了，都不去理睬它，贝壳只好寂寞地躺在那里。展示PPT：而汽笛声一响，孩子们就（　　），船队一靠岸，海滩上就（喧闹起来）；孩子们一看到银光闪闪的鱼、青色的虾和蟹，就（　　），一看到爸爸妈妈，就（　　）。"一……就……"给你什么感觉？（快、急切、期盼）
小结：海滩的喧闹更衬托了贝壳的寂寞，也衬托出了船队归来时人们的喜悦。
小妙招："一"读得高一点，"就"读得低一点，"喧闹起来"延长，这种急切盼望的感觉就出来了。试一试。（叫一人来读。）
3.庭院、公园、街道部分。（小组合作，自主探究）
当我们走进小城，会发现它的庭院、街道、公园也美。下面同学们自主探究。
请看自学提示：（学法运用）
第四、第五、第六自然段有什么共同点？（都有总起句）
每个小组任选一个自然段，自己边读边圈画：①这一段写了哪些景物？②这些景物是什么样的？带给你什么感受？
先确定段落，再小组读、圈画，交流，分工汇报。
教师口头提示：汇报也要像自然段一样有个总起句。
教师指导：深入小组观察进度，看每个人的参与情况，听分工安排，给予合理建议。

三、学习《海滨小城》	4.汇报交流。 （1）庭院部分汇报 首先请一个小组来说说小城的庭院。 自主交流后，请同学们评价。（教师注意听，板书：多 浓） 重点学习句子，PPT展示：凤凰树开了花，开得那么热闹，小城好像笼罩在一片片红云中。 这是×××提出的问题，他问：这句话写的是什么情景？"笼罩"是什么意思？（点拨：树多、树高、花多、花美。）说得多好啊，我们来看一看带给小城片片红云的凤凰树吧，小城的庭院怎么样？谁再来读一读？要读出这种红云缭绕的美！ （2）公园部分汇报 过渡：小城的公园又是怎样的呢？哪个小组继续交流？ 交流后，PPT展示句子：一棵棵榕树就像一顶顶撑开的绿绒大伞，树叶密不透风，可以遮太阳，挡风雨。 让我们来看看这把大伞是什么样子的？PPT展示图片。这是个比喻句，把榕树比作了——绿绒大伞（学生说出来），写出了榕树的——"大""茂密"（学生说出来）。 像这样的大榕树在公园里有很多，这么多绿绒大伞让人多么欣喜！ （PPT展示这段话）赶快读一读，读出对大榕树的喜欢吧！自由读，一人读。 （3）街道部分汇报 以上几个地点的景物都有什么共同特点？（美，多）街道呢？ （PPT展示图片）人们把街道打扫得十分干净，甚至连一片落叶都没有。为什么呀？ 所有的美丽都因为人们爱小城，把它维护得干干净净，这份美才更加长久啊！ 哪个小组学习的这一段？你们能读出这份爱小城的感情吗？好，一起带上感情读一读吧！ 是啊，这座小城真是——又美丽又整洁。全文就是围绕这句话来写的，这个中心句跟《富饶的西沙群岛》课文中的不同，位置在文章的结尾，起到了什么作用？总结全文。
四、学习《美丽的小兴安岭》	过渡：读课文的时候，我们抓住这样的关键语句，就能比较快速地读懂课文。带着这个方法，我们再一起往北，飞往祖国最北端的小兴安岭。 1.齐读课题：美丽的小兴安岭。（读得慢一点）"兴安"是一个词，在满语中是"小山（丘陵）"的意思，有小山就有大山，东北还有大——兴安岭。 引述课文第一段，然后看一段视频。

	2. 请大家浏览一遍课文，找到关键词或句子，说说这篇文章主要写了什么内容。 3. 小兴安岭一年四季都是美丽的、富饶的，如果你去那里旅游，会选择哪个季节呢？有去过的吗？我们来做个旅游攻略吧！结合课文内容说说你会选择那个季节去的理由。除了课本上的内容，搜集到的资料也可以用。（说出特点就可以，给资料） 先自己准备一下，然后在小组内交流。 4. 下面来进行导游式的介绍吧！怎么评价这位同学做的攻略好不好？（自主选择季节说） 讨论评价标准：①抓住美和物产多来说，景色说得全，特点说得对。②抓住美和物产多来说，景色说得全，特点说得生动。③抓住美和物产多来说，景色说得全，特点说得生动，还拓展了其他资料。 发言完毕，自动说"请同学们评价"。（汇报2个季节就可以） 5. 理解重点句子，想象画面。 在说到某个季节后，提出同学曾经提出的问题，进行重点的词句理解、体会和想象。 预设：这一段写了树木抽出新的枝条，长出嫩绿的叶子；写了积雪融化，汇成小溪，溪里涨满了春水；还写了小鹿散步、喝水、照镜子。我感觉春天来了，动植物睡了一冬天都苏醒了。 预设：同学们看这句话——"春天，树木抽出新的枝条，长出嫩绿的叶子。"在预习时有同学问：为什么是抽出呢？长出行不行呢？ 老师这儿有一段视频，大家看一看（播放视频）。说说你的感受吧！ 预设：再看这句话——"山上的积雪融化了，雪水汇成小溪，淙淙地流着。"还有同学提出问题："淙淙"是怎样地流呢？ 方法指导：当我们有不理解的词时，可以借助字典。看，"淙淙"在字典里的解释是"形容水流的声音"。你看见过小溪、听过小溪的声音吗？听（放音频），这就是淙淙的声音，轻柔而欢快。来读一读，感受溪水的欢快流淌。 预设：你还觉得哪句话写得好？ 预设："小鹿在溪边散步，它们有的俯下身子喝水，有的侧着脑袋欣赏自己映在水里的影子。"这句话写出了小鹿自由自在地生活在林间的情景，小鹿好像在照镜子，让人觉得它们非常有趣。 想不想看看这个情景？（播放视频）多么活泼可爱的小鹿啊！ 6. 齐读第五自然段。 冬天，小兴安岭下起了大雪。雪连续几天几夜地下着，到处都是一片白，
四、学习《美丽的小兴安岭》	

四、学习《美丽的小兴安岭》	犹如银白的童话世界。（PPT展示图片三张，最后定格在有动画的那张上）看这簌簌落下的雪花，真美啊，一起来读一读这段话吧！ 7. 小结。 　　小兴安岭无论什么季节去，都是美丽又富饶的，因为这里既是一座美丽的大花园，也是一座巨大的宝库。
五、对比发现总结提升	1. 我们两节课学习了三篇课文，同学们看看板书，再翻翻课文，你发现这三篇文章有什么相同点和不同点了吗？ 　　（学生说的时候教师点拨，这是内容方面、写法方面、句子形式……） | 课文题目	《富饶的西沙群岛》	《海滨小城》	《美丽的小兴安岭》
---	---	---	---
内容	自然风景	城市风景	自然风景
特点	风景优美，物产丰富	既美丽，又整洁	大花园，大宝库
思想感情	喜爱	喜爱	喜爱
中心句	有，在开头，总领全文	有，在结尾，总结全文	有，在结尾，总结全文
总起句	有	有	无
记叙顺序	不同方面，总分总	不同地点，分总	不同季节，总分总
句子修辞	比喻 排比	比喻 排比	比喻 排比	 　　2. 小结：这一单元我们运用抓关键语句的方法读懂课文内容，包括抓住中心句了解全文的主要内容，抓住总起句了解自然段的内容。写作的时候也要围绕一个意思写，全文或者自然段都有个中心意思。
六、联系生活有效表达	秋季是北京最美的季节，想不想看看老师的校园？欢迎大家去我的学校游学。这是我们班的同学，打声招呼吧！ 　　我给大家介绍一下我的学校吧！（播放录像，背一段话，有总起句。） 　　咱们×××校园也很美，看（播放PPT）。下面就练习用上一个总起句，讲一讲我们学校的美景吧！谁先来起个头，说一个中心句？那我们就围绕着这句话来说，哪个同学想好了，就站起来说。
七、布置作业	1. 基础：根据自己的学习情况，大家自己给自己留作业。 　　2. 拓展：自主阅读《小镇的早晨》《葡萄沟》，画出文中的关键语句，还可以用思维导图或结构图的方式表示其中一篇文章写了什么，怎么写的。

第六课时（第二种方案）：精读拓展 比较发现 迁移表达
《海滨小城》+ 语文园地 + 词句段运用

一、学习目标	1. 正确、流利、有感情地朗读课文，注意读好长句子，体会重点词语的意思和作用。 　　2. 通过抓住关键语句了解文章主要内容，体会段落总起句（中心句）与段落其他句子之间的关系，理清课文顺序。

一、 学习目标	3. 通过朗读、体会、品味重点词句，感受南方小城的美丽风光。 4. 通过"词句段运用"练习实现写法迁移，进一步深化理解"围绕一个意思写"，为写篇章做铺垫。
二、 谈话回顾 图片导入	1. 导入：同学们，上节课我们已经开始学习第 19 课《海滨小城》。海滨小城给你留下了怎样的印象呢？作者通过哪些景物写出了海滨小城的美丽与整洁？这节课我们继续走进《海滨小城》，欣赏我国广东海边小城的美景。 2. 看中国地图，回顾《海滨小城》课文内容。 预设：海滨小城给我留下的印象是美丽、整洁。（板书：美丽 整洁） 预设：作者通过海上、海滩、庭院、公园、街道写出了海滨小城的整洁与美丽。（板书：海上 海滩 庭院 公园 街道）
三、 重点探究 方法运用	1. 学习海上景色。 我们先来到美丽的海上，海上的景色很美。课前同学们用手中的画笔画出了海上的景色（展示同学们画的作业），这是×××画的，请他来讲一讲看到的景象吧！ 点拨：看，这就是镀上了一层金黄色。（借助图画理解"镀上"的意思） 小结：海上的景物真多呀，色彩绚丽的大海是海滨小城特有的。喜欢吗？读一读吧！（板书：色彩绚丽） 2. 学习海滩景色。 我们顺着海浪，来到了海滩（PPT 展示海滩空白图片）。 出示自学提示（自由朗读课文，边读边圈画：海滩上有哪些景物？美在哪里？有什么感受？），巡视指导学生的圈画。 自主交流，引导感悟。 （1）理解"寂寞" 沙滩上的贝壳遍地都是，还有不同的颜色、花纹。 点拨：除了形态各异、色彩斑斓，还是什么样的呢？ 预设：还是寂寞的。 点拨：为什么说贝壳是"寂寞"的呢？ 预设：贝壳见得多了，不新鲜了。交流"睬"字的识记方法。读词。 预设：也可能因为孩子们这时候在等着船队捕鱼归来，没心思去理它…… 点拨：对，海边的孩子们已经习以为常，所以不去理睬贝壳了。"睬"这个字有 11 名同学不认识。怎么记住它？睬：cǎi，形声字。字从目，从采，采亦声。"目"指目光、视线。"采"意为"选择"。"目"与"采"联合起来表示"用视线扫描后选择"。快读读这个词——理睬。 是啊，海滩上的美景天天如此。还可能有其他原因吗？

三、 重点探究 方法运用	（2）交流"喧闹" 过渡引导：沙滩上的贝壳虽然美丽多彩，但无人理睬，寂寞地躺在沙滩上，而船队一归来，海滩就喧闹起来，这一动一静中，你体会到了什么？ 预设：盼着看看捕鱼收获，见到亲人安全回家。 让我们想象一下当时的情景吧！海滩上五颜六色的贝壳孩子们见得多了，都不去理睬它，贝壳只好寂寞地躺在那里。而汽笛声一响，孩子们（　　）；船队一靠岸，海滩上就（喧闹起来）：孩子们一看到银光闪闪的鱼、青色的虾和蟹，就（　　）；一看到爸爸妈妈，就（　　）。（展示PPT） 点拨："一……就……"给你什么感觉？ 预设：给我快、急切、期盼的感觉。 小结：海滩的喧闹即衬托了贝壳的寂寞，也衬托了船队归来时人们的喜悦。 小妙招："一"读得高一点，"就"读得低一点，"喧闹起来"延长，这种急切盼望的感觉就出来了。试一试。
四、 品悟词句 想象画面	**学习庭院、公园、街道景色** 1. 自主探究： 当我们走进小城，会发现它的庭院、街道、公园也美。第四至六自然段有什么共同点？ 学习提示： 每个小组任选一个自然段，自己边读边圈画：①这一段写了哪些景物？②这些景物是什么样的？带给你什么感受？ 巡视指导学生小组合作学习。 过渡：首先请一个小组来说说小城的庭院吧！ 2. 自主交流： 重点学习句子，PPT展示：凤凰树开了花，开得那么热闹，小城好像笼罩在一片片红云中。 这是×××提出的问题，他问："笼罩"是什么意思？谁结合插图说一说？ 预设：像笼子似的罩在上面，说明树高、树多、花多。 指导朗读：说得多好啊，我们来看一看带给小城片片红云的凤凰树吧，小城的庭院怎么样？谁再来读一读？要读出这种红云缭绕的美！ 小城的公园更美。哪个小组汇报？ 交流后，PPT展示句子：一棵棵榕树就像一顶顶撑开的绿绒大伞，树叶密不透风，可以遮太阳，挡风雨。 一棵棵大榕树，喜欢吗？读一读这个句子。

四、 品悟词句 想象画面	引导：这是写榕树？一棵棵、一顶顶写出——榕树的多；密不透风写出——大榕树的茂盛；一遮一挡写出——大榕树的作用。 （答疑）但是有的同学问：为什么把榕树比作绿绒大伞呢？而不是绿色大伞？让我们来看看这把大伞是什么样子的？出示图片。 预设："绿绒"不仅写了色，还写了形，大榕树就像巨大的西兰花。 引导：这个比喻写出了榕树的形状以及枝叶的繁茂，正是因为这一棵棵榕树，把小城公园打扮得更加美丽。（板书：树多）
五、 对比发现 领悟表达	1. 对比发现： 对比发现 A： "海上""海滩""公园"几个地点的景物都有什么共同特点？（美、多）街道呢？（板书：落叶少） 出示：人们把街道打扫得十分干净，甚至连一片落叶都没有。为什么呀？（交流：爱小城，勤劳。） 小结：这几多和一少，你感受到了什么？ 小妙招："十分"重点读，"一片"重点读，这种热爱的情感就出来了。试一试。 对比发现 B： 小城里每一个庭院都栽了很多树。 小城的公园更美。 小城的街道也美。 读一读这三句话，你发现了什么？（在每个自然段的开头，都写了景色的地点，段落的内容都是围绕这句话写的。） 将"更""也"两字在 PPT 上显示为红色，再读一读，发现了什么？（这个小城到处都很美。）这三句话连起来，该怎样读？"更""也"承接上文，使上下文衔接得非常自然，读出过渡、衔接的语气。 总结：所有的美丽都因为人们爱小城，把它维护得干干净净，这份美才更加长久啊！（板书：热爱） 哪个小组学习的这一自然段？你们能读出这份爱这座城市的感情吗？好，一起带上感情读一读吧！ 2. 总结： 是啊，这座小城真是——又美丽又整洁。全文就是围绕这句话来写的，这句话起到了总结全文的作用。
六、 对比发现 拓展表达	1. 看板书：我们两节课学习了两篇课文，翻翻课文，对比 18、19 课板书，你发现这两篇文章有什么相同点和不同点了吗？

	预设：全文都围绕一句话来写，有些自然段紧紧围绕第一句来写，都表达了对景色的喜爱，都是从不同方面写的。每个自然段都写了不同的景物。

课题	《富饶的西沙群岛》	《海滨小城》
内容	自然风景	城市风景
特点	风景优美，物产丰富	既美丽，又整洁
思想感情	喜爱	喜爱
中心句	有，在开头，总领全文	有，在结尾，总结全文
总起句	有	有
记叙顺序	不同方面，总分总	不同地点，分总
句子修辞	比喻 排比	比喻 排比

2. 表达练习：发现了表达规律，我们就来练习说一说吧！
①可以选用《富饶的西沙群岛》一课后面的图片或自己搜集到的图片；也可以选用现在老师提供的学校美景（播放视频），先仔细观察，简单记一记所要介绍的景物的顺序和特点，然后小组交流。
还可以是：车站的人可真多……
要求：先说清所要介绍的地点、景色和感受，再抓住有哪些景物、是什么样子的来说。
②语文园地"词句段运用"中第一组词语都有一个特点，是什么？你的脑海中想起了什么样的情景或画面？小组交流，班组交流。
任选一个或两个词展开想象，说一说你的眼前会浮现怎样的画面。 |
| 六、对比发现拓展表达 | |
| 七、布置作业 | 1. 实践：课下完成课上描写景色的片段。
2. 拓展：观察身边或家乡的美景，看看这个地方有什么？是什么样子的？你有什么感受？ |

第七课时（第二种方案）：精读拓展，迁移表达
《美丽的小兴安岭》拓展课后题练习表达

| 一、学习目标 | 1. 认识13个生字，读准多音字，会写13个字，会写14个词语。
2. 有感情地朗读课文，长句子读好重音和停顿。
3. 应用抓住中心句和总起句的方法，读懂段落内容和课文内容。
4. 通过抓住词句、联系上下文品味、展开想象、联系生活经验等方法，体会东北原始森林的美丽风光，加深对祖国河山的喜爱之情。
5. 通过对比阅读，发现单元三篇文章的相同点和不同点，进一步认识关键语句的位置、特点和作用，拓展语言表达。 |

二、 谈话导入	今天我们继续学习第20课《美丽的小兴安岭》。小兴安岭四季景色不同，各有其美。我们先一起来欣赏春天的景色吧！
三、 自主探究 方法实践	学习第二自然段： 1. 自主探究，感受春天。 请同学们默读第二自然段，圈一圈、想一想作者描写了春天的小兴安岭的哪些景物，这些景物是什么样子的，给你留下怎样的印象。 预设：这一段写了树木抽出新的枝条，长出嫩绿的叶子；写了积雪融化，汇成小溪，溪里涨满了春水；还写了小鹿散步、喝水、照镜子。我感觉春天来了，动植物睡了一冬天都苏醒了。 春天真是万物复苏，生机勃勃啊！ 2. 交流重点词句，体会感情。 同学们看这句话："春天，树木抽出新的枝条，长出嫩绿的叶子。"在预习时有同学问：为什么是抽出呢？长出行不行呢？ 老师这儿有一段视频，大家看一看（播放视频）。 说说你的感受吧！ 预设：枝条长得好快啊！这就是春天的力量啊！我明白了"抽出"这个词更能体现春天生机勃勃、树木抽枝发芽长得快的特点。 再看这句话："山上的积雪融化了，雪水汇成小溪，淙淙地流着。"还有同学提出问题："淙淙"是怎样地流呢？ 方法指导：当我们有不理解的词时，可以借助字典。看，"淙淙"在字典里的解释是"形容水流的声音"。你看见过小溪、听过小溪的声音吗？听（放音频），这就是淙淙的声音，轻柔而欢快。来读一读，感受溪水的欢快流淌。 你还觉得哪句话写得好？ 预设："小鹿在溪边散步，它们有的俯下身子喝水，有的侧着脑袋欣赏自己映在水里的影子。"这句话写出了小鹿自由自在地生活在林间的情景，小鹿好像在照镜子，让人觉得它们非常有趣。 想不想看看这个情景？（播放视频）多么活泼可爱的小鹿啊！ 3. 小结，朗读。 第一自然段作者抓住新长出的枝条和叶子，融化的雪水，淙淙的小溪和活泼的小鹿，写出了春天的小兴安岭勃勃的生机，让我们再有感情地读一遍吧！ 刚才我们是怎样学习这一段的？我们先整体朗读了全段，有了初步的感受；接着我们抓住这一段最有特点的景物重点学习，通过换词、借助字典、联系生活、借助视频等方法理解了句子的意思，体会到景色的美丽；最后我们带着感情朗读全段，借助朗读把我们的感受表达出来。

| | 下面我们就用这个方法来继续学习。
1. 请同学们默读第三至五自然段，继续思考：每一个季节都写了哪些景物？这些景物是什么样子的？给你留下怎样的印象？
2. 汇报，交流。
（1）夏天
预设：我先来说夏季吧。"夏天，树木长得葱葱茏茏，密密层层的枝叶把森林封得严严实实的，挡住了人们的视线，遮住了蓝蓝的天空。""封"这个字用得最好。"封"是很严实地完完全全地挡住了，说明树木枝叶茂盛；同时还连用了3个四字词——葱葱茏茏、密密层层、严严实实，写出了小兴安岭夏季树木茂盛的景象。
小结：是啊，夏季的小兴安岭树木枝繁叶茂，（PPT展示图片）看，真是葱葱茏茏、密密层层、严严实实啊！这里，作者用上一些恰当的词语，就能把事物描写得更准确。
预设：这句话也写得特别好——"早晨，雾从山谷里升起来，整个森林浸在乳白色的浓雾里。"我查了字典，"浸"在字典里的解释是"泡，使渗透"，全部都在里面了就是"浸"。"整个森林浸在乳白色的浓雾里"这句话让我想起吃早饭时，面包泡在牛奶里，面包就全浸在牛奶里了。这里早晨的雾就像牛奶一样，又多又浓重，把整个森林都裹住了。|
|四、自读自悟入情入境|小结：是啊，这位同学说得多形象啊，他查了字典又联系了生活，理解了"浸"这个字。一个"浸"字写出了夏季的小兴安岭早晨的美丽。带着这个情感再来读一读这句话吧！
预设："太阳出来了，千万缕耀眼的金光穿过树梢，照射在工人宿舍门前的草地上。"这句话又一次写出了夏季小兴安岭树木茂盛的特点，因为树木茂盛，阳光不能直接照射下来，要穿过树梢，透过枝叶的缝隙，才能照在草地上。树叶多茂密啊！
看图，真是这样啊！一个"穿"字就说明小兴安岭树木枝叶茂密啊！
小结：作者通过描写枝叶、浓雾、阳光、野花，写出小兴安岭夏季树木枝叶繁茂的特点。夏季的小兴安岭真是太美了，请同学们再有感情地读一读这段，感受小兴安岭夏季的美丽。
（2）秋天
秋季都写了哪些景物？这些景物什么样子？给你留下怎样的印象？
预设：秋季的小兴安岭给我留下的印象是迷人的。我是从这句话感受到的——"秋天，白桦和栎树的叶子变黄了，松柏显得更苍翠了。"我在秋天爬过山，看见过秋天黄色的树叶，我想小兴安岭秋天的树木肯定也特别好看。|

四、 自读自悟 入情入境	教师相机引导：是啊！看，秋天的小兴安岭树叶有红、有绿、有黄，原来树叶的颜色也可以是这样丰富而绚丽啊！ 　　预设：秋天的小兴安岭不仅是美丽的，还是丰收的，快读一读，找一找，小兴安岭都有哪些物产呢？我找到的物产有山葡萄、榛子、蘑菇、木耳，还有人参等名贵药材。这么多物产，真是一个天然宝库啊！ 　　引导朗读：是啊，多迷人啊！带着你的感情，再读一读吧！ 　　（3）冬天 　　冬季又写了哪些景物？带给你什么感受？快说说。 　　预设：我觉得小兴安岭的冬天就是一个童话世界，就像我在书里读的一样，到处白茫茫一片，美丽极了。 　　预设：我从这句话知道小兴安岭的雪很大——"冬天，雪花在空中飞舞。树上积满了白雪。地上的雪厚厚的，又松又软，常常没过膝盖。"这里"飞舞""积满""厚厚的""没过膝盖"，这些词告诉我们小兴安岭冬天的雪好大啊！ 　　真是这样啊！（看视频） 　　怎样朗读，才能突出小兴安岭的雪大呢？试一试吧！ 　　动物们在这大雪纷飞的日子里各有一套过冬的本领，虽然是大雪覆盖，但小兴安岭也显示出了它特有的生机。让我们再来读一读。 　　同学们，小兴安岭不仅景美，还是木材基地、名贵药材的产地，更是动物们的乐园，真是一座天然的宝库啊！作者抓住每一个季节景物的特点，写出了景物的样子，还表达了对小兴安岭的喜爱之情，带着这种喜爱、欣赏、赞美的情感再读一遍最后一段吧！ 　　（本段以读为主，不需细讲。）
五、 比较发现 拓展表达	1.对比发现：学习了本单元的三篇精读课文，对比一下，有什么发现？ 　　本篇课文的中心句在结尾，每个自然段没有像前两篇课文一样有总起句，但是有个词提示了这一段的内容（春天、夏天、秋天、冬天）。这个提示词，也起到了总起的作用。 　　2.拓展表达： 　　①美丽的小兴安岭一年四季景色迷人！小明一家打算去小兴安岭旅游，但是他们不知道什么季节去好，如果你是小导游，你建议他们哪个季节去？说说理由。说清楚这个季节最美丽的景色或者最丰富的物产，让小明一家愿意选择这个季节和你一起去旅游。 　　先一人说，大家评价，然后小组内说一说。 　　②看，这四幅图是不同地方最美丽的季节。请你也想一想，你的家乡哪个季节最美？在这个最美的季节里哪些景物最吸引人？这些景物是什么样的？说的时候还可以用上学过的好词佳句。

五、 比较发现 拓展表达	这是一位同学介绍他的家乡最美的季节： 　　我的家乡在内蒙古东部，夏天是那里最美的季节。那里的天蓝蓝的，云高高的，大片大片的云飘来飘去。白云下面是一望无际的玉米地，玉米秸秆有一人多高，绿绿的。玉米一棵挨着一棵，人钻进去就找不到了，我们几个小孩儿最爱钻到玉米地里捉迷藏，好玩极了。 　　引导：看，这位同学就写出了家乡最美的季节——夏季，最吸引人的就是那一望无际的玉米地，写得多有意思啊！ 　　结束语：同学们，我们祖国地大物博、山河壮丽，有机会和爸爸妈妈到各个地方去看看，感受祖国山河的美，然后可以把看到的、想到的写下来。
六、 布置作业	细致观察校园或附近公园的美丽景色，记下有哪些景物，什么样子的。 | 地点 | 景物 | 特点 | 感受 | |---|---|---|---| | | | | | | | | | | | | | | |
\multicolumn{2}{c}{第八课时（第二种方案）：习作指导课}
一、 学习目标	1. 能仔细观察一处景物，积极分享，乐于交流，围绕一个意思用一段话写下来，并能主动运用平时积累的描写景物的词语。 2. 能自己改正错别字，并乐于分享观察到的美景。
二、 激活思维 启发分享 揭题解题	1. 激活思维，启发分享。 　　在第六单元的学习中，我们领略了李白笔下雄奇壮观的天门山、苏轼笔下如诗如画的杭州西湖以及刘禹锡笔下湖光秋月两相和的洞庭湖，我们还欣赏了风景优美、物产丰富的西沙群岛，美丽整洁的海滨小城以及一年四季景色诱人的小兴安岭，一起感受到了祖国山河的美丽。在我们周围也有很多美丽的地方，有的同学也很注意留心观察周围的景色，能和大家分享一下吗？ （促进学生构建有序表达支架，记录下来）。 | 地点 | 景物 | 特点 | 感受 | |---|---|---|---| | | | | | | | | | | | | | | | 　　预设：我们的校园景色很美丽，有很多的银杏树、山楂树、桃树……还有假山呢！ 　　2. 明确要求，揭题解题。 　　我们知道第六单元在习作方面的要求是：习作的时候，试着围绕一个意思写，这一单元的课文都突出了这个写作特点。今天我们的习作题目是《这

二、 激活思维 启发分享 揭题解题	儿真美》。我们应该写什么呢？"这儿"指你去过的，或者熟悉的某个地方，"真美"是要写出这儿的景色美的样子。 　　同学们都是有心人，只要我们认真观察，就能发现生活中的美。
三、 研读教材 明确写法 指导观察	1.研读教材，明确写法。 　　请同学们把课本翻到84页，默读课文，边读边画出习作要求，然后跟同学交流一下。 　　预设：我画的是："写之前仔细观察，看看这个地方有些什么，是什么样子的。""写的时候，试着运用从课文中学到的方法，围绕一个意思写。""写好后，自己读一读，改正错别字。然后读给同学听，和同学分享你发现的美景。"泡泡语还告诉我们可以用上这学期新学的词语。 　　小结：同学们注意到了吗？写之前、写的时候、写好后，从这几个词语我们知道习作对我们写作的全过程提出了具体明确的要求。 　　2.认真观察，理清思路。 　　第一个习作小贴士：写之前仔细观察。 　　接下来老师就来考考大家的眼力了，这里有一幅图，请你看一看、说一说这幅图片上有什么，是什么样子的。 　　预设：我看到图上有绿色的田野、流淌的小河、温馨的村庄、丰收的果园……我真想到这里去旅游、采摘。 　　预设：我来补充，我发现果园里的果树上都结（注意读一声）满了又大又红的果实，还有一位伯伯背着背篓正在采摘，看着又大又圆的果实，我都要流口水了…… 　　哪位同学来评价一下，看看这几位同学说的景物对不对？样子说清楚了吗？ 　　预设：我同意他们说的，说得很清楚，他们观察细致，发现了果实的颜色形状，还发现了在果树边辛勤劳作的果农，并且说出了自己看到这些景物后的真实感受——"我真想到这里去旅游、采摘"，"看着又大又圆的果实，我都要流口水了"。 　　这位同学的点评，让我们想起了第五单元学习的观察方法，请同学来读一读。 　　预设：①观察时要细致一些。②观察时不仅用眼睛看，用耳朵听，也可以用手摸，用鼻子闻，有时还可以尝一尝。③观察时要注意事物的变化。我们要用多种感官去观察景物。 　　继续交流。 　　预设：我还看到了一条弯弯曲曲的小河从一座房子的门前流过，再往前

三、研读教材明确写法指导观察	看是一大片碧绿的麦田和几座高高低低的房子，最远处是连绵起伏的群山。这里肯定空气清新，到处弥漫着花香果香，生活在这里会非常惬意舒服。 我们看，这位同学就像个小导游，由近及远地介绍了小河、麦田、房子等景物，加上了"一大片碧绿的""弯弯曲曲""连绵起伏"等词语，把景物是什么样子的描述得比较清楚，还加入了自己的感受、联想。 引导：按照怎样的顺序细致观察，我们就可以按照怎样的顺序写下来。这样我们的习作也会更顺畅。
四、回顾写法打开思路	第二个习作小贴士：写的时候要围绕一个意思写。 这一单元的课文都突出了这个写作的特点，我们先来一起回顾一下学过的段落吧！ 《富饶的西沙群岛》第五自然段，就是围绕第一句话"西沙群岛也是鸟的天下"来写的。后面通过写出"鸟的种类多、鸟蛋多、鸟粪多"来突出鸟多，我们在阅读的时候，通过第一句话，就能理解这个自然段写了什么。 我们再来看《海滨小城》的第四自然段，谁能来谈一谈这一段话怎么围绕一个意思写的？ 预设：这个自然段是围绕"小城里每一个庭院都栽了很多树"这句话来写的。后面的句子分别写了树的种类多，叶子香味浓，花开得热闹，这都说明树多。 通过回顾这两个段落，我们可以看出它们共同的特点：开头第一句话就表达了这段话的主要意思，后面的内容都是围绕开头这句话来写的。这样写，表达得更清楚，读者读得也更明白。 在第六单元的课文中，还有许多这样的段落，在第一句话就表达了这个自然段的意思，后面的句子通过描写景物的样子以及自己看到景物后的感受来写清楚。在今天的习作课上，我们也要学着用上这样的写作方法。 我们来看这三句话，读一读，猜一猜，每句话后面的省略号会写些什么？任选其中一句来说一说。 ①操场后面的小花园真美…… ②秋天的树林就像一幅色彩斑斓的图画…… ③一到池塘边，我就被眼前的景色吸引住了…… 预设："操场后面的小花园真美"，后面应该围绕小花园这个地方来写，写出小花园的美，可以写一写小花园里都有什么花，花的颜色、形状、气味等。

四、 回顾写法 打开思路	预设："秋天的树林就像一幅色彩斑斓的图画"，后面的内容应该围绕秋天的树林这个地方来写，写出秋天树林美丽的色彩。比如，枫树叶是红色的，银杏树叶是金黄的，松树叶是绿色的。 预设："一到池塘边，我就被眼前的景色吸引住了"，后面的内容应该围绕池塘这个地方来写，写出池塘的美。比如，清澈的池水、里面游荡的小鱼，还有两边的垂柳等，把它们的样子描写清楚。 小结：我们要抓住有哪些景物，这些景物是什么样子，有怎样的感受，围绕第一句话写清楚。 第三个写作小贴士：写好后，自己读一读，改正错别字。然后读给同学听，和同学分享你发现的美景。 泡泡语还告诉我们可以用上这学期新学的词语。这样会让我们的习作更吸引人。一起来读读这些词语吧！ 盛开　飞舞　狂欢　闪闪发亮　漂亮　优美　明朗　静悄悄　粗壮　香甜　清凉　亮晶晶 善于运用积累到的知识也是提高我们习作水平的一个方法。明确了习作要求，也尝试着梳理了思路，下面我们就来练一练吧！
五、 练习表达 交流评价	1. 明确要求，大胆表达。 同学们，你们去过哪些地方旅游？你们细心观察过自己的校园、身边的公园、上学路上某处景观等地方的美丽吗？请你根据写作小贴士，把你看到的景色写清楚。有哪些景物？是什么样子的？自己有什么样的感受？ 2. 展示交流，评价完善。 交流预设：进入小区，就能看到道路两旁高大的银杏树，银杏树的叶子已经变黄了，有些落叶飘落下来，像蝴蝶似的翩翩起舞。道路旁边有一条小河，河水清澈见底，小鱼在水里游来游去。小河边有块草地，地上的小草已经变成了黄绿色。草地的对面有几座花坛，花坛里的菊花有黄色的、紫色的、白色的，非常漂亮。每天上学的时候，总能闻到青草、鲜花、绿树和泥土的芳香，我喜欢我生活的小区。 评价预设：首先，他观察很细致，写了道路两旁的银杏树、小河、草地、花坛等几处景物，把景物的样子也描写得很清楚。不过我建议他在开头可以加一个关键句"小区的环境真美啊！"这样他的表达就更清楚了。 交流预设：操场后面的小花园真美，百花盛开，美丽极了。它们颜色各异，有红的、黄的、粉的……种类繁多，有月季、百合、绣球……还姿态各异，有的像鸡冠，有的像蝴蝶，还有的像喇叭……一阵微风吹过，花儿的芬芳四溢，香气扑鼻，让人心情无比舒畅！

五、 练习表达 交流评价	评价预设：她是围绕"操场后面的小花园真美，百花盛开，美丽极了"这个意思来说的，后面几句话分别从花的颜色、种类、形态和气味四个方面展开说，这样就把花园的美丽说清楚了。她还联系了自己的生活经验，想象到了微风吹过，芳香四溢的场景。语言也十分生动，用上了"百花齐放""芬芳四溢"等四字词语，还用上了"有的……有的……还有的……"这样的句子，不仅写出了花园的美丽，还让我们感受到了她对花园的喜爱。 小结：同学提出的建议很诚恳，根据习作提示评价得比较全面、准确，我们时刻不要忘了根据要求来练习以提高写作能力。写完后，用上我们第三、第四单元学过的修改方法和修改符号，改一改错别字和语句不通顺的地方。 一个地方会有许多美丽的景物，我们围绕一个意思，把每个美丽之处有序地写下来，就完成了一篇文章。
六、 课堂总结 布置作业	1. 课堂总结。 同学们，通过学习，你知道怎样细致观察一处景物，围绕一个意思用一段话写下来了吗？注意要主动运用平时积累的描写景物的词语。 我们的国家幅员辽阔、山河壮美、历史悠久，祖国的每一寸土地，都孕育着无限美景；祖国的每一处美景，都焕发着无限生机，让我们拿起手中的笔记录下心中那一处最美的风景吧！ 2. 布置作业。 请同学们围绕一个意思介绍一处美景，用上积累的词语和修辞手法。写完后，自己读一读，改正错别字和标点符号，并主动和同伴分享观察到的美景。
七、 教学建议	每篇课文都是指向习作指导的，也可以让学生根据学过的课文领悟所得先进行写作，基于此再进行习作指导。这样学生完全基于阅读课的渗透，自己阅读习作要求，不会受到教师太多的影响和束缚。当上习作指导课的时候，大量案例来自学生的作品，会让大家觉得更有针对性，更感兴趣。教师也能及时发现学生习作中的突出问题，进行更加有效的指导。
	第九课时：习作讲评课
一、 学习目标	1. 通过赏析班内习作，修改自己的习作，进一步写清有什么景物，是什么样子的，有什么感受。 2. 围绕一个中心意思展开写，写出景物的美，表达自己的热爱之情。 3. 修改不恰当的字、词、句，用上积累的好词。
二、 回顾要求 整体评价	1. 我们先来回顾一下习作要求： | 习作过程 | 习作要求 | 星级 | |---|---|---| | 写之前 | 仔细观察，看看这个地方有些什么，是什么样子的 | ★ |

	习作过程	习作要求	星级
	写的时候	试着运用从课文中学到的方法，围绕一个意思写	★
		可以用上这学期新学的词语	★
	写好后	自己读一读，改正错别字	★

二、
回顾要求
整体评价

2. 积极自评：
同学们，根据评价标准，你能得几颗星？先给自己评一评吧！
3. 整体评价：
这次习作，同学们写的内容很丰富，能做到围绕一个意思来写，语言生动。有一部分同学直接用了《这儿真美》作为作文题目，还有一部分同学使用了下面这些题目：香山公园、草原天路、美丽的永定河，以地点为题；这里的夏夜真迷人，以时间为题，比较新颖，这样也是可以的。题目是作文的眼睛，一个好的题目对文章有画龙点睛的作用，同时也可以激发读者的阅读兴趣。

三、
佳作展示
评价交流
取长补短

段落赏析：围绕一个意思写清楚。
同学们在习作中自觉运用学过的词语，还运用了关键语句，把景物的样子清楚地写了出来。许多同学在描写的段落中能紧紧围绕一个意思写，注意用上了关键语句。我们来看看吧！

（1）段落一
哪位同学来读一读？
预设：校园的春天美丽极了。放眼望去，世纪之林里的樱桃树、梨树都开了花。粉的桃花，白的梨花，一团团一簇簇。海棠花溪的海棠也毫不示弱，陆续长出了粉的白的花苞，不几天就绽开了。快乐午间时，我总喜欢跑到花丛中玩耍。偶尔，阵阵春风吹来，花瓣飘落，犹如下起了梨花雨、桃花雨，它们轻轻地洒落在我的头上、肩上，淡淡的香气让我陶醉。——（《我爱校园的春天》）
哪位同学根据你的感受和学过的习作要求来点评，说说自己的看法？
预设：根据习作要求，一段话要紧紧围绕一个意思来写。这段话开头第一句写了"校园的春天美丽极了"，点明了观察的是春天的校园，内容是要写出校园的美丽。后面抓住了校园的世纪林、海棠花溪这两个地点，写了桃花、梨花、海棠花的颜色，以及风吹来时作者的感受。
预设：我从书上看到过樱桃树开花比桃树开花早，跟梨花开放的时间相近，这里写到了樱桃花和梨花，可以看出她观察得比较细致，了解的课外知识比较多。
预设：我来评价这段话中的这一句"粉的桃花，白的梨花，一团团一簇簇"。这个句子让我感到这些花就在眼前，我能想象到它们的样子。"绽开""飘落""洒落"这些词用得也很好，把我带进了花海中。

三、 佳作展示 评价交流 取长补短	（2）段落二 我们再来读一读这段话，然后进行评价。 　　预设：小区中心花园景色优美极了。左边的油松犹如整齐列队的哨兵笔直挺立，松针上顶着水珠，在阳光的照耀下，像一颗颗珍珠，晶莹剔透，闪闪发光。花园的后方是一座由形态各异、错落有致的大石块堆砌而成的假山，被一片枝繁叶茂、青翠欲滴的竹林簇拥着。一道人工瀑布从假山顶上飞流直下，仿佛给假山挂上了漂亮的白帘。瀑布落入池塘，泛起层层水花，好似朵朵喷泉。五颜六色的鱼儿在池塘里尽情狂欢游荡，好让人羡慕它们的自由自在呀！——（《美丽的小公园》） 　　预设：我来评价。通过第一句话"小区中心花园景色优美极了"，我就能猜想到她后面的内容可能写假山、池塘、树、花等，在后面按照位置的不同，写到了油松、假山、瀑布、池塘、鱼儿等，都是围绕第一句话写的，展现出了中心花园的美丽景色，用上了关键语句。 　　预设：我觉得在这一段中，这句话写得特别好。"左边的油松犹如整齐列队的哨兵笔直挺立，松针上顶着水珠，在阳光的照耀下，像一颗颗珍珠，晶莹剔透，闪闪发光。"这位同学观察得多细致，写了一排油松，仔细观察了松针上的水珠的样子。 　　预设：这一句"一道人工瀑布从假山顶上飞流直下，仿佛给假山挂上了漂亮的白帘"，把人工瀑布比作白帘，写出了瀑布水流的急与大，很生动。这幅画面仿佛就在我的眼前。 　　师评：同学们，你们发现没有，她还用上了"优美""闪闪发光""狂欢"等这学期新学的词语，使表达更加丰富。除此之外，我们还可以把"笔直""晶莹剔透""形态各异""错落有致""枝繁叶茂""青翠欲滴""簇拥"等这样的词语积累下来，运用到自己的习作之中。
四、 修改习作 完善表达	1. 评价原作优点及不足。 　　赏析完精彩句段，我们来看一篇习作，请同学们根据我们的习作要求及自己的阅读感受，对这部作品进行评价。 　　预设： 美丽的学校 　　我第一次步入学校大门的时候，就被眼前的景色吸引住了：奇松怪石，小桥流水，这里还有校友广场、音乐广场、山楂树广场、动物乐园、樱花园、古香古色的四合院"和乐园"……景色各异，让我目不暇接。 　　在众多的美景中，我最喜欢的是世纪之林。午间的时候，我们总是要到世纪之林玩耍。这里环境十分优美，有一百棵银杏树，夏天，银杏树林郁郁葱葱，而秋天的时候，满目金灿灿的树叶更是令人赞叹，身处其中，总让人有一种

四、修改习作完善表达	惬意的感觉。四周还修建了错落有致的景观，有耸立的雄鸡报晓石、流水潺潺的"涛声"泉水，和精至小巧的兔群雕像等，有的同学折了纸船来到泉水边放纸船，有的同学跑来和小兔子拍照…… 　　我爱美丽的学校，更爱世纪之林。 　　（1）评价优点 　　预设：听了这位同学写的，我也很想再到世纪之林去玩一玩。这篇文章重点写了世纪林，在第二段第一句中说"在众多的美景中，我最喜欢的是世纪之林"，后面抓住了世纪之林的环境、景观和同学们的活动写出了世纪之林的美和他的喜爱之情。 　　预设：这篇文章用上了许多积累的词语，如"古香古色""郁郁葱葱""金灿灿""错落有致""流水潺潺""精致小巧"等这样的词语，更突出了世纪之林的美。而且，我认为他观察比较仔细，看到了世纪之林的许多景物，同时还发现了银杏树夏天和秋天的不同。 　　师评：是啊，这位同学努力按照习作的要求去写了。在写到景色的时候，知道抓住哪些景物，这些景物是什么样子的，以及他的感受来写。文章不厌百回改，反复琢磨佳句来。一篇文章我们需要几遍修改才会变得更好，同学们看看，还有哪些建议需要提吗？ 　　（2）评价不足 　　预设：我发现了个小问题，文章的标点符号有问题，建议把"流水潺潺的'涛声'泉水，和精致小巧的兔群雕像等，"这句话中，第一个逗号删除，第二个逗号改为句号。因为第一个逗号跟和重复了，说完兔群雕像后，说的是同学的活动，跟上文联系没有那么紧密，建议改为句号。 　　预设：我也发现个问题，"目不暇接"的暇是日字旁，不是目字旁。而且，下面"精致小巧"中的致，他写错了，"精致"的"致"右边还有一个反文旁。 　　预设：我也提个建议，这位同学从环境、景观和活动三个方面来写世纪之林的美，不过我觉得把"午间的时候，我们总是要到世纪之林玩耍"这句话移到最后两句学生活动前，层次会更清楚。 　　同学们提的这些建议都很好，我们赶快来帮这位同学修改一下吧！ 　　2. 改后评价。 　　现在我们看，这样改可不可以？以上同学建议修改的部分都修改了吗？ 　　预设：在众多的美景中，我最喜欢的是世纪之林。这里环境十分优美，有一百棵银杏树，夏天，银杏树林郁郁葱葱，而秋天的时候，满目金灿灿的树叶更是令人赞叹，身处其中，总让人有一种惬意的感觉。四周还修建了错落有致的景观，有耸立的雄鸡报晓石、潺潺的"涛声"泉水和精致小巧的兔群雕像等。午间的时候，我们总是要到世纪之林玩耍，有的同学三三两两围坐着下棋，有的同学折了纸船来到泉水边放纸船，有的同学跑来和小兔子拍照……

四、 修改习作 完善表达	请同学们评一评他的习作 　　预设：错别字和标点符号都修改了。 　　预设：经过修改以后，描写的就更清楚了，一下就能看出来是写了环境、景观和学生的活动这三方面。另外，最后一部分同学们的活动又加了一项，这样活动就更丰富，也更能表达喜爱之情了。 　　同学们，通过欣赏同学的习作，又帮助同学修改了习作，你有什么收获？ 　　预设：我的收获是在写一段话的时候可以用上一个关键语句，能使表达更清楚。 　　预设：我的收获是在写作的时候可以用上新学的词语。 　　预设：老师说过"好作文都是改出来的"，写完后，自己还要多读几遍，学会修改完善自己的习作。 　　同学们收获真不少，下面请同学们在小组内展示并朗读自己的习作，认真倾听大家的建议，然后修改自己的习作吧！
五、 课堂总结 布置作业	今天的作业：请同学们再认真读一读自己的习作，用修改符号修改不满意的地方，也可以将自己的习作与同学分享，请别人提出一些修改意见。

第三章

从"整本书阅读"走向尊重学生个体偏好的阅读

> **本章导读**
>
> 　　提高学生的语文成绩，减少学困生的出现，方法很简单：引导学生进入书中奇妙的世界，"少做题，多读书，好读书，读好书，读整本的书"。只要紧紧抓住"读写"这两条线不放，即按照语文学习的规律去做，就能减少学困生，学生就一定会有好的语文素养。阅读是最好的语文实践。
>
> 　　语文的主要功能之一，就是要培养会读书、会选书的阅读者。目前语文教育的缺憾之一就是没有那种占据学生全部理智和心灵的真正阅读。教育的一个重要使命就是感发生命自觉，让孩子充满梦想和激情。这比学到许多知识更重要，有了憧憬和向往，才有更加丰富的想象力和好奇心，人的情感和精神世界才格外丰盈。唯有浸润式阅读，基于尊重个体偏好的阅读才能抵达人的心灵深处，凡是强迫性阅读都无法持久地保留在精神层面上。

一、当前阅读普遍存在的问题与解决方法

（一）存在的问题

吕叔湘先生曾说过，"一个人语文素养的形成，课内占三分，课外占七分"。但是小学生课外阅读现状却不容乐观，在实际调查中发现相当多的学生存在以下问题。

1. 缺乏阅读兴趣、阅读习惯，阅读量少

很多学生并不爱读书，他们是因为老师和父母的规定而不得不读，只要不在老师和父母的视线范围内，就不愿主动拿起书本；即使捧起书也不会全身心地投入其中。这种阅读兴趣的缺失，造成了阅读量少、语言吸收和积累不够、阅读质量不高的局面。从某种意义上说，阅读兴趣的缺失是

学生阅读的最大敌人。

2. 盲目择书，阅读内容单一

有些学生家长因为没有经验，在择书时有些盲目，选择的书目过于单一，只给孩子买作文选、作文大全、作文向导等书，使阅读带着明显的功利色彩，孩子缺少真正的心灵自由，难以见到孩子洋溢个性的思想火花；或是盲目听从孩子的意见，选择一些如动漫、卡通之类或者鬼怪、邪魔之类的书籍。这样就造成学生阅读面窄，不利于学生健康的阅读。

3. 不重视交流分享和积累，良好的阅读习惯仍未养成

很多学生的阅读纯粹是消遣性阅读，"读"情节，"一读了之"，没有记忆、积累和输出，也没有分享交流的自觉，因而阅读效果不佳。虽然读了大量的书，但是仍然存在语感不强、语言不丰富、写作根基浅等问题。

4. 不重视"会选书"能力的培养

我一直认为，教育是培养人的优势并发挥优势而非弥补短板。语文的主要功能，就是要培养会选书、会读书的阅读者。通过阅读"发现你的兴趣点，把它培养成优势"，这是阅读教育的价值之一。人的一生都在选择，小到生活点滴，大到人生之路，选择能力是当今社会重要的生存能力。选书的过程就是选择能力培养的过程。

5. 整本书阅读从措施上得不到保障

《义务教育语文课程标准（2011年版）》关于课外读物的建议是要求学生9年课外阅读总量达到400万字以上，阅读材料包括适合学生阅读的各类图书和报刊。具体建议有童话、寓言、故事、诗歌散文作品、长篇文学名著、科普科幻作品。《义务教育语文课程标准（2022年版）》提出课程内容主要以任务群组织与呈现，且分三个层面设置学习任务群，其中第三层设"整本书阅读""跨学科学习"两个拓展型学习任务群；在课内外读物的建议中没有了读书量（字数）的描述，但在学段目标中有描述，要求课外阅读总量第一学段不少于5万字，第二学段不少于40万字，第三学段不少于100万字，第四学段不少于260万字，总计不少于405万字，比《义务教育语文课程标准（2011年版）》的要求多了5万字。读物的类型没有改动。虽然新课标依然对阅读足够重视，但仍是以"课外阅读"的形式做出的要求。孩子们的阅读量能不能得到保证，有点被放逐的、教师抓不住的感觉。

读整本书只求量的"多"，是不合时宜的，还要求质的"精"——会读才是明智之举，也是阅读教学之追求。

6. 整本书阅读教学公开课等于阅读课中的精读引领课

整本书阅读教学公开课，上成阅读课中的精读引领课，就失去了整本书阅读的乐趣和价值。

以上问题在教师中也普遍存在。教师工作压力大、工作任务重，这也是影响阅读的一个重要因素，再加上个人兴趣指向的千差万别，碎片化阅读倾向严重，真正的阅读似乎成了一件奢侈的事情。

假若没有了阅读的滋养，我们的心灵还能保持鲜活吗？我们的举手投足、一笑一颦间还能洋溢出浓浓的书卷味吗？我们的教师还能以深厚的人文素养去感染和激励学生吗？

（二）问题的解决方法

苏霍姆林斯基说："学校教育的缺点之一就是没有那种占据学生的全部理智和心灵的真正的阅读。没有这样的阅读，学生就没有学习的愿望，他们的精神世界就变得狭窄和贫乏。""对所读的东西的领会取决于阅读过程的情绪色彩：如果一个人渴望读书，阅读的时刻给他带来欢乐，那么所读的东西就会深印在他的意识里。""读书是教育最本质的活动，读书是学校最根本的任务，读书是发展学生智慧的最基本的途径，读书是教师精神成长的最重要的源泉。"他建议我们:"请你不必害怕把学校教学的整块时间用在让学生读书上面去!你不必害怕让学生花一整天的时间到'书籍的海洋'里去遨游。让书籍以欢乐的激情去充实年轻的心灵吧!"

著名学者朱永新这样谈读书:"在一定意义上说,一个人的精神发育史就是一个人的阅读史,而一个民族的精神发育水平,在很大程度上取决于这个民族的阅读状况。""一个崇尚读书的民族一定是一个理性的优秀的民族,一个崇尚读书的社会一定是一个充满希望的社会,而一个崇尚读书的校园必定是一个健康而充满生机的校园。"

我建议整本书阅读首先要在课上做导读、读书推进、分享交流,促进学生课外读书能够最大限度地在同伴中得到交流。分享交流才是读书的最大价值。导读课重在激发阅读兴趣,帮助学生快速掌握阅读策略,尽快走进这本书。读书推进课的重点是读书路上有同伴,让学生找到阅读的真正乐趣,能够运用读书策略,边读边思,主动积极探索。分享交流课的重点是让学生能够提出自己要交流的话题或问题,体现个性化阅读思考。温儒敏先生说,"实行目标管理,开头有个提示和引导,结尾布置一点小结之类,那就很好了"。我很赞同这个观点,读书有很多方法,有的书读着读着就扔下不读了,有的书读过几遍还愿意读,有的书翻几页就算了,我们要重在培养阅读的兴趣和习惯,尊重学生的个体偏好,阅读管理线条宜粗不宜细,实行目标管理就好。

学期初指导学生做好阅读计划,做好班级共读书目的推荐、阅读方法的指导,定期设置分享交流课,一学期写一篇或两篇读后感,阅读过程中要写一写读书笔记,做一下阶段性的分享交流。以下是笔者总结的适合三至六年级学生的阅读方法(见表3-1、表3-2和表3-3)。

表 3-1　三年级的阅读方法

阅读方法	方法指导
精读	精读是对名篇佳作反复研读，要求同学们仔细琢磨，认真体会，以深入理解文章，领会主旨
略读	在略读文章时遇到生词，可以"猜"，也可以"跳"过去
积累阅读	边读边积累，能丰富自己的语言
猜读	在读书的过程中，根据已知内容推测未知内容，比如看到标题可以猜测正文的内容。猜读法有利于读思结合，提高阅读兴趣

表 3-2　四年级的阅读方法

阅读方法	方法指导
精读	精读必须逐字逐句地读，要看注释，查字典等工具书，先弄懂字句，再通篇复读。精读必须在思考的同时做摘录
略读	在阅读文章时，遇到一些不懂的问题，如果与文章的主旨没有多少联系就可以"跳"过去
速读	速读的时候读过去的内容最好不要再重看，反复重看会影响阅读的速度
积累阅读	边读边积累，能丰富自己的语言
猜读	在读书的过程中，根据已知内容推测未知内容，比如看到标题可以猜测正文的内容。猜读法有利于读思结合，提高阅读兴趣
比较阅读	把两种或两种以上的同类文章，或者有一定联系的文章放在一起比较，分析其相同点和不同点

表 3-3　五、六年级的阅读方法

阅读方法	方法指导
精读	精读必须与思考结合起来，认真阅读，深刻思考，精读要学会发现问题、解决问题，能够写心得笔记
略读	在阅读文章时，需要同学们从文章中抓住主线，培养自己的整体把握能力
速读	速读的时候能够一目多行，逐行逐段地阅读
跳读	跳读不要求对文章必须从头至尾地通读，只要求抓住文章的主要部分，选读某些章节，跳读最大的作用就是寻找需要的资料
积累阅读	边读边积累，能丰富自己的语言

续表

阅读方法	方法指导
猜读	在读书的过程中，根据已知内容推测未知内容，比如看到标题可以猜测正文的内容。猜读法有利于读思结合，提高阅读兴趣
鉴赏阅读	鉴赏阅读指对文艺作品进行批判和赏析的阅读方法，包括思想内容、艺术技巧及写作风格等方面，可以提高审美趣味和能力

要想以有限的记忆力读无穷的书籍而不遗忘，最好的办法就是学会做笔记。

1）三年级学做摘录笔记

（1）摘录喜欢的词句和精彩的句段，查词典弄明白不懂的词语。

（2）摘录笔记要写文章或书的题目。

（3）注意冒号和引号的位置。

2）四年级学做批注笔记

（1）养成做摘录笔记和批注笔记的习惯，摘录喜欢的词语和精彩的句段。通过查字典自学摘录的词句，写下心得感悟，带着问题阅读。有的问题需要认真思考和交流，把它们写在摘录笔记中与同学讨论。

（2）积极与同学进行阅读交流，与同学交流读书笔记，交流讨论后要修改补充自己的读书笔记。

（3）同学之间可以相互出题，进行测试评阅，检查自己的深入阅读情况，增强信心，发现自己的不足后继续努力。

3）五、六年级学写心得笔记

（1）读完一本书，把自己的感想体会、收获和受到的启发等写下来就是心得。心得笔记，最重要的是写真情实感。

（2）心得笔记应该写明针对文章哪些地方，自己有什么想法。

（3）自读时可以根据文章及自己的习惯做不同的笔记，比如摘录批注，写心得感悟，画人物关系图、结构图等。

二、基于尊重和发现学生个体偏好的整本书阅读策略

（一）整本书阅读的教学价值

整本书阅读的教学价值分为语文知识积累、语文阅读能力提升、语文阅读策略建构、学生精神成长四个维度。以阅读策略建构为例，国际上有一些通用的阅读策略，如提问、预测、图像化、连接策略等。每本书都可以运用不同的策略，比如，用内容重构策略读《水浒传》是非常理想的，但要去读《三国演义》恐怕就不像读《水浒传》那么得心应手，所以通过整本书阅读可以建构起我们的阅读策略。

借助这四个维度，我们可以分析出不同书目的文学价值、教学价值及对学生发展的价值，可以知道整本书要在最短的时间里向学生传递的关键信息是什么，以解决教学内容如何选择和组织的问题。学会了整本书阅读，基本上就学会了思考，学会了表达，学会了合作，最终学会了学习。

（二）整本书阅读的教学效果

在整本书阅读基础上，教学会达到更好的效果，突出表现在：

1. 构成了共同的话语体系，丰富了学生的语言建构

比如，有的学生考试失利了，很悲观，另一个学生想劝他不要这样，就说，你求助一下腾格里吧，腾格里是《狼图腾》当中草原的"上帝"。又如，有一个学生看到老师生气了，说老师就像个"红孩儿"，满嘴喷火，浑身通红。名著阅读化成了他们的语言建构。有的学生在期末考试总结里很自然地写到"人生来不是被打败的""不受磨难不成佛"。这都是读《老人与海》《西游记》吸纳的语言，平时不常用，语言环境合适学生就开始调用。

2. 从阅读任务到产生兴趣，再到渐渐形成习惯，学生经历了一个比较丰满的阅读过程

读书是慢工，俗话说"好饭吃快了会噎着"，好书读快了也会"噎着"，所以教师在引导学生读书的过程当中，应特别注意引导学生，注重培养他们的兴趣和习惯。刚开始，把书发给学生之后，学生就会很投入地看，这个时候我们要做的工作是什么呢？教师也俯下身子和学生一起读，重读经典，再塑灵魂。我读名家绘本时就做了摘抄笔记，厚厚的一本。每天晚上我读半小时的书，坚持写日记，其中含读后感。我把我的读书笔记和日记投放到学生当中，学生们一片唏嘘，觉得老师能做到，他们也能做到。之后很多学生和我比读书笔记，这就是一种示范和引导。语文教师是触发学生学习语文的最好媒介，所以教师首先要做好示范。

3. 阅读把学生的学习经历和生活经验连接起来，激发了个性化思考，发展了思维

学生在阅读过程当中，对小说情节的猜测，包括对人物命运的把握，大大地拓展了思维。另外，还能把他生活中遇到的一些东西和他读的作品有机地勾连起来。

有一天，一个学生突然跑到我面前问我："老师，你知道大闹天宫之后，孙猴子被装在太上老君的八卦炉里，为什么没有熔化吗？"我说："不知道，你讲一讲。"他说："我看了个材料，说炼丹的炉当时是煤炉，熔点是1200℃，孙悟空是个石猴，它的主要成分是二氧化硅，它的熔点是1600℃，煤炉怎么能把它熔化了呢？"我说："你通过学化学的方式来解读文学作品，了不起，给你一个大大的赞。"还有一个学生和我交流说："老师，我读了《狼图腾》，感觉和电影不一样。"我问有哪些不同？他说："我感觉小说当中渲染了一种民族优劣观，蒙古族的血统是非常优秀的，汉族血统是非常羸弱的；电影当中宣扬的是一个生态观，打狼打多了，破坏了生态平衡，立足点不一样。"我说："你真是个有思想的学生。"

阅读勾起了学生的生活体验，促进了自我教育。一位女学生读过《狼图腾》后说："好多小狼仔被活活摔死了，狼妈妈多难过，还有狼后面被枪、炸药赶杀的时候真可怜。"由此这位同学产生怜悯孤弱、同情弱小的情怀，这就是教育。

学生通过阅读和其他知识形成勾连和链接，学会思考，发现思维的不同，并尊重独特的思考方式及阅读所得。这个过程中如何持续激活、调动学生读下去的兴奋和热情成为设计的难点。猜测、发现、联想、想象、比较、质疑是激发思考、克服思维惰怠的好方法。"我们一起读"是兴趣保持的最简单直接而效果又好的方法。

每个学生思考的过程，脑海中呈现问题和故事的方式是不同的。发现学生是怎么思考的，脑海中的思考过程是什么样的，这是我们教学的价值。因此，了解了孩子的思考方式，我们的教学才能找准基点，同时设计开放性的环节，促进思考的多姿多彩、有效提升，我觉得这就是阅读功效。

下面是部分学生对《小种子》整本书情节梳理和感悟的图片与文字（见图3-1~图3-4），我们可以进一步体验学生个性化的思维方式。思想因交流而丰富，因互鉴而成熟。每个生命对一本书的感悟都是不同的，尽管课上我们一起读，也归纳了感悟，但学生也会有自己的理解和表达。

图3-1体现出学生的线性思维方式；图3-2把整个版面的四个角定为春夏秋冬，整体设计能力强；图3-3和图3-4展示了小种子的成长过程、季节的旅程，两条线索同时进行，思考复杂程度高，思维立体。

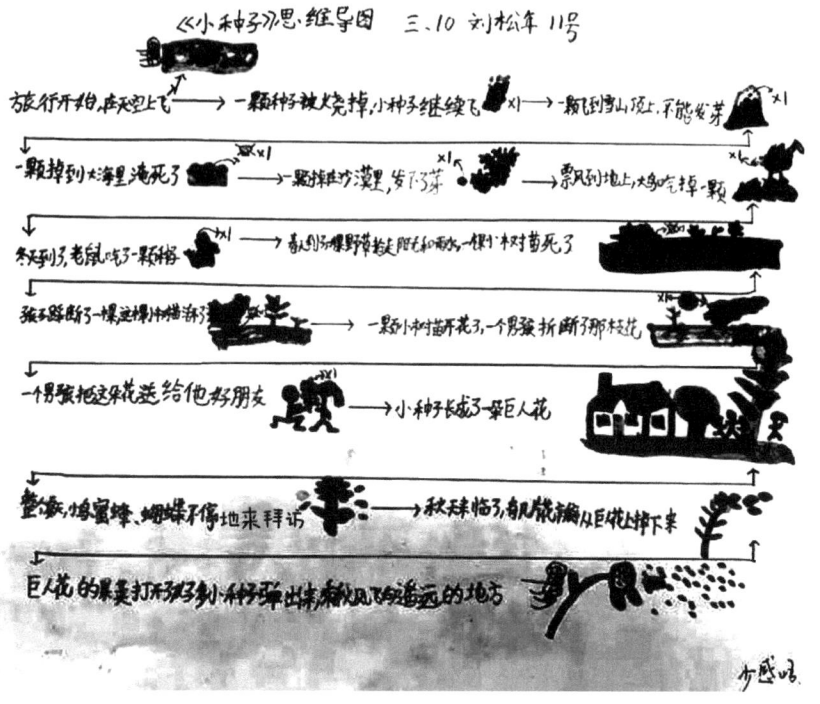

图3-1　学生对《小种子》的情节梳理和感悟（一）

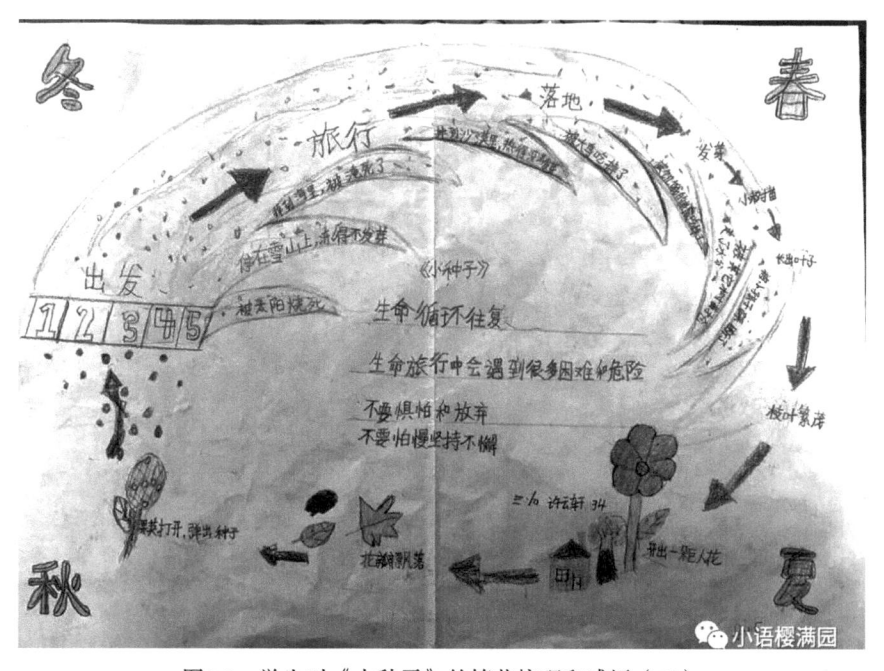

图3-2　学生对《小种子》的情节梳理和感悟（二）

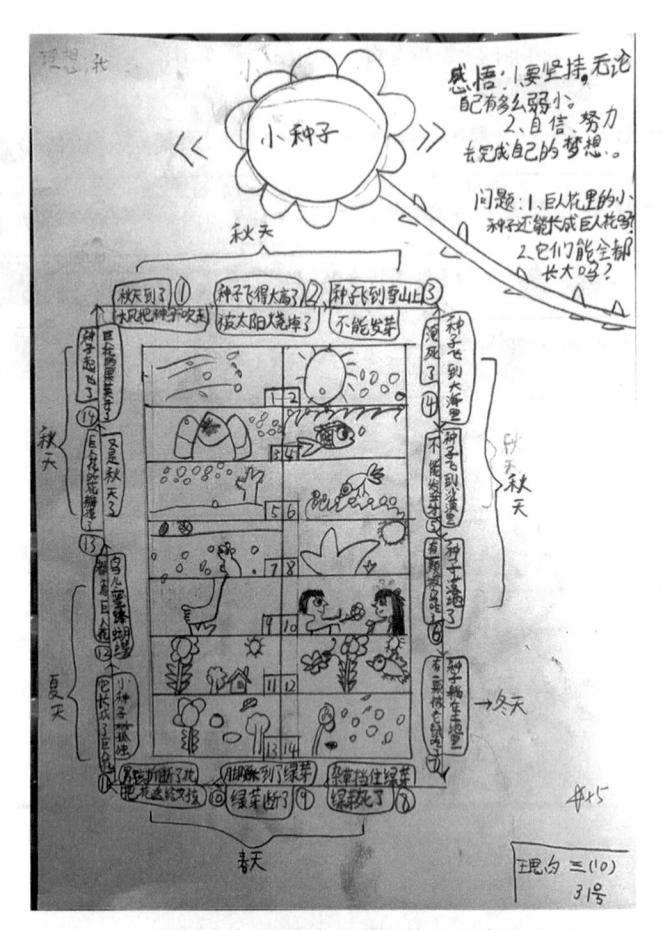

图3-3 学生对《小种子》的情节梳理和感悟（三）

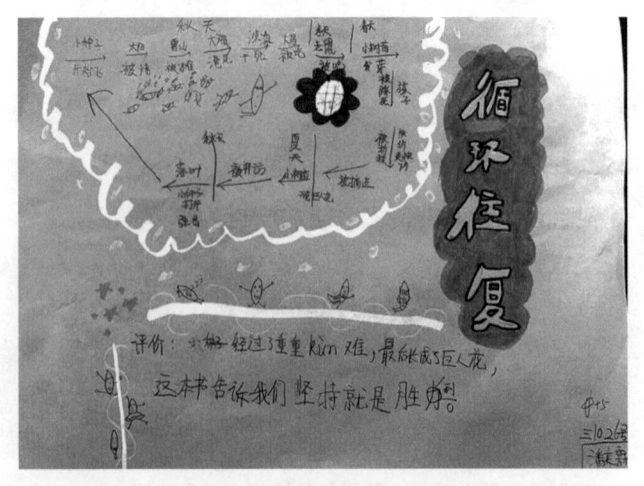

图3-4 学生对《小种子》的情节梳理和感悟（四）

4. 在文学和科学的跨界阅读中，学生逐渐找到了自己特有的阅读方式

我班上有个女孩，她每每读过作品之后，会用诗歌的形式写下自己的感悟：

最美的鲨鱼尾
——读《老人与海》有感

一艘船越过世界的尽头，

驶向未知的大海，

船头悬挂一面饱经风雨剥蚀，却依旧艳丽的旗帜，

上面舞动着云龙一般闪闪发光的四个字：超越极限。

这位同学的语言虽然明白如话，但是清丽可人。她用感性的、诗意的方式感知文学作品。另一个学生则不同，他用理性的目光比较和研究了《老人与海》的三个版本，对关键点做了认真的对比，找出了不同，得出一个结论：如果英语好的话，一定要读原著，千万不要读译文，因为译文良莠不齐。这培养了学生比较、推测、归纳、演绎的理性精神。这个学生还善于提出质疑，他把自己对《狼图腾》不满意的地方都摘录出来，每处加上一句评语；还有个学生专找《西游记》的破绽，找了十多处的破绽，这都是批判性的思维。

5. 呈现出精神成长的轨迹，阅读偏好各不相同

更让我们觉得可喜的是在自由阅读中，学生逐渐显示出精神成长的轨迹。通过学生摆在教室里的个性化小书架可以发现，每个孩子的阅读兴趣是不同的。有的学生在三年级已经开始阅读《中国上下五千年》、小说类的长篇名著了。在阅读课程实施的过程中，教材的学习与整本书阅读融合实施，提高了学生对课内文章的鉴赏能力，促进了教材单篇阅读，其中的精神成长可窥一二。

学生作品举例：

《跳水》读后感

四（4）班　崔馨怡

　　《跳水》主要讲述了一艘轮船在返航的途中人们拿猴子取乐，猴子拿走孩子的帽子拿他取乐，拿着他的帽子爬上了桅杆，孩子追猴子拿帽子，走上了横木。在这危险时刻，船长出现，最后孩子跳水得救。

　　这个故事里，孩子是受害者，他好胜心强，非要拿到帽子，比过猴子。猴子是这个危险的制造者，而水手是危险的推手、起哄者，引起孩子气急，气极，失去理智，到最后有生命危险时，也没人想办法，从始至终，大家都是在观望取乐！同样在生活学习中，我们不能像水手一样，遇到事儿就起哄，眼看着事情闹大了也不管。这使我联想到了我们班级的一些事，比如讲台上有一些碎纸，同学们都看到了，但就是没有人捡；上课时一位同学答错了题，做错了点事儿，同学们就开始起哄、嘲笑。从现在开始，从我做起，努力改掉这些事儿。

　　在这个小说中，危险的关键时刻，船长——孩子的父亲出场了，当时，他用枪瞄准孩子，我觉得父亲这个举动是非常正确的，因为当时小孩脚底下已经开始晃了，如果晚一秒小孩都有可能会摔下来，一命呜呼。船长知道孩子掉到甲板上肯定摔个粉碎，也知道掉到海里有一定的危险，但只有这样做才能让孩子快速地跳到水里。从孩子跳水到水手把他拉到甲板上又可以呼吸，父亲的心一定很紧张啊！他是船长，同时也是一位父亲——慈爱的父亲，我们要学习他遇事机智、果断、沉着、冷静，这也是他成为船长的原因。

　　水手和船长让我学到了很多的知识，但最让我敬佩的是列夫·托尔斯泰的写作手法。这篇小说的题目是《跳水》，跳水是一个会有危险的动作，但全文主要在写为什么要跳，也就是原因，他在写原因时发生了矛盾的冲突，随着孩子一层一层往上爬，危险也在一层一层地升级，直到有生命危险，随着生命危险出现又发生了一系列的情景，这些现象，最终反映了社会的本质：猴子是强盗、小偷等社会最低级的人物，哄笑的水手就是那些人的帮凶，船长就是充满智慧的救命之人、社会中存在的英雄。

《跳水》写得生动有趣，反映了社会的生活本质，我非常喜欢这篇小说。

点评：《跳水》这篇课文当时是放在四年级学的，学生理解起来有很大的难度。此文小作者用800多字从内容、人物形象及隐喻社会角色，从情节发展、矛盾冲突中发现事情的本质，对水手在危险产生过程中起到的作用进行了剖析，并联系班级生活谈了自己的深刻认识，力求矫正自己的不当行为。将小说故事借鉴到自己的生活中，帮助我们更加清晰地认识生活，这正是我们阅读的意义。接下来小作者用一个段落对船长的行动有根有据地发表了自己的看法，并展开深度联想。然后，又从作者创作的角度发表了自己的认识，这种跳出文本思考的做法，是理性学习的高级阶段，具有反思性特点，更有益于指导我们的习作。此文不仅有语文知识的学习，有生活经验的获得，还有精神成长的体现。

我们希望学生通过读书能提高对假、恶、丑的抵抗力，对真、善、美的欣赏力，从而能离庸俗远一点，离高雅近一点；离浮躁远一点，离宁静近一点；离邪恶远一点，离善良近一点；离浅薄和愚昧远一点，离古今中外的智者、贤者近一点，进而培养学生健康的情趣、健朗的精神、高雅的书卷气质、深沉的家国情怀。

三、让学生爱上阅读的指导与实施方法

（一）如何做学生读书的促进者、协助者

教师进行一本书的阅读指导前，应该先弄懂三个问题：读书是为了什么？导读课目的何在？学生是怎样进行阅读的？简单说来，导读就是为了使学生爱读书，会读书，读好一本书。

读书首先是为了快乐，所以教师的导读课要做到激发学生读书的兴趣，使学生发现读书的快乐和意义。其次，使学生学会根据阅读的材料和阅读的目的选择适合的阅读方法。最后，要促进学生的深阅读。

在大量广泛的阅读中学会阅读，在阅读中实现自我教育。书中的人文内涵对学生精神世界的影响广泛、细微而深刻，不是以教师一己之理解可以涵盖的。读书是个性化行为，学生对文字的感受和理解往往是多元的，体验是独特的，读书产生的熏陶和感染的作用，非教师的指导可以达致。卡尔·R.罗杰斯在1958年提出了一种教学方法，叫"非指导性教学法"，该教学法主张废除教师中心，强调师生的平等地位。这样学生就不再揣测教师的心思，而是遵从自己内心的感受找到自己喜欢的东西。其实这就是以学生为中心的学习。要激发学生的读书兴趣，可在导读课上采用此法，不但有利于实现教师的角色转位，做学生读书的促进者、协助者而非指导者；而且有利于促进儿童个性化阅读，尊重和发现儿童阅读的个体偏好。

1. 抓"燃点"，引发互动与交往

如果能依照自己的心境、喜好来选择自己想看的书，学生就会成为最快乐、最心甘情愿的阅读者。所以一本书的导读，要善于找到学生眼睛里喜欢的东西，燃起交流的话题和产生人际的交往。交流本身就是阅读最大的价值。交往需要、尊重需要、自我实现需要是人类所独有的。德国学者斯普兰格说："在人的一生中，再也没有像青年时期有那样强烈地渴望被

理解的愿望。没有任何人像青年那样处在孤独之中，渴望着被人接受和理解。"阅读交流正是实现了一种通过读书找到自我实现和被尊重的需要。我相信，抓住了"燃点"也就打通了通向学生心灵深处的通道。

2. 清"障碍"，协助完成阅读心理掌控感

对于学生怎样读书，孩子们在日记中这样写道：初读书的时候"一页纸上满满的，有很多字。那些看起来像一群黑色的小蚂蚁一样的文字，我一看就烦"。可见，横亘在眼前的阅读难题是孩子对文字带来的快乐体验不足。解决这样的问题，可以针对一段有趣的文字，反复读、比赛读、表演读等，要培养读书的耐心，涵养读书的心境，拒绝浮躁，安静下来。学生是喜欢表演的，喜欢用身体感知世界和文字。这种展示将个人的才能、智慧和人际交往联系起来，共同作用于读书，而此时的读书不再只是读文字，而是变成了一件有趣和值得期待的伟大庄重的事情。

3. 巧"联结"或"交叉"，协助打通阅读与生活的意义

阅读与现实生活或生产产生联结或交叉作用后，将阅读纳入自己的人生经验，才能感受自己的成长，获得对信息世界的掌控感。"慢慢地我爱上了优美、生动的小说和短文章，可是每次写作文都很差，我读的书不少呀，怎么回事？不久之后，我发现，在我读书时我总读得很快，没有记住那些好词好句。"

读书是极个性化的体验过程，是与自我认知交织的过程，任何外来推力或在强烈指导意味下的读书都会失去这种乐趣和价值。读书的方法也是在大量读书的过程当中慢慢体会总结的，各人有各人的个性，方法自然会有细微的差别。这也不能统一要求。若非要用一个可量化的读书成果的东西去衡量学生、评判学生，这样读书的功利性就太强了。把读书当成负担，读书会很累。当读书带有功利性目的的时候，就难以真正享受读书的乐趣了，久而久之就会失去阅读的兴趣。因此，导读课采取非指导性教学

法比较合适。

4. 培养学生的阅读习惯

要培养学生的阅读习惯，坚持做三件事：持续缄默式阅读、为孩子们大声读书、自由阅读。

持续缄默式阅读是一种阅读教学方式。翻开一本书，即打开一个世界。在教室内阅读的时间通常是10分钟或15分钟，还可配上适宜的音乐。随着音乐声起，学生用大约2~3分钟的时间挑选好书，一般是学生从小书架上选好自己要读的书，然后安静地坐在各自的座位上，各读各的书，不得进行其他活动，不得交流，不得换书，不得四处走动。当音乐再次响起或声音变大时，同伴可以交流（2分钟）。这样的阅读仪式感强，庄严肃穆，精心营造了一种氛围，产生了一种暗示的力量。从"选书""默读"到"回应"，这样的阅读，简单朴实，却有效而踏实。

另外，为孩子们大声读书、自由阅读是很有效的。实践证明，为孩子们大声读书，用实际行动让孩子们见识一位优秀的读者该有的样子，可以感染、推动孩子去阅读，刺激孩子想成为一位有深刻思考力的读者。

阅读情况调查问卷：

（1）是否有一本书或某个阅读体验让你喜欢上阅读？

（2）是否每晚进行不少于20分钟的阅读？

（3）是否每日坚持在校内进行不少于半小时的自由阅读？

（4）你花多长时间为了乐趣而读书？

（5）你喜欢读漫画吗？填写下表。

	每天	每周	每月
大量看漫画			
偶尔看漫画			
不看漫画			

课例分享：

我的大声朗读天赋

"大声朗读"就是大声读书给孩子听。在朗读中，我们可以使孩子在脑海中将阅读与愉悦联系在一起，创设背景知识，建立词汇基础，树立一个阅读的典范。

在教学中我发现自己有朗读的天赋，能把课文读得有声有色，学生评价说能创设出情境，情形就像在眼前。《俗世奇人》导读课上，我给大家读了其中一篇，发现孩子们听得特别专心，还鼓掌表示鼓励。他们似乎很享受边听边读，似乎这样既轻松，又饶有兴趣，他们听得很专注，表情跟着文字不停地变化着。看到这个情况，我觉得平时给孩子们读的书太少了，课文的示范朗读和朗读训练太少了。朗读其实很重要。大声为孩子们读书也是一种不错的共读方式。在听读中享受快乐，激荡思维，拓展无限想象的空间。在听读中感受人物的形象、喜怒哀乐、丰富的情感和故事情节的变化起伏，甚至领悟到人生的真谛。为孩子们大声读书，还可以拉近师生之间的距离，读完之后，各自说说感受，这种聊书不再是学习任务而是一种自然的对话。

第一次导读课上孩子们要求我读了三篇，今天我只读了一篇，孩子们就抢着读，不让我读了。进步多了，竟然有人跟我抢读了。到了十班上课时，孩子们提出要以小组为单位读书，他们时而齐读，时而轮着读，边读边乐，边读边比画，也很有趣，只要他们自己读，就会有收获。

5. 教师在阅读课程中的核心工作

阅读是个性化的行为，对语言的敏锐捕捉和理解会因人而异，在阅读教学中教师首先应做到尊重学生即尊重学生的个性化阅读体验：尊重学生根据自己的阅读偏好选择了哪些"具有新鲜感"的词句，尊重学生对这些词句独特的主观感受和理解，尊重学生理解这些词句的方法、思维方式和真实水平。教师要有一根弦，要以学生个人的阅读感受作为前提，触摸到每个孩子在阅读中鲜活跳动的灵魂。在此基础上，引导学生集体学习、共同探讨，最后完成共同的学习目标。课堂上教师要给予学生充分的自主阅读、自主交流、自由表达的时间和空间，落实自主、合作探究的学习方式，在交流互鉴中丰富和加深学生对文本的理解认识，体现学生学习的主体性。然后，教师再引导学生关注课文中具有学习价值的词句，钻研文本，让学生在积极主动的思维和情感活动中，加深理解和体验，有所感悟和思考，受到情感熏陶，积累并运用语言。

根据我多年经验，教师在阅读课程中的核心工作主要包括四个方面：①制定阅读课程中教师基本的工作内容及要求。②阅读交流课课例研究。③早读时间国学诵读系列课程的完善与整理。④个性化小书架的使用与管理研究：如何让个性化小书架发挥最大价值，成为共享课程资源。

6. 教师在阅读课程中的7项基本工作

（1）阅读馆读书礼仪、规则教育。增强育人意识，教育学生进馆前净手，想好读什么书；上课铃响之前安静进馆，迅速选书，8分钟内一次性选好1至2本书，选书做到独立、安静、有序；读书过程中学生不交头接耳。下课前5分钟，小组长做好组织管理，保持安静、还书到位，图书管理员整理图书。

（2）观察和监控学生的阅读行为，发现阅读中存在的困难，进行研究解决。

（3）消除阅读障碍，对阅读在"贫困线"上的学生进行阅读干预，与他进行个别交流、共读、讨论等。

（4）研究阅读过程，了解学生在阅读前、阅读中、阅读后思考了哪些问题，做了些什么。

（5）组织读书交流，促进阅读和表达。交流本身就是阅读的最大价值。交流碰撞以每个人的差异性为前提，可增加交流频率，丰富交流方式。例如，三周进行一次读书交流或读书汇报活动，做到有备课、有预设、有新的生成、有小结；把"发现自己的兴趣"作为每个阅读环节中最重要的任务；引发学生反思和理解自身阅读史与生活经验的交叉作用，以便生成与建构文本的意义；将基础课程中悟得的读书方法与阅读课程中的阅读有机衔接，促进学会深阅读；发现并树立读书榜样，激发学生多读书的自豪感；引发交往和共享，学会与人共处。

（6）依据跟随、协助而非急着指导的原则，跟踪每位学生的阅读经历，了解并逐渐建立学生的阅读史。（根据那些进行了最有效学习的学生的报告，我们会发现，教师的作用主要是协助性的而不是引导性的。）

（7）保证每个孩子在三年级时能够学会阅读（先念后读）。

（二）目标统领下的整本书阅读

整本书怎么阅读？进行目标统领下的整本书阅读。

有了整体规划，有了时间规划，我们就要考虑怎么来读这些书。把书交给孩子"放羊"吗？没有节制、引导、调控、管理吗？不是的。我们在考虑如何推动孩子深入阅读时，主要围绕这五个方面入手：读、思、议、写、拓。"读"是自读；"思"是在读的过程当中思考、品味、揣摩，把自己阅读过程中生发的问题梳理出来；"议"是通过讨论，消除疑难，分享思想成果；"写"就是把阅读引发的思考通过文字固化下来；"拓"就是深化拓展，在更宏阔的视野上观照这个作品。想好了这五步，我们就通过一些课型把它固化下来，在每一个时间节点上要通过一个课型把阅读推进下去。自主课完成"读""思"环节，讨论课、引导课完成"议"这个环节，写作课完成"写"这个环节，拓展课和延伸课完成"拓"这个环节，考虑好课型就可以开始实施了。

上课时我问学生，你喜欢怎么共读一本书？大家头脑风暴纷纷说出自己的意见，归纳如下：

（1）推进：一刻钟持续默读。

（2）推进：我读（大声朗读），你听。

（3）推进：一起读，边读边交流，边猜边问。

（4）推进：做推进阅读的导读图。

（5）读后：交流发现的"趣"即交流其中有趣的地方。

（6）读后：交流发现的话题即选择话题交流。

（7）读后：说说这是个怎样的人，即人物评价、人物评论。

（8）读后：谈谈阅读这本书的价值即这是一本怎样的书，也属于推荐理由。

（9）读后：谈谈读后的感受。（读后感写法有一定之规，所以要梳理写读后感的思维路径和表达路径。）

（10）读后：对比阅读，如将某两篇里的人物或写法做比较。

阅读心路：

我读，你听～

今天的语文课（周二）贯以"疯狂朗读"，孩子们很自觉，站姿标准，朗读投入。

先读完的同学坐下后，默读课文《红楼妙趣》后面的阅读链接板块"放风筝"的内容，不做任何要求，就是自由读。由刚才的朗读转为自己默读后，班里很安静，孩子们读得也投入。待大家都读完，我们重述并讨论了语文学科阅读思维方法。

1.写了什么？

2.到底想说什么？（隐喻什么？象征什么？传递什么？）

3.怎么表达的？

这三个问题对应着：字面内容、思想感情、写作方法。这是语文学科阅读的思维方法，也是一种哲学思维方法，同样是工作思维方法、工作方法。文中还有个哲学思维方法——"整体到部分"即"点面结合"法：先概述再具体举例详述，即先整体说，再聚焦重点。比如教师一般在作文、作业点评时先表扬整体，再拿出典型例子具体说明。

最后我们运用这种思维方法，整体观照了全文思维结构：

第一步，自己放风筝、看风筝+想法。

第二步，回想故都放风筝盛况+内心感受。

第三步，放风筝的意义及古今不同之处。

这节课感觉时间过得真快。一篇课后的阅读链接上了多半节课，拓展到生活中与人沟通交流、教师点评作业的思维方法。课堂语言也不像讲一篇课文那样"专业"，时不时调侃两句，感觉一气呵成，在不知不觉中传递出了很多学科知识。

到了第四节课，在九班试了一下提出要求读阅读链接版块"放风筝"部分，感觉没有在十班不提要求的效果好。说明带有强迫感的学习，不是自由开放状态下的阅读，效果不是太好。这是因为人的学习是在具体的境脉之中产生的，因此，只有学习者作为当事者"参与"知识实践之中时，"学习"才得以实现。带着要求和任务的读书破坏了自主体验文本的情境，思维直奔问题去了，还是自由阅读更具价值。

今天可以称为一节自由阅读、哲学思维课。

阅读的评价见阅读积分卡（见表3-4）。

表 3-4　阅读积分卡

一级目标	二级目标	积分办法	考核办法	过程积分
阅读数量	课内外阅读总量	完成共读书目一本积 10 分，其他必读书目、推荐书目一本积 5 分 每天做读书记录（可以是记录页码）	班级成立阅读评审小组，学生阅读完一本书后将大致的故事内容和情节讲给评审小组，评审小组根据讲解情况进行打分	
阅读质量	阅读交流	班级读书：进行好书推荐、读书感受交流、短剧表演等，每次获得评价优秀积 10 分；良好积 7 分；参与积 4 分	班级分为各个阅读小组，每小组每次选出好书推荐的优秀者在全班进行交流，根据交流效果进行评分	
		活动：在学校、年级的各种阅读活动中进行个人读书交流分享，一次积 10 分，可以累计积分。一等奖 10 分，二等奖 7 分，参与奖 4 分	根据活动记录	
	阅读检测	①共读书目检测按等级积分，优秀积 10 分；良好积 8 分；达标积 6 分；待达标需要再次读再积分，最高积 6 分 ②阅读小报根据小报的质量和是否按规定时间上交进行积分，优秀积 10 分；良好积 8 分；达标积 6 分	形式可以多样，如共读书目检测题和阅读小报等	
阅读习惯	阅乐廊读书	读书静心、专注，专时专用，根据阅乐廊阅读次数积分，每次 1 分	根据学校反馈记录，几次得几分	
总分		无上限积分制		

（三）整本书阅读课课型建构

1. 导读课

（1）翻翻看：看封面、排版、字体，是不是自己喜欢的设计风格。

（2）读读看：读序，看是不是自己喜欢的内容；读内容，试读几页，看情绪基调、语言表达风格或习惯是否符合自己的兴趣点。及时走进文本，教师节选其中的内容进行阅读欣赏。选定的几个节选片段，要能体现情节等创作方面的规律，激发学生自主发现和提问。

（3）猜猜看：看目录，猜内容，或猜结局，或发现其间的内在联系。

（4）查查看：查一查网上或书中其他作家的书评或推荐语；查一查作者本人及其创作情况，帮助自己更加了解作品。

2. 读书推进课

《朗读手册》中说给孩子朗读，能帮助孩子建立必备的知识体系，引导他们最终踏上成功的阅读之路。朗读是唯一且最重要的活动。证据显示，朗读不只在家庭中有效，在课堂上也成果非凡。读得越多，理解力越强；理解力越强，就读得越多；读得越多，知道得就越多；知道得越多，孩子就越聪明。

案例1：慢读，逗留，交流

本周三的阅读课已经上了一节读书推进课，我先给大家读了一篇，模仿说书的语气、语调，大家感兴趣了之后，以小组形式，每人读一部分，然后停下来，每个人说说自己的发现或理解，或知道的，自由畅谈，畅谈完毕，另一个人接着往下读，再停下来，再交流。如此推进。同学们感觉不错。这样上课，好处是读书慢下来了，读进去了，交流也多了，每个人分享自己的收获、认识或感受想法，大家对这本书更感兴趣了，我们称之为"逗留读书"。问题是进度很慢，一节课大约也就能读一篇，也许是刚刚利用这个形式的原因。如果学生喜欢，可保留这种形式。

案例2：静静地边听边读

今天，打了上课铃，直接开读，用自己喜欢的说书的姿态、语气和语调。这时，爱说话的同学慢慢拿出了书，跟着看了；爱学习的同学赶紧打开书津津有味地听，时不时笑笑，做做动作。读完一篇，停下来，我没说话，大家怔住了，不知该做什么。我继续停着，有的同学鼓起了掌，说再读一篇。那就再读一篇。读书的时候，我用眼睛余光时不时扫视全班，发现没有一个不看书的。读完第二篇，我马上说，谁接着往下读一篇？这时贾宇轩站了起来，大家更有兴味，大概是想看看到底能读成什么样。他读得很好，中间难读的地方我就帮一帮，或一起读，或我读了，他会立刻接着往下读，配合默契。有了第一个，第二个同学江子安主动请缨读了下一篇。很不错，也如此配合，读完张佳滢又读了下一篇。这样我们一节课非常专注投入地读了五篇。好处是，都听得、看得很投入。问题是来不及细思考，因为没有交流、没有提问，不知道他们心里想些什么。但我想，他们听得如此认真，对这种读法这么感兴趣，内心一定是波澜起伏的，有想法、有疑问、有看法的。你一看表情、动作，一听笑声就知道了。后期直接分专题板块进行交流，效果会很不错的。这样读书，真好。全班很高兴。

读书就是教育，教育就是读书。无论进行情感教育还是浸润语言，最佳的方法就是读思想、文字俱佳的文章和书籍。我读你听，读起来，就是进行熏陶和教育最有效也最长效的方法。书是最美的种子，是最好的启蒙教育方式，也给予了学生最幸福的生活。

"定能生慧，静能通神。"读书，一定要利用一切机会，强化一个观念——"静静读书，用心读书"。《静悄悄的革命》中提到"润泽的教室"，"润泽"是指水轻柔滋润肌肤的感觉，表示那种安心、无拘无束的氛围，学生都在自由自在地、充实地学习，每个人的呼吸和节律都那么柔和。读书课，就应当简单，追求的是自在。晋·陶潜《五柳先生传》："好读书，不求甚解；每有会意，便欣然忘食。"读书不能功利，给孩子独自自然心领神会的机会，假若有存疑总在心里挥之不去，这又何尝不是一种美呢？种子播下，遇到适合的温度和土壤会发芽的，再者读过的喜欢的内容一旦植入，后期会慢慢"反刍"的。

3. 交流与分享课

讨论是班级读书会的重要环节，它不但能深化学生对书籍的理解，还能培养学生持续的阅读兴趣。那么，如何进行整本书的阅读讨论呢？教师应该从情节入手，关注兴趣，关注情感的熏陶与点染。整本书阅读，关键是整体，它同一篇课文的教学有很多不同。一本书留给学生什么印象，从这本书中能感受到什么是很重要的。在读书交流的时候，教师心中始终要有整体观念，不能因为个别地方的处理而忽视了整体。在强调整体感知的同时，教师应该注意引导学生逐步深入阅读。整本书阅读，既要关注学生的个性体验，又要通过细节的挖掘，促进学生对整本书的理解。下面试以三本具体的书为例，谈谈各个年段在指导学生整本书阅读时应该注意哪些方面。

1）低年级可以从阅读绘本开始

在阅读《你看上去好像很好吃》这本书的时候，因为书中情节变化往往出人意料，所以在很多关键地方教师都可以停下来，让学生想象下一步会发生什么。通过学生想象和书中故事情节的对比，让学生感受到这个故事的温馨与感人。尤其是书的最后小甲龙跑到山顶的部分，让学生想象，接下来会发生什么，然后出示下一个画面。相信学生一下子就会被感动，因为他们想不到小甲龙竟然找到了父母。一年级的孩子本身对父母有着强烈的情感依赖，当他们看到这样场面的时候，一定能想象到自己。其实，在整个故事中孩子可能都会把自己想象成小甲龙。这样的处理是让学生联系生活，感受故事中的温情。

阅读这类绘本，还可以锻炼学生的观察能力。绘本之所以给孩子带来无尽的乐趣，是因为图画能带来视觉冲击和无穷的想象。但是，想象要以看懂图画内容为基础，所以教师在用绘本讲故事的时候，一定要让学生充分地看画面。图画语言是学生天生的语言，所以他们很容易看懂，甚至很容易发现细节。这本书中有一页是小甲龙在霸王龙的怀里睡着了，图画上的霸王龙背上有几个洞，当然这是它保护小甲龙时被吉兰泰龙咬的。如果学生观察不到这个细微之处，教师就要提醒，"霸王龙的背上是什么？"让学生通过图画想起前面的内容，能更深地体会此时霸王龙的情感。看懂图画能促使学生走进情境之中，感受到无法用语言描述的情感。

对于绘本的阅读，阅读画面要重于阅读语言。心灵的震撼、情绪的渲染、思维的历练，是阅读绘本的主要目的。

2）以《亲爱的汉修先生》为例谈中年级的阅读

在班级读书交流的时候，首先设计这样的问题："书的作者是谁？哪国人？"通过问题引导学生关注作者，懂得读书其实是和作者交流。对作者进行基本了解是了解故事背景的一种方法，有利于我们理解书中的一些内容。

然后提问："这本书中有哪些人物？你最喜欢谁？说出你的理由。"通过学生汇报，梳理出文章中的主要人物，了解学生对这本书的理解程度，看他们是如何看待书中人物的，并让学生根据书中的某些情节证明自己的观点，把感受最深的地方说出来。

再次交流："书中最让你难忘的是什么？可以是高兴的、悲伤的、痛快的、遗憾的、好玩的……"不同学生会选择不同的角度进行汇报，借此丰富每个人对书的感受。

通过这样的汇报交流完成对整本书的梳理，对学生来说就是把散落在心中的信息重新进行了排列组合，形成了新的更深层次的认知，建立了整本书的基本框架。

接下来就是探究细节，可以抓住几个重点段落进行设计。比如这本书中的："电话铃响了。妈妈正在洗头，她叫我去接。是爸爸打来的。我的胃忽然变得很沉重，好像要垂到地上了。我每次听到他的声音就有这种感觉。"胃沉重怎么和听电话联系在一起呢？这个问题需要学生联系前面的一系列内容才能弄清楚。这样的思考锻炼了学生联系上下文把握整体的能力。同时，这里又是表现主人公对爸爸复杂矛盾的情感的重要情节，在这里引导学生深入阅读和讨论，才能够更深刻地理解主人公的内心世界。

这本书的结尾是这样写的："我觉得悲伤，同时也感到很欣慰。"作者为什么这样结束这本书呢？通过这样的追问，让学生从整本书的角度思考作者成长的心路历程。

最后提出问题："这本书和其他书比较，有什么不同？"又回到一个整体，要求学生跳出这本书来。每一本书都有其独特之处，而这本书的独特之处更鲜明，是用书信和日记穿插的形式来写的，还有很多关于写作方法的介绍。让学生注意整本书的特点，是对语言表现形式的一种关注。

3）以《草房子》为例谈高年级阅读

班级读书会的开展需要经历很多个阶段，有时可以按照章节进行深入细致的阅读，有时候可以按照人物进行阅读，然后再回归书的整体进行交流和讨论。

例如，开展《草房子》的读书交流，适于在通读整本书的基础上，按照人物进行交流。可以探讨一个人物，也可以针对两个相近的人物一起交流。比如"秃鹤"和"西马"这两个人物有很多相似之处，让学生先说出对这两个人的印象，根据文章内容谈谈他们名字的由来，然后说说自己的推测，作者为什么给这两个人起这样的名字。通过这样的探讨，去感受人物的性格。最后，围绕"两个人身上哪里最让你感动"进行交流，理解"尊严"和"责任"。

除此之外，还可以利用文中的空白进行阅读交流。《草房子》这本书中每章的各个部分只用"一二三"来划分，让学生给每一部分命名，锻炼学生概括的能力的同时，还有利于学生对情节的整体把握。

开展班级读书会，教师一定要和学生同读，并且要不止一遍地读，这样才能引领学生深入阅读。在开展阅读前，教师可以写读书推荐，激发学生的兴趣；在读书过程中，教师可以和学生一起写书评、写心得。在交流前，让学生通过做书签、写读书感受、写书评等形式，把自己的理解条理化，这样在交流时就不会泛泛而谈。读书交流要从整本书开始，到整本书结束，保证在学生头脑中有一个完整的印象。

开展阅读和交流的过程中，始终要注意保护学生的阅读兴趣，激发学生的读书热情，教给学生读书方法，培养学生自主阅读。通过交流读书感受，让阅读成为习惯，用阅读烛照心灵、烛照人生。尽量避免阅读的功利性，应该用故事中的力量唤起学生人性中闪亮的情愫。否则，就是加重学生负担，破坏了学生的阅读胃口。不管面对什么样的书，教师本身都应该有能力进行阅读指导，这就需要教师首先投入阅读中来。

阅读心路：

读书交流《苏七块》

昨天同学们建议上读书交流课，可以"问，进行话题讨论；趣，读出来并交流感受；人，进行人物评价，样貌介绍；理味儿，分析思想感情；表达，研究写法特点，构思选材"等。

今天在两个班，同学们都选了"趣"板块。有的抓外貌，有的抓动作，有的抓语言。唯有十班的缪馥好同学和九班的宁涵同学抓的是结尾部分的描写：

他打自己座位前那堆银元里取出七块，往华大夫手心一放，在华大夫惊愕中说道：

"有句话我还得给您说。您别以为我这人心地不善，只是我立的这规矩不能改！"

华大夫把这话带回去，琢磨了三天三夜，到底也没琢磨透苏大夫这话里的深意。但他打心眼儿里钦佩苏大夫这事这理这人。

这段描写耐人回味，就连书中人物华大夫也没琢磨明白。孩子说自己不停往前面翻书、后面翻书来回琢磨，明白了其中的滋味："其实苏七块给张四看病不仅没收钱，还倒贴了药钱。他其实还是个善良的人，只是不想改规矩……"小好同学总觉得总结得不全面，说不下去了。这也难怪，小孩子哪有这么多的生活经历和人生经验。有人问："是啊，那既然可以不收钱，为啥还收钱？这规矩不是已经破了吗？"经过讨论，大家得出结论：一是，不能当面不收钱，不然别人也都不给钱了，但他得靠绝技糊口生活；二是，当面规矩不能破，之后，可以根据情况自己处理，那是苏七块自己说了算。要钱是对自己劳动价值的尊重。最后，我们把这个结论也就是感受，整理记录了下来。既提升了思维，又提升了语言。我们还总结出交流时的表达顺序：①请看……（哪里）②我觉得……有趣。③读文。④说理解，说感受，说想法，说体会等。

（四）整本书阅读需达到的四个层级

整本书阅读需达到的四个层级：基础阅读→个性阅读→语言鉴赏→创意表达。

（1）基础阅读，即提取信息、分析归纳、概括理解：自由交流初读印象，提问猜答、绘制人物关系图、画情节发展思维导图。

（2）个性阅读，即整合信息、形成认识、加以阐释：对书中的话题进行交流、谈谈与个人生活的联结。

（3）语言鉴赏，即鉴赏写法、人物评价、反思诠释：人物形象性格分析、写法借鉴交流。

（4）创意表达，即演讲表演、活动创作、研究规划：改写续写评价、问题延读、观看电影、写影评等。

（五）小书架里的大课程

以下是三年级一个班里学生的个性化小书架（见图3-5），从中可以看出同年龄阶段的学生个体阅读偏好是不同的。

图3-5 个性化小书架

自从班里建立起了个性化小书架，同时增加了20分钟的午间持续默读，设计了阅读评价积分存折，学生阅读就有了资源保障、时间保障和评价激励的保障，大大激发了学生对语文学科的喜欢程度。每个人至少带5本图书放在班里，于是一个个的小书架遍布在窗台、小橱柜的上方，班级图书角的小书架上还增加了爱心家长及社会各界捐赠的图书。顿时，班里有了浓厚的读书氛围。一进教室，窗台上、橱柜上、角落里满是书，有漫画、小说、名人传记等。

谁说学生们不爱读书？自从小书架建立，书随手可触，一有时间学生们就去读书，早上到校读、课间读、课余时间读，如果放了学不硬性规定净校，学生们恐怕都不回家而在这里继续读书了。渐渐地，学生们的精神状态和课堂学习氛围悄然发生了变化。换位思考，多元解读，喜欢分享和展示交流，创立社团，参加社区活动等，随着这么多令人兴奋的变化涌现出来，学生们的自主精神更加突出，自我优势和个性得到了更多的凸显。

1. 个性化小书架是尊重学生阅读偏好的体现，是真正的因材施教，具有无限的可能性

书架上摆放着学生们自己喜欢的书，个性化小书架就是学生自主的"定制学习"。学生读着自己喜欢的书，教师不指导、不干涉、不评论、不统一要求，鼓励、尊重学生的阅读偏好和阅读程度，给他们一个心理上的安全环境、行动上自由的读书环境。每天20分钟的持续缄默式阅读，固化了读书时间，学生们在一起读书，读着不同的书，营造出一个强大的读书磁场。我曾在一旁默默地观察，用手机记录下一个个生动的瞬间。有的同学读着读着笑了，有的表情凝重，有的皱着眉头……看着他们，不禁给我带来无限的遐想。试想，世界上能有哪一首妙曲能同时拨动所有学生心灵的弦？有哪一种教育方式能关注到每一位学生最细微的层面？有哪一位教师能阅透每一位学生，给予最及时、最适切的引导？

个性化小书架阅读呈现出与教材也就是基础课程完全不同的特质，在广度和深度上满足了每个学生的差异性需求。学生对自我阅读兴趣和偏好的认识越多，阅读选择就会变得越高效，对自己的个性认知就越清楚。这是基础课程所达不到的，是教师所做不到的，是学历教育不能达致的。它甚至可以帮助某些少数的学生穿越人类现有的知识的边界。因此，个性化小书架蕴藏着无限的可能。

2. 个性化小书架是真正的自主学习，阅读选择与自我认知同步成长

人的阅读学习往往与自我认知交缠在一起。人本主义心理学认为，人都有自我完善、自我实现的倾向。个性化小书架阅读就像是"无结构"学习，学生遵从内心的声音，选择自己喜欢的书籍，小书架不断充实变化的过程就是学生进行阅读选择和自我认知发展的过程。也正是因为小书架的这种"个性化"，才构成了学生真正的自主学习。在所有的阅读理论中，只有针对个体的才能起到长远有效的指导作用，所以一位学生的阅读史就是一部他个人的成长史，这样的自主学习意义深远。

3. 个性化小书架促进交流、共享，改变交友和生活

当读书成了学生的一种习惯，读书就变成了学生生活中不可缺少的部分，就像有的学生说的，"书就像人的一日三餐"。自从读了很多书，学生的择友方式和身边的同伴发生了变化。根据读书兴趣择友成了新的交友方式，而且因为读书，朋友的范围扩展到了其他班和不同的年级。学生越来越喜欢建立自己的社团，准备自己的读书讲座，走进社区参与活动，主动交流分享，自动自发地做许多事。精气神儿也变了，变得更加有思想，心态更开放，张口能引用，默思有见解，理解多角度，自主、自助、合作、交流、共享成了学生学校生活的一种常态。

4. 个性化小书架对教师成长和基础发展课程的反作用

事实上，教师如果想通过只教一本教材，就使学生学会阅读是不现实的。教材仅是个"例子"，"例子"是需要精讲"得法"的，阅读教材是不能称为读书的。广泛读开去，只有在阅读中才能学会阅读。在阅读中慢慢回味、自觉地将在"例子"中悟得的读书方法加以运用，就是阅读实践。通过大量的阅读实践实现阅读方法的迁移，形成习惯和能力。学生随着个性化阅读时间的延长，其发展是教师不可预测和控制的，这需要教师专业素养和智慧有新的生长，比如，怎样协助学生读书？如何控制自己干涉学生读书的欲望？如何在不干涉的情况下了解学生的发展情况？学生知识面的广度和深度超越了教师，教学预设变得越来越难，这课怎么上？怎么促进学生的深阅读？读了许多书还是不会作文怎么办？这些阅读中出现的问题正给了教师一次反观教材"教"和"学"的机会。这些问题促进了教师深度思考和实施基础课程改革的行为，基础课程如何给予阅读课程有效的指导和融合？得法于课本，用法于阅读，最终培养起学生良好的阅读习惯，形成阅读能力，这应该成为基础课程与阅读课程融合并进的根本意义。

从一项活动、一次报告或一次谈话中我们感受到了强烈的育人、育心、启智、启思功能，那我们就会想到"课程"二字，课程就是这样的一件事情。个性化小书架就是育人的理念，固定了时间，保证了地位，进行了评价，发挥了作用，产生了长远效益，它便成了课程。小小的个性化小书架不仅作用于学生的学，还作用于教师的教；不但激发了学生的读书兴趣，扩大了阅读面，增加了阅读量，提高了阅读品位，而且引导学生走向同伴间的社会性交往，走向生活，走向社区，使学生在不断的阅读实践中找到自己的阅读偏好，慢慢建立起自己的阅读成长史，为成就个性化的人生带来深远的影响。

四、绘本阅读教学案例

《活了100万次的猫》教学案例

（一）整本书解读

1. 适合谁看

（1）《周刊朝日》的书评说："说起来，这也许是一本给大人看的绘本，就算给大人看的绘本，孩子也能从中得到乐趣吧？这才应该是绘本的本质。而《活了100万次的猫》就正是抓住了绘本的本质。"

（2）儿童文学评论家朱自强曾评论道："在为本科生、硕士生、博士生以及中小学教师讲授儿童文学的课堂上，我曾一次次地感慨：一本《活了100万次的猫》就足以让许多成人对儿童文学刮目相看！"

2. 关于主题

这本书讲了一个什么主题的故事？生命？为什么而活？

①题目；②作者的创作意图；③封底；④结尾；⑤书评；⑥文字中的暗示。

《活了100万次的猫》（作者［日］佐野洋子，译者唐亚明），是2004年由接力出版社出版的图书。有书评说这是一部有关生命意义的伟大寓言。猫的过去，也就是它的前半生是一个不死身，死了100万次，又活了100万次，尽管生命在一次次轮回，但它一直都是别人的猫，活得浑浑噩噩，活到最后，连自己都不知道为什么而活了，都心生厌倦了。它讨厌养它的人，也不怕死，有评论家说它成了一只"什么都厌恶，对所有的一切都漠不关心、都拒绝的猫"。直到有一天，它变成了一只谁都不属于、只属于自己的野猫。于是，在孤独与不安之中，它不知不觉地爱上了一只高贵、美丽、不语的白猫。这是一种在它漫长的生涯中从没有过的感情，这让它有了爱与被爱的体验，它头一次知道为什么而活了。当心爱的白猫死去时，它宁愿死去，因为对它来说，没有了爱，再浑浑噩噩地活100万次又有什么意义呢？接下来的一页，是整本书最让人揪心的一页了——它接着死去的白猫号啕大哭，不，是绝叫。这只死了100万次都没有哭过的野猫，终于张开大嘴放声恸哭了！它是在为无法挽留爱人的生命而悲伤。只有经历了爱，才算真正经历过一生，而真正的人生，只要经历一次就够了。有爱的生命才是充实的。

3. 教学目标

怎么阅读绘本？也就是阅读绘本的教学目标是什么？

阅读绘本，可以推开一扇窗，帮助孩子了解我们的世界，培养孩子的想象力和学习力，发展情商和智商；还可以帮助孩子提升美感经验，掌握观察和思考图画的能力，迈入艺术的门槛。

优秀的绘本本身就是想象力和创造力的结果，能够激发孩子突破时空限制，展开联想与想象。在听、读故事的过程中，孩子还可以根据自己已有的经验发现问题、思考问题，了解多样的社会生活和丰富的人类情感，并与家长、教师和小伙伴交流，学会表达与交往，在此过程中积累新的经验，进而形成一个良性循环。

对于孩子来说，阅读绘本是一种简单的快乐，绝不应让其成为负担。如何使一本绘本读起来更好玩、更生动、更深入？

答：掌握一些看绘本的技巧。①怎样以图文并茂的方式讲故事？②看看是什么力量在推动翻页。③看看图画里隐藏的细节，看看它的版面设计……

学情分析：①看画比看文字多；或重点看文字，没有细细观察图画、揣摩细节。②细致地看画的颜色、画面的故事情节、人物的神态表情等。③喜欢猜想和想象，大多数学生都读过或听过这个故事，但遗忘很多，对于主题也没有深入理解。

（二）共读目标

（1）培养边看边猜、边读边想的绘本阅读习惯。

（2）学习读绘本的方法：

学会"细观察、猜想（想象和联想）"，注意"变化、细节暗示"，在矛盾、变化处回看、思考，在循环往复中思考。

（3）了解感悟主题的方法，注意色彩与版面设计的特点暗示。

①循环往复中的故事与变化之后的比较。②看结尾的图画和封底感悟主题。③知作者。④看书评。⑤环衬的暗示。⑥看题目。⑦发现色彩构图变化。

重点：学习怎样看绘本。

难点：这只猫在生命中的三个阶段活着的不同，体会什么才是真正的活着即活着的意义。

（三）阅读准备

不做任何透露，让上课有种神秘感。如何激发已经读过的学生再读的兴趣？旧书不厌百回读，熟读精思子自知。书犹药也，善读之可以医愚。造烛求明，读书求理。读书不仅要读，还要说。

课前动员：

说给自己听——除非话从口出，否则我们真的不明白自己的意思。

谈话是思考过程的一部分——把想法说出来的动机，不仅止于聆听自己的内在，同时更希望通过跟听众的互动厘清自己的意图，这件事单靠自己是做不到的。

说给别人听——集思广益，通过充分表达，每个人的思考能力都获得提升。将想法说出来，听众也开始思考，原本只是自己的想法，因此转化成同组成员的共有财富。

提出不懂的问题：

学生提出的问题

序号	提出的问题	占比
1	作者想通过绘本表达什么呢？（王耀宇） 这本书表面是个故事，但作者是不是想从故事写人生呢？（王超然） 为什么前面猫都能活过来，而最后一次却死了呢？（杨晓冉、管桐悦、赵梓涵、李东桥、张树桐、孟开彧、王子逸、彭璟恒）	33.3%
2	为什么开始部分老写"猫讨厌什么……"（彭璟恒）	
3	为什么白猫对虎斑猫的热情无动于衷，虎斑猫却喜欢她呢？是因为她漂亮吗？（马静雯、陈左玥、王嘉怡、徐睿涵、吴宇晗）	19.4%
4	为什么虎斑猫看见自己喜欢的白猫，插图的颜色还是很暗淡呢？（宋卓凝）	

（四）教学过程

1. 谈话导入，分享阅读经验

读过哪些绘本？怎么读绘本？

小结：连环画图上有什么，文字就写什么，是复述图上的故事。绘本，单看文字是一个故事，单看图画是一个故事，图文互读才是一个完整的故事。

因此，读绘本就要猜想、想象，注意观察图的细节及图画中的暗示和变化，再结合文字把整个故事读懂。注意充分发挥自己的想象力而不是猜答案，也许你的故事比书中创作的更精彩。

2. 阅读封面及扉页，关注作者、译者，进入故事

过渡：下面就让我们一起来读书吧！（出示封面）

今天带来什么书呢？看动作和表情，你觉得这是一只怎样的猫？眼睛直视着我们，两只胳膊抱在胸前，握着拳头，直立着，尾巴翘着。威武、警惕心很强，强大，有力量。

这本书销量超过200万册，是哪位令人尊敬的作者呢？向她表示敬意。一本外文书能受到欢迎，译者是很重要的。译者告诉我们什么呢？

好，我们开始翻书了。打开，咦，环衬是白色的，为什么呢？

扉页里也有一只猫，看动作和表情，这只猫在干什么？扉页还介绍了作者，可是在最下面尽量占了较少的地方，大部分是空白，这些空白是想说什么吧？

告诉大家一个有趣的事，有人曾问佐野洋子，为什么是活了100万次的猫而不是狗呢？她说，她不喜欢猫，但猫比狗好画。佐野洋子，出生在中国，并在中国度过了童年时代，中国的风土人情、自然环境滋润了她，造就了她，翻译者唐亚明说："读书是享受过程。学好了母语，将来外语不会成问题。"

3. 猜故事，读故事，发现暗示与变化

好，赶快读书吧！

（1）老师先来读开头好不好？下面的可要自己猜，自己读了。这样喜欢吗？

师：有一回，猫是国王的猫（学生看图），仔细观察图，猜想一下会是个什么故事呢？远处是战场和城堡，那么小，你能看出什么？国王在高处，暗示国王地位最高。为什么到处是黄色呢？黄色象征着皇权。

文字是怎么讲的呢？你做的猜想文字没有都写出来，是我们看出来、想到的。（学生倾听，讲故事）

（2）有一回，猫是水手的猫。①仔细观察图猜故事。②暗示的地方：鱼、太阳和月亮。③文字讲了什么故事？谁来读故事？

小结：水手带着猫周游世界，多开阔视野啊，可是它讨厌水手是为什么呀？

（3）魔术师的猫：

①有一回，猫是……看图猜故事。②猫在哪儿呢？大家都看过魔术，这是个什么魔术，暗示着猫会怎么死呢？③谁来读故事？我来读……（接话）

（4）小偷的猫：

①有一回，猫是……看图猜故事。②观察周围的环境，什么时间？什么地点？从人物和猫的动作、眼神能看出什么呢？小偷偷东西带着猫，带着猫是暗示什么呢？③谁来读故事？

（5）老太太的猫：

①有一回，猫是……看图猜故事。②故事的合理性：有门，有窗子，有院子，可是为什么把老太太和猫画在小窗口里呢？暗示什么呢？③谁来读故事？我来读……（接话）

（6）小女孩的猫：

①有一回，猫是……②谁来读故事？

4. 情节梳理，发现暗示的意思

回味故事：每读到一个变化之处，我们都要停下来，想一想，会发现很多。

（1）看谁认真倾听：6个人的猫，按照顺序说一说。

（2）猫跟着这6个主人过着怎样的日子？这6个人在故事里有什么代表性呢？

它从来没有得到真正的爱，宠物似的爱并不是真正的爱。真正的爱，要以平等和尊重为前提，并且顾及对方的感受；它还没有过上有意义的生活，仅仅拥有了自由，心里还是空荡荡的。看作者如何为它编织一段有意义的生活。

5. 猜故事，读故事，细节处品悟

（1）观察这幅图，与前面6幅图有什么变化吗？虎斑猫悠闲、放松地躺着，前面都是站着或趴着，虎斑猫变成一只野猫了，不再是谁谁谁的猫。

看图：①发生什么事了？猜故事。②这个画面会使你联想到前面的哪个画面？③读故事：省略号表示什么？说到一半为什么突然不说了？④细节之处有错误吗？

（2）当了爸爸的猫：①这是说了什么故事？虎斑猫有了宝宝后跟没有宝宝的时候说话有什么变化？②谁来读故事？

（3）老了的猫：①看图读故事。②这时候的虎斑猫不但不说死了，而且有了永远活下去的想法。

（4）痛哭的猫：放音乐，出字幕，情感渲染，自由发言。①教师读故事。②藏着撕心裂肺的痛，漆黑的夜里，透过玻璃窗，看到的是自己流满泪水的脸。如果你是这只虎斑猫，会对白猫说什么呢？如果你是白猫，会对日夜痛苦的虎斑猫说什么呢？如果你是猫曾经的主人，会对它说什么呢？你有没有过失去心爱的动物的经历？你对它说了什么呢？

（5）风景画结尾：教师读最后一张画。故事结尾是一张优美的风景画，有家园、有花草。这幅风景画暗示的意思是什么呢？交流原因。

6. 建立关联，主题讨论，找到依据

（1）猫成了野猫之后，遇到了自己的真爱，建立了自己爱的家园，这个故事无论大人和孩子都百看不厌，令人回味无穷。你认为这本书所表达的意思是什么呢？

这是一个关于生命（活着的意义）、成长、爱情的故事。你觉得哪个最符合大众的理解？作者的创意是什么？关注书的封底、题目、书评、作者的写作意图。

（2）读了这个故事，你有什么收获吗？

7. 色彩和构图变化中的暗示

好书不厌百回读，翻看整个故事，注意还有什么变化？

了不起的发现：通过色彩的变化表达出"主角是猫"，通过构图表达出主题。色彩由暗变得明快、温馨，构图变得自然和谐，给人快乐、自由的感觉。猫是故事的主角，但在"猫是谁谁谁的猫"部分，猫占据很少的位置，它不是自由的，是附庸，或工具，或玩具。成为野猫后，猫成为主宰自己命运的主角。

8. 书外故事，阅读推荐

在这里，爱只是一个象征、一个比喻。我们爱一个人，会感觉生活很幸福；我们热爱知识，会使自己变得充实；我们热爱工作，会使自己觉得生命价值得以体现。一切能提升生命意义的东西，都是我们"生命中的白猫"。所以将这个故事讲给你喜欢的人听，比如爸爸、妈妈、好朋友，或者兄弟姐妹，让他们一起在故事里体验爱与被爱，让这只活了100万次的猫，在我们的讲述中获得永生。

9. 作业布置

故事读完了，请你给自己布置一下作业吧！

第四章

学思课堂

> **本章导读**
>
> 语文学科育人的主阵地在课堂。宋代教育家程颐说："为学之道，必本于思。"学思要联系、知行要统一，这是教育教学改革的内容和基本方向，是教学追求的理想状态和学习成功的必然途径。要做到知行统一尚需学思先行。学和思是构成求知活动的两个必要前提，教会了学生"学"和"思"便抓住了改变语文课堂高耗低效的根。

一、"学思"理念建构

宋代教育家程颐说："为学之道，必本于思。"学和思是构成求知活动的两个必要前提，二者互为条件、互相促进，且应以思为本。同时，思维作为一种能力和品质，作为人的智力的核心，它是人的智慧的集中体现。贝斯特说："学校的存在总要教些什么东西，这个东西就是思维能力。"赫钦斯说："教育不能复制学生毕业后所需的经验，它应当使学生致力于培养思维的正确性，作为达到实际的智慧即理智的行为的一种手段。"怀特海说："教育的全部目的就是使人具有活跃的智慧。"苏霍姆林斯基也说："在学生的脑力劳动中，摆在第一位的并不是背书，不是记住别人的思想，而是让学生本人进行思考，也就是说，进行生动的创造……"我国语文教育家叶圣陶早在20世纪40年代初就提出，训练思维应该是学校各科教学的共同任务，而且几十年来，他的这一思想不断得到丰富和发展，成为叶圣陶教育思想的一个重要的组成部分。

回顾2001年前的《小学语文教学大纲》，到《义务教育语文课程标准（2001年版）》《义务教育语文课程标准（2011年版）》《义务教育语文课程标准（2022年版）》，从中可以看出人们对思维培育重要性的觉悟是非常缓慢的。虽然《义务教育语文课程标准（2022年版）》提出了将"思维发展与提升"作为四大核心素养之一，给予了思维从未有过的重视，但其地位仍然排在"语言建构与运用"之后。语言是思维发展的工具，人的思维是以语言为载体的思维，或者说，是语言水平上的思维，那其核心应该还是思维。杜威非常重视培养学生的思维能力和智慧，他认为学习便"包含从无知到智慧的过渡"，"好的教学必须能唤起儿童的思维"。

1923年，《新学制课程标准纲要小学国语课程纲要》颁布，其"目的"为"练习运用通常的语言文字，引起读书趣味，养成发表能力……"自此，语用思想成为语文教学的主导理念。1978年吕淑湘在《人民日报》上大声疾呼："10年的时间，2700多课时，用来学本国语文，却是大多数不过关，岂非咄咄怪事！"之后，又有学者指出，为何资格最老的学科如此积习难改？这就是说语用思想并没能较好解决语文教学存在的高耗低效问题。

学生的语言发展了，思维发展了，语文能力也就得到了提高。语言和思维的统一是语文学科的本质特征。这是人们的共识，"思维性是语文学科的本质"也应成为一种共识。本书从思维能力培育角度切入语文学习或语文教学、语文课程建构，以期解决当下依然高耗低效的语文课堂现状。

一切学习的前提是情感和姿态。学科学习的基本任务就是激发唤醒，学会学习，学会思考。学：乐学，会学，好学，善学。思：乐思，会思，善思，创思。

"学"在字典中解释为学习；模仿；学问等。其本义是对孩子进行启蒙教育使之觉悟，即表示"进行教导"。《说文解字》中解释为"觉悟也"，引申出"互相讨论""效法，模仿""注释，笺疏""讲述，说""知识"等。"学习"在词典中解释为：①指从阅读、听讲、研究、实践中获得知识或技能。②效法；仿效。由此可见，"学"是一种以获取知识和能力为目的的思维、实践活动。

　　教师帮助学生学会学习语文,对此叶圣陶先生的看法是,"各种学科的教学都一样,无非教师帮着学生学习的一串过程"。换句话说,教学、教学,就是"教"学生"学",主要不是把现成的知识教给学生,而是把学习的方法教给学生,学生就可以受用一辈子,即"教是为了不教"。教师相机诱导、启发点拨,学生自为研索,自求解决。怎样才能达到这个目的?关键在于使学生的学习由被动变为主动。指导学生学会预习,对课文进行探究,发起对课文的讨论(讨论主要是指语文方面,不是内容方面),予以有效的启发;指导学生从略读课文中学会浏览、对比、跳读等阅读方法,由会读一篇课文、一组文章,到掌握阅读的方法,并迁移到整本书阅读实践中,大量阅读实践,反复阅读实践;习作方面教师只给些评论和指点,让学生自己去考虑如何修改。总之,教师"教"的目的是学生"主动学,会学,自己学"。

　　"思"在字典中解释为"想,考虑,动脑筋;思想",引申指"怀念,想望""悲伤,哀愁""心情,思绪,意念""创作的构想"等。由此可以看出"思"不仅指想、动脑筋的过程,还指想的结果,并且与人的情绪、情感密切相关。总之,要教会学生思考,让其经历发现问题、带着问题思考解决方法的过程,获得有价值的心理体验的学习过程,获得解决问题的思维结构和路径,最终提高自身的语文能力。

　　孔子曰:"学而不思则罔,思而不学则殆。"学习与思考紧密结合才能举一反三、触类旁通,即以学思结合促进知行统一,以知行统一推动自主发展。

　　语文学习的关键是建立一种思维结构,获得一种思维路径(学会思考),在观察和阅读中积淀,在互动对话交流中,经历一种有价值的心理体验,历练、习得语言表达。用语文学科思维的方式去学语文,只要掌握了语文特有的思维结构、思维路径，就掌握了最重要的"骨"，剩下的通过大量阅读补充素材"肌肉"即可，这就是语文的骨骼和肌肉的关系，理解了这一点，语文学习才能高效。

在《义务教育语文课程标准（2022年版）》阐释思维能力的时候，并没有加入发散思维和聚合思维。多年的教学实践经验证明，发散思维与聚合思维是创造性思维培养过程中重要的一环。《语文思维培育学》（卫灿金著）中提到：发散性思维的培养，主要是教学生多角度地思考问题，善于通过联想、想象、猜想和推想开拓思路，并教给他们一些多向思维的方法。在单元整体教学中，围绕单元语文要素每篇课文都有独担的角色和任务，各篇课文及语文园地的各部分内容整合起来才是一个单元课程的整体，教材的这种编排方式就存在着发散思维与聚合思维的特征。

瑞士心理学家、发生认识论的创始人皮亚杰从人的认识能力发生的角度提出，思维结构就是"图式"。一个人思维能力的强弱，取决于他的思维结构的优化程度。思维培育的根本任务，就是要强化思维结构的各因素，并不断改善它们的组合方式，促使其思维结构不断向前发展。因此，在单元整合教学实践中最重视和强调的就是要从单元整体建立思维结构即"图式"，让学生站在单元整体的角度看到每一篇课文作为学习范例的独特性及课文之间的关联性，从而对单元的学习认识更加全面而深刻，并从中发现表达的路径，脑中有结构，语言流淌有路径，从而大大降低了从思到说再到写的困难。

二、"学思"语文的价值追求

教育的目的是唤醒学生的生命自觉，在此思想指导下"学思"语文的价值追求是为思维而教，为态度而学。即在语文学习中以思维发展为先，以发展思维为教育的终极目标。激活思维，积极运用语言实践活动锻炼思维、发展和提升思维，在对话交流、自主发现、合作探究中学会思考、学会学习，经历一场有价值的心理体验的语文学习。

例如，《庐山的云雾》一课有个新的词语"幽谷"，课上，教师播放了有雾的电视录像片，读了课文，查了词典，又结合课文谈了自己的理解。一般情况教师们教到这就结束了，认为已经到位了。其实，通过谈话了解到，学生知道"谷"的意思是指两山之间的沟，即山沟；但对于"幽"，学生只能说出"安静"。从提出的不懂的问题来看，仍有三分之一的同学对"幽谷"的意思存在疑问。这说明，学生并没有真正懂得这个词的意思，可见仅从语言理解的角度是不足以澄清模糊的概念的。怎么办呢？且看于永正老师是怎样教的。

师：小朋友，那里的山高不高？（一句话，引导学生在脑海中画了一幅高山图。）

生：高！

师：山谷深不深？

生：深！

师：再加上那里树高、草多，光线暗不暗？（一句话，又给学生脑海中的高山图加上了许多树、许多草，还有幽暗的光线。头脑中画面不断在丰富，有景物还有光线。）

生：暗！

师：那里静不静？

生：静！

师：一个人到了那里，是不是还有点怕？（强调了一个人到那里的感受。通过语言一步步帮助学生脑补画面，运用了形象思维，而且直到学生感受到整个环境的氛围。）

生：怕！

生：不怕！

师：这个"幽"字，大概就有这么多的意思。但是，你们要真正理解"幽谷"的意思，非得到深山老林去体验体验不可。（教师的小结引导学生注意理解词语会有多个意思，不仅要逐一去探究，还要在生活中注意观察体验。）

三、"学思"语文课堂特征

"学思"语文，即"为思维而教，为态度而学"。在学思中启智润行，激发和唤醒生命自觉。

"学思"语文课堂力求打破教师"独白式""牵引式"的教学而走向教师与学生、学生与学生、学生与文本的多重多维对话，真正启动、激发学生的思维，体现追问和启发的精神，走向"对话互动式教学"。

1. 学起于思，学风自由开放

1）学贵知疑

观察幼儿的语言思维可以发现，一岁多点的幼儿让人感觉什么都懂了，对大人说话的语气、语调、表情、情绪，包括话的褒贬都能做出很恰当的回应，只是不会说话而已。我们说话，必然是因为想说话，有话要说。古人云："学起于思，思源于疑，疑解于问。"思维的功能是将经验得到的模糊的、疑难的、矛盾的和某种纷乱的情境转化为清晰的、连贯的、确定的与和谐的情境。思维就在这两端之间进行。明代学者陈献章主张"学贵知疑""独立思考"，提倡较为自由开放的学风。《论学书》说过："前辈学贵有疑，小疑则小进，大疑则大进。疑者，觉悟之机也，一番觉悟，一番长进。"有疑有惑，便出现了"心求通而未得之意""口欲言而未能之貌"的情形。在克伯屈看来，一个完整的思维活动可以分为七个步骤：第一，一种情境激发起进行某种行为的冲动或倾向；第二，出现困难，不知如何行动；第三，进行考察，确定困难；第四，提出假设，设计方案；第五，从提出的各种假设中得出一种或几种解决问题的办法；第六，试验，尝试；第七，检验，接受某一办法。由此看出，要创设情境，以激发思考，进入"发现的兴奋点"，应引导学生从被教师询问到主动发现，从被动应答到主动探究。以往教师很少考虑让学生以问题为中心学习，往往以系统知识为中心，这种行为需要做出转变。

2）心理的自由度和安全度

适度的心理自由和心理安全可让学生产生一种安全感，更进一步的富于创见的思维就会得到鼓励。心理安全是感到自己被别人承认、信任、理解，在受到别人的尊重时的一种心理感受。心理自由是意识到自己是自我的主人，可以自主决定自己的行为的一种心理状态。满足了"心理安全""心理自由"条件的人，无须掩饰自己的思想，可以自由地表达，自由地思维，自由地塑造自我。生命自觉的样子便是大胆、勇敢、自由、自主、明晰、整合、自我认可。创设安全的思维对话课堂，让学生敢说、敢问、敢批判、敢质疑、敢较量，运用发现法促进学生积极思维、活跃思维，尊重思维自由，激励深入思考；在对话交流中展开探讨，在自主评价中展开思维的对话，在思维碰撞中提升思维品质和表达水平；做到评价形式多样化、途径多元化，促进学思兴趣。

3）有效提问

思维始于问题。从某种意义上说，完整的思维过程就是提出问题并解决问题的过程。思维本身就是一个不断提问、不断解答、不断追问、不断明朗的过程。只不过，这个过程是内隐的，在主体内部是自问自答式的。问题设计要有一定的挑战性，使学生有怀疑、发现、讨论、大胆发表议论的过程。注意抑制随口乱说的坏习惯，培养善于深思的能力。

在对话互动式教学中，一个最为重要的问题是教师在课堂教学中对课堂提问的有效利用。提问的重要作用在于，它在教师的讲授和学生的能动思考行为之间拉起了纽带。提问成为把教师要教授的内容转化为学生想学习的内容的契机。必须把教的东西转化为学生想学的东西，这就是发问的本质。

布鲁姆提问法把课堂提问分为六种类型：知识性问题、理解性问题、应用性问题、分析性问题、评价性问题、创造性问题。前三类指向低阶认知，后三类指向高阶思考力。在学习前、学习中、学习后，学生都会产生疑问。我们分清问题类型，就可以找准引导学生自主解决问题的策略。低阶认知的问题可以通过查、问、讨论等自主解决，高阶问题可以引导学生自悟。比如，铁杵磨针的故事是真的吗？这是一个分析性问题，引导学生通过查阅相关资料、上网查阅各方观点，辨别故事中哪些方面是真实的，哪些方面不是真实的。结果不重要，重要的是引发学生自查、自悟的主动探究过程。

2. 基于启发、讨论，对话交流、发现探究的学习

学习科学指出，当"学生尝试对自己正在发展的知识进行表达的时候，可以学得更好"。之所以如此，是因为在表达之前，学生必然要对自己的想法和观点进行内部整理，并达到不同程度的条理化。这一过程，还是反思性地分析自己知识状态的过程，因而是一个元认知发挥作用的过程。由此可见，表达的过程是真正理解的过程，乃至创新的过程。实践证明，当学习者的心智活动和他所处的环境之间建立起丰富的互动时，他的知识水平就会有所进步。环境能刺激学习，并赋予学习以意义。原则上，学习是互动的结果。只有当我们在自身思维系统内对所知进行阐释时，我们才真的在学习。因此，课堂应积极倡导基于启发、讨论，对话交流、发现探究的学习即对话互动式语文课堂。

若要发展学生的思维，就必须改变学生学习被动、不自觉的状态。课堂教学应成为一种情境，创设一种自由的、高效的、热情的学习氛围。学生一旦有了求知的渴望，心灵就会有所作为；没有求知的渴望，即使给他塞满了知识，到头来也会毫无所得。表达、言说，是进行言语思维。大脑生成语符并由此生成词语、语句、语段和语篇的过程好像是一个"会思""会想"的过程，在这个"思""想"过程中语言形成了独特的运行特性，即语言思维特性。人们运用语言的同时进行着思和想，思和想又通过语言传递出来。这个过程的融合发展，就是语言与思维进行对质、交织、认同的过程。

　　课堂教学费力不少，学生成绩偏低的问题一直困扰着一线教师，其根本原因是学生掌握了具体的知识，但没有掌握知识转化的能力。为什么会这样？主要原因恐怕还是在于教师的习惯性讲授比较多，以讲透彻为先，自己讲得淋漓酣畅，甚至感动了自己，自己深刻明白了，学生却反应木然。这样以教师牵引为主或讲授为主的教学就像教师的"独白"，很少听到学生的声音，看不到学生的讨论甚至争论，看不到学生思维展现的过程，看不到师生的"对话"，也就没有了学生思维的主动发展。教师独白式的教学剥夺了学生发表意见、发展思维的机会。"为思维而教，为态度而学"的教学必须打破传统的教师"独白"而走向教师与学生、学生与学生、学生与文本的多重对话，即走向"对话互动式教学"。《论语》中几乎全是用"对话"的方式进行教学。《学记》中提出："君子之教，喻也。道而弗牵，强而弗抑，开而弗达。道而弗牵则和，强而弗抑则易，开而弗达则思。和易以思，可谓善喻矣。"即好的教学，就是对学生进行启发诱导。引导学生而不牵着学生的鼻子走；勉励学生而不强行压制；开导学生而不一下子把道理都讲给他。引导而不牵着学生的鼻子走，就使教与学之间的矛盾关系变得融洽；勉励学生而不强行压制，就使学生学习起来感到轻松愉快，不会产生畏难情绪；开导学生而不一下子把道理全讲出来，就可以培养学生独立思考的能力，自己去发现，求得结论。如果真正做到了师生融洽、学生乐学，学生又能够独立思考，那就可以说是善于诱导了。这里的诱导其实指的就是启发和引导，是达到启发效果的前提条件，是给学生的独立思考创造一个宽松的氛围，准备一个适宜的心理状态。

古希腊著名的哲学家、教育家苏格拉底的"产婆术"也是对话式教育。与孔子的启发式不同的是，"产婆术"完全采用问答的方式激发学生的思维，只提出问题，让学生思考回答，从不直接陈述知识。这种对话是使用"提问"的策略打破学生原有思维的内部平衡，"通过提示同学生以往经验矛盾的事实、指出学生知识的漏洞、明确对立的看法等挑战性的问题，使学生的思维失去内部平衡。而在企图重新恢复这种平衡中，思维就展开了"。

美国新闻评论家和作家李普曼在实践中发现，语言是思维最本质的工具，儿童在合作和交流中能够发挥较好的智力水平。对话互动式教学重视教学过程胜于教学结果，注重充分发挥和尊重学生的主动性、积极性和首创精神，教师有意识地把自己的思维过程明明白白地展示给学生，学生也明明白白地把思维过程展示给大家。教师从"教练"变成了学生的"学习伙伴"、"学习首席"、学习的协助者，运用抛锚式（教师提出问题，提供方法支架，学生自由探究）、随机进入（呈现相关情境，过程中教师进行点拨、引导、难点的集中讲授）的策略，借助"随风潜入夜，润物细无声"式的引导、辅助，构建情境化、协作化、发现式、对话式、意义建构化、认知结构化的学习过程。此过程中学生自主发现问题，自主讨论解决问题，思维能力和表达能力同时得到锻炼。

坚持基于教材、超越教材，拓展补充阅读开阔视野，关注思维的宽度、深度及认知的提升；教学的方式灵活多样，满足不同个性同学的需求，鼓励并培养学生独立学习的能力，采取非指导性教学的方法，给学生最大的自由度。

抛锚式对话交流、点拨启导实践教学方式，启动的是学习的互动机制。学生在群体学习中相互启发、合作探究、评价反馈，特别是形成性评价，既是对学习者学习过程的肯定，又是对其观点进行补充、修正、完善的过程，还是促进学习者自我反思的过程。互动机制反映了学习的社会建构、自我反思、分布式认知及认知负荷减轻等重要学习原理，是通过交往互动使深度学习得以发生的学习活动过程。

单篇文本的课堂教学模式有问题解决式，有活动探究实践式，有兴发感动体悟式，有情境任务驱动重点探究式。这几种教学模式以学生的学为中心，以促进学生自主发展为主线培育学生的核心素养。这几种课堂教学形式都离不开问题的导引和设计，都注重情境激发、问题驱动、自主发现、合作探究、言语表达实践，突出的特点是采用抛锚式、发现法等教学法促进学生自主发展。当一个疑团解决了，还要再提出一个新的疑团，让学生的思维从一个波澜到另一个波澜。教师从中加以点拨、启发和引导，循循善诱，使学生不断有新的发现、新的体悟，并运用发散思维、聚合思维、直觉顿悟思维（灵感思维）、逻辑推理、预测、猜测、想象等，令思维和语言协调共振发展。以审美情感统摄整个思维过程，使所创造的形象成为具有一定美感意义的、情理统一的艺术形象。

3. 训练扎实，体验深刻，指向表达的教学

部编版教材双线并行，每个单元都有指向阅读与习作的语文要素，这就是语文能力训练点，就是教材的"规定性"，融入并体现了教材编写者的目的意图，体现着语文课程的意志。就阅读教学而言，在阅读教学中要处理好阅读感悟与阅读训练的关系，防止因过度重意煽情而削弱了阅读基本功的训练。就一篇课文、一段话、一句话、一个词的教学来说，它是具有教学的双重目的性的，或者说它既是手段，又是目的。它的直接目的是读懂它、理解它、感悟它，间接目的就是在理解、感悟的过程中，要有意

识地凭借它进行阅读方法、能力的训练。在阅读教学过程中，教师要有意识地渗透或让学生学习、运用一定的阅读方法，并逐步形成能力。因此，在教学设计时，教师要依据重难点和关键点，有意识地设计一个个训练点，通过这些训练点进行阅读基本功的强化训练。以《白鹅》一课的教学为例。

字词学习

（1）课文已经预习过了，有几个字音总是读错，谁能带领大家正确地读一遍？

　　头颈　呵斥　净角　看守　侍候　大模大样　供养不周

（2）再看这几个词语，谁会读？其他同学边听边注意观察：这6个词语有一个共同的特点，你能发现吗？（神秘的）

　　　高傲　傲慢　傲然　严肃　郑重　奢侈

引导：这些词语或写人的性格，或写人的表情、态度，或写人的行为，但都是用来写人的，在课文中作者用来写谁？（白鹅）像这样的词语，课文中还有很多。

（出示）：左顾右盼　厉声呵斥　厉声叫骂　从容不迫　毫不相让

　　　　　一日三餐　一丝不苟　架子十足　大模大样　三眼一板

赶快自己读一读体会一下吧！都会读吗？找个同学读一遍。这几个词语怎么理解？老师告诉你们一个好办法，只要抓住词中的关键字，就弄懂整个词语的意思了，如厉声呵斥。那一丝不苟呢？谁能像刚才的样子来说一说？这种抓关键字来理解词语的办法，同学们一学就会了，真聪明。

强调：同学们看，这两组词语都是用来写人的，作者却用来写白鹅。这是为什么呢？（拟人）这样写好在哪里呢？请同学们在下面的学习中注意体会。

（设计意图：以上是本课的字词教学。这样做的目的有三点：一是引导学生把生词的字音读准、读到位，特别是对于容易读错的字音，有意识地进行了强调、强化，这为把课文读正确、读流利打下了基础；二是教给学生抓住词素、关键字眼理解词语的方法，而且是先教后练，渗透学习方法；三是把握本课词语的突出特点，即多用写人的词语来写白鹅。教学中教师采用提出问题、激疑激趣的方法，为理解课文和了解本课在遣词造句方面的特点埋下伏笔。这样的教学，对当下中高年级比较忽视字词教学的现状有所启示。）

4. 真实思维，结构立言，学思有路的教学

真实指所学知识运用、思维过程和学习情境的真实。紧贴生活，设计丰富的语文实践活动，注重活化知识与能力运用。学习过程中注重展现学生的思维，基于真实的思考情况选择恰当的教学方法。尽可能地创设真实或虚拟的学习情境，在情境中浸润学习兴趣、学习态度，利用好学生认知特点，积极培养学生学习的主动性和自觉性，让其体验到学习的成就，建立学习的信心。要尽量将学到的知识结构化，形成表达思维的结构，发现表达的思维路径，从而培养学生自主读书、写作的能力，减轻学生过重的学习负担。

比如，《小虾》一课第三自然段的教学，学完这个自然段后，最终形成这样的一个图示（见图4-1），学生不仅理解了内容，还明确了如何写清楚小虾的活动。写什么，怎么写的，按照什么样的顺序、结构写的，在头脑中形成了图示结构，也找到了表达的路径。

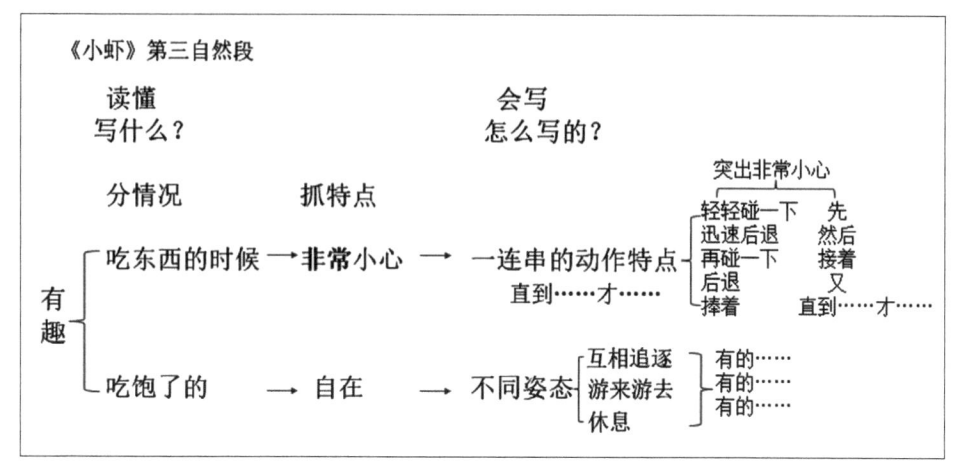

```
《小虾》第三自然段
  读懂                    会写
  写什么？                怎么写的？
                                          ┌突出非常小心
         分情况    抓特点              ┌轻轻碰一下  ┐先
                                        │迅速后退    │然后
    ┌吃东西的时候─非常小心─→一连串的动作特点┤再碰一下    ├接着
有趣│                      直到……才   │后退        │又
    │                                   └捧着        ┘直到……才……
    │                                    ┌互相追逐 ┐有的……
    └吃饱了的  →  自在  →  不同姿态 ┤游来游去 ├有的……
                                         └休息      ┘有的……
```

图4-1　《小虾》一课第三自然段的教学图示

四、"学思"语文实践的现实意义

人与动物的最大区别就在于思考。人类生活和学习的质量取决于思维的质量。亚里士多德曾说："人生最终的价值在于觉醒和思考的能力，而不只在于生存。"思维性也是语文学科的本质，其实语言本身就是思维。语言实践就是思维在实践。在语文教学中我们往往忽视了思维的作用，极力强调语用，从语用的角度设计一些补白、想象等零零碎碎的训练，缺乏整体性，缺乏对教学本质的思考，因而产生语文学习高耗低效的问题，相继而来地便生出教学方法方面的问题。

（1）教师不善于把注意力集中在主要的、最本质的教材上。或面面俱到，或水过地皮湿，重难点不分，什么都抓，什么都要，不能区别出重点与非重点、难点与非难点。

（2）不善于把各种教学方法优选地结合起来，讲授过多，引导学生自主学习实践太少。

（3）不善于正确地分配讲授新教材的时间，个别提问时间花得多。

（4）教师钻研教材、研究教材的深度、广度不足，视野打不开，教过之后用作业补，或找时间补。

（5）对学生在课堂上钻研教科书的意义不重视，人为地造成学生自主预习困难。

（6）课堂时间使用不合理，无效环节多。

（7）对学生学习语文的基本能力培养不足，如阅读和书写速度，拟定发言提纲，学习中的自我检查。

（8）忽视了对学生的区别教学、小组教学和对学困生进行个别教学的推荐材料。

（9）留作业，却对指导学生做作业的意义估计不足，没有告诉他们做作业可能遇到的困难。

在组织管理方面：

（1）推荐的作业量不符合最优化标准。

（2）没留出机动时间。

（3）班级人数过多，不利于区别教学。

促进思维和语言协调统一作用与发展，应从思维的角度切入对语文教育教学的研究以解决语文教学低效的问题。

小学教育是开智启蒙教育。《国家中长期教育改革和发展规划纲要（2010—2020年）》提出："深化教育教学改革，创新教育教学方法，要注重学思结合，注重知行统一，注重因材施教。"学思要联系、知行要统一，这是教育教学改革的内容和基本方向，是教学追求的理想状态和学习成功的必然途径。

从思维培育的角度来说，不断运用比较发现、对比联想、联系想象、还原思考、隐喻象征的思维成为课堂促进思维发展与提升的重要策略。课堂上注重学生的言语思维特点，在言说中整理思路，在碰撞中增进理解，在交流争辩中深化观点或情感；通过创设自由安全的发言环境，培养学生课堂上敢说话、会说话，养成独立自学与合作分享相结合、积极发表自己的观点的习惯，构建清晰思维，增进思考力和语言表达力。思维培育的教学重在实现学生主体意识下的学习，为了激发主体意识的觉醒，可运用意识渗透策略，如"课堂无差错原则""最聪明的学习者最大限度地暴露自己学习上的缺点""这篇课文的问题你能解决吗""你从这篇课文中学到了些什么"。在学生不发言时等待，逐渐培养起学生自主探究发现、合作学习的氛围和习惯。以上课堂教学的核心是基于自主建构的思想，提倡思想的自由表达、应变、自主发现和探索。《义务教育语文课程标准（2022年版）》"课程理念"的第一条和第二条一再强调"以语文实践活动为主线"的语文学习要求，实践活动本身就是探究过程，就是思维的全过程。思维是四个核心素养中关键的关键，抓住了它，就打开了语文教学实践的另一扇门———一扇带来语文教学光明的大门。

重构了语文课程结构，随之而来的挑战就是教学内容与教学过程的整合和优化，整合教学是高效的教学，需对学生提出"为态度而学"的要求。"态度"即付出积极的情感，集中注意力完成学习任务的意志和信心。因此，"学思"教学设计需要把握四要素：学习情境、学习方法、学习工具（学习支架）、具体的主问题。情境可以让学生产生真实思维，使得知识意义化、实践任务生动化。开发一些学习支架，同时提供思维外显化和反思性的学习工具，促进学生自主发现、自主探究、主动参与学习。

以教为主到以学为主的有效学习

——以《"诺曼底"号遇难记》一课教学为例

《"诺曼底"号遇难记》这篇课文我曾教过两次，一次是在教五年级语文上册第八单元的时候，另一次是在北京市开展"一师一优课"晒课活动的时候。第一次教采用的是以教为主导的方式，基本上是以教定学，学生在教师主问题引领下自主合作学习，这种方式的学习效果也不错，问题解决达到了一定的程度，但仍有同学对"哈尔威船长与船同沉"这个结局不予完全认同。从课堂效果上来说，自主学习不够充分，于是我决定趁晒课这个机会再教这篇课文。教之前，我对平行的4个班进行了问题质疑的前测，有34.7%的同学提出："哈尔威船长有机会逃生，却为什么选择与船同沉？"我便将此问题确定为教学的难点，通过采用课前在自主预习单指导下自学，课上学生当小老师学、小组合作探究学、交流讨论思维碰撞学、分享互动多维度学，课下读写结合学的方法，学习效果明显更好。

如何完成从以教为主导的学习到以学为主导的学习的华丽转身呢？

第一，备课，抓点找线，一课一得。

一篇课文要学习的点很多，要想面面俱到，且学得很透彻是不现实的。我们要深入解读教材，分析各种教学要素，理出一条主线，抓好思维和语言训练的作用点，以点带面地做好突破，力求目标简明，一课一得。这篇课文是一篇小说，这样的文章怎么读？我把了解小说特点作为学习主线，把如何通过语言描写体现人物形象作为"重锤猛击"的学习点，同时体会环境描写的作用，把"哈尔威船长有机会逃生，却为什么选择与船同沉？"作为难点。这样目标简约，课堂教学主线清晰，重难点突出，使得学生所获清晰、所获深刻。需要注意的是，"一课一得"是我国著名的教育家陶行知先生在20世纪60年代提出来的，可以作为教学目标选择时的一个指导思想，力求学习作用点突出，学习目标和教学环节整合性强，具有清晰的意义，而非指学习内容，就一点学一点。

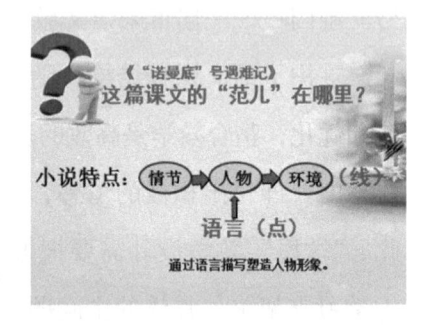

第二，教学设计围绕开放、自主学习，课前、课中、课后一贯设计。

整体、连贯、系统的教学设计是在突出体现某一理念基础上，紧紧围绕教学目标而完成的系统化规划教学的过程。

课前，精心设计自主预习单，指导学生自学。

> **自主预习单**
>
> "诺曼底"号遇难记
>
> 1. 本文是一篇外国小说，这些词语有什么特点？该怎么读？
>
>   "诺曼底"号　　南安普敦　　　格恩西岛
>
>   哈尔威船长　　洛克机械师　　奥克勒福大副　　克莱芒
>
> 2. 读读词语，说说发现。
>
>   巍然屹立　镇定自若　犹如铁铸　纹丝不动　黑色的雕像
>
>   惊恐万状　汹涌湍急　势不可挡　你推我搡
>
>   不可开交　失魂落魄　惊慌失措
>
>   突然　一刹那间　蓦地　几秒钟　立时　须臾
>
> 3. 课文初探：请你根据课文内容，用小标题的形式列出提纲。
>
>   （雾海夜航）—（　　　　）—（　　　　）—（　　　　）
>
>   对应的自然段：（　　　　）—（　　　　）—（　　　　）—（　　　　）
>
> 4. 质疑问难：读了课文，你能提出不懂的问题吗？请写下来。

课上，先让学生自己当小老师讲自主预习单。接着汇报交流，头脑风暴，简练、准确地概括小标题，理清小说情节。然后，抓住两处人物语言描写揣摩体会，重锤猛敲，体会人物临危不惧、机智果断的形象，体会环境描写的表达作用。接着通过出示学生质疑问题的数据统计表回顾提出的问题，自主交流，自由发表意见，分享认识。同学们或结合课文内容，或联系家长当海员的生活经验，或从船长对船的感情的角度，或从当时情况的危急，或从船长的职责，或从船长的品格方面自由分享自己的认识，同时教师从作者小说创作特点和作者救赎社会的理念层面渗透。最后拓展资料,提升情感,如拓展小说的结尾、船长儿子怀念船长的信这些文字资料。这样,全方位的解读,多角度的观点分享,使学生从感性到理性多角度地、充分地理解了哈尔威船长为什么选择与船同沉。通过为学生展示才华搭台子、创造机会,渗透学习方法,给予学生充足的空间,使学生在自主、合作、分享、互动、交流的平台上,发现探究,互相启发,经历了一系列有价值的心理体验,既发展了思维又发展了语言,扎扎实实地落实了语文基本能力。

课后又通过观看《泰坦尼克号》并查阅资料,写观后感或随笔的方式带给学生更多的认识、更深刻的思考。总起来说,这节课尊重了学生主体地位,给予了学生充分的自主空间,学生互动形式多样。

第三,课堂上,教师的作用发挥在学生汇报交流需要点拨、引导的时刻。

多年的观课经验和教学实践经验证明,在真实的课堂中教师会的,学生经过讨论、交流自己也会,而学生不会的,往往教师也不真明白。所以教师应该学会放手,做个具有协助学生学习的能力的人,当个导演,当个伯乐,当个会撒手不管的人,当个会管理的教师,当个举足轻重的人物。教师的功夫下在学生"跳一跳"也够不到"桃子"的时候,加以点拨、启发和引导,下在组织管理需要协调的时候,这样的课堂才是双赢的。这不也是教学相长吗?学习只是学生的一项活动,是学生人际交往的一个载体,是一个实现自我价值、完善自我的平台和机遇。

有效的学习必然是自主的学习,尊重主体也必然要尊重学生对课文个性化的理解。要取得共识,需经过学生自己对信息的加工和处理,任何方式的相告都是灌输,起不到好的效果。学生需要思维碰撞、思想辩证、认知体验,需要讨论、采择,完成内心的生长历程。学生学,学生汇报,学生讲,学生互相修正,教师及时地点拨、引导和补充,师生成了学习的共同体,在这个共同体中,每个人的地位都是平等的。理想的课堂就是这种学生以自由分享的姿态,"我的课文,我的课堂"的状态,不时凝思、讨论、朗读、动笔记录,不时发出"哦——"快乐的顿悟声、冲口而出的惊喜声的课堂,有种生命被激活、生动灵动的美。教师要学会寻找自己的教学价值和作用点来实现具有生命意义的课堂。

第四,课堂学习尊重个性、自由和共享的精神。

开放、自主的课堂还原了人与人交往的本质特点。课上学生走上了讲台,当起了老师,极大地调动了自身学习参与的积极性和学习自主的精神。同学们通过汇报、交流,分享自己的学习成果,互相补充、修正,自动自发地合作学习,集智、碰撞、多角度思考领悟、多方法体会揣摩,体验多,分享多,思维碰撞激荡多,形成了多层面、多维度的沟通情境和沟通关系,而教师真正成了一名设计师、点拨和引导者,成了学生成长的伙伴,使学生体验到教师对自己的充分理解和尊重,进而体验到自己在教学过程中的受重视感和平等感;同时,学生以自己内在体验的方式积极参与到了教师的教学生活中,体验到了自身存在的意义和价值。

学生是在互动、交流的和谐氛围中完成学习的。教师的教学设计感体现在学生的活动中,教师时而像一个隐身人,时而像一个参与者,与学生是一种平等的学习关系,不牵、不推、不替、不告,给予学生充分的信任,学生成了课堂教学生活的创造者,这使得学生能够全身心投入学习中。每位学生都成了课堂教学中有价值的资源,讨论、汇报、交流都基于个性体验,过程中主动寻求帮助,主动进行自我评价、自我修正、自我强化。在交往中师生学会包容、尊重他人的观点,倾听他人的谈话,做到智识共享。

总的来说,实现以学为主导的课堂就是尊重独立、合作、自由、自主、交流、共享的课堂,绽放生命个性的课堂,在共享的精神里实现师生的共同成长。

五、培养学生提出高质量问题的策略

（一）鼓励学生大胆提问、质疑，在交流中逐渐发现深度问题

方法一，初读课文即全文初探阶段提出不懂的问题，学习课文过程中提出新的问题，学习课文后提出仍不懂的问题或其他问题，让积极提出问题贯穿学习始终，逐渐培养起提问的习惯。方法二，在设立单元整体感知、自主交流课时，设置专门的环节让学生提出问题并初步交流、解决问题，给予学生展示问题、自主交流解决问题的机会，从而获得成就感。这个环节仍然解决不了的问题，基本上就是理解的重难点问题了。这个课时要积极引导学生认清问题的分类：有属于词语理解、含义深刻的句子理解、内容理解方面的；有属于体会思想感情方面的（如因学生生活经验不足，需要补充拓展资料、查阅资料等）；有领悟写法、表达方面的；有与课文内容学习有直接关系的；有因为课文内容而产生的与本课无关的问题；还有事实性问题、反思评价类问题、发散创新性问题等。通过长期提问、分类辨识，学生就逐渐明白了什么问题是有价值的问题，什么问题是价值不大的问题，该在什么时间用什么方法解决。

（二）教师要精心设计课堂提问

多提大概念问题，少提陈述事实性问题；多提思辨性问题、开放性问题及促进发散性思维发展的问题，少提封闭性、答案唯一的问题。

大概念指的是一个学科或跨学科探寻的本质问题。本质问题是指在学科中、人生发展历程中或是对世界的理解中真正持久而重要的问题。这样的问题是核心、要素或基础，它们往往是抽象的，是大问题，会促进学生对学科、人生、世界的基本理解。学科和跨学科的核心概念中蕴含着本质问题。"学科的本质问题反映了一个学科的关键探寻，指向学科中

的大概念。它们在学科的发展历史上是绕不过去的问题。"跨学科的本质问题常常是指向人生、社会的本质性问题。比如：什么是花朝节？什么是公正？历史学科的本质问题是："历史是否有可能避开写作者的社会和个人视角？"写作领域的本质问题是："最好的作者是如何吸引并黏住读者的？"这些问题的提出运用的是哲学思维方式。

（三）设计有效的驱动性问题

"为思维而教"首先要激活学生思维，而最常用的就是问题驱动学习模式。那什么样的问题能驱动学生主动投入思考呢？驱动性问题将引发学生经历怎样的高阶认知历程呢？大概念问题都是本质问题，可以激发学生思考，但是有时候本质问题又过于抽象和宏大，作为学生来说会感觉无从思考。本质问题与任务驱动性问题相互结合一下比较符合实际。《项目化学习设计》一书中说："驱动性问题包括事实性问题和开放性问题，开放性问题更适合作为驱动性问题。好的驱动性问题一方面能引发高级思维；另一方面能提供问题化的组织结构，为信息和内容提供有意义的目的。"那本质问题和驱动性问题又有什么区别呢？"一言蔽之：驱动性问题就是将比较抽象的、深奥的本质问题，转化为特定年龄段的学生感兴趣的问题。本质问题比较抽象，而驱动性问题则嵌入了学生更感兴趣的情境。"也就是说两者之间可以相互转化，有些本质问题也是驱动性问题，有些驱动性问题也是本质问题，问题情境创设很重要。

将本质问题转化为驱动性问题能更好地激发学生投入，而不管是本质问题还是驱动性问题，对于学生都是有挑战性的。怎么设计出带有本质问题特征的驱动性问题呢？①将具体内容问题或事实性问题提升为更本质的问题。比如，这个故事中，谁是玛丽最好的朋友？这是事实性问题、封闭性问题。可以将其改为：什么是真正的朋友？②将本质问题和学生经验建立联系。③把事实性问题转化为概念性问题。④从学生那里获得驱动性问题的雏形。（问题来源于学生）⑤运用"冲突、论争"的问题。

怎么才能让学生在学习过程中持续探索驱动性问题呢？也就是说，用怎样的认知策略来带动学习，实现高阶认知？马扎诺（2015）的学习维度框架体现了对不同维度和层次学习的整合理解，包含了态度、认知和心智习惯，指向中小学教师的智慧实践，有较强的科学性和应用性。《项目化学习设计》一书中采用了马扎诺的学习维度框架，项目化学习中的认知策略如图4-2所示。

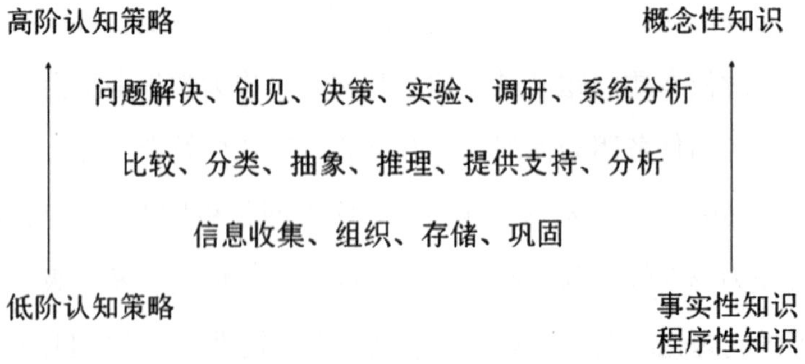

高阶认知策略　　　　　　　　　概念性知识

问题解决、创见、决策、实验、调研、系统分析
比较、分类、抽象、推理、提供支持、分析
信息收集、组织、存储、巩固

低阶认知策略　　　　　　　　　事实性知识
　　　　　　　　　　　　　　　程序性知识

图4-2　项目化学习中的认知策略

第五章

创思习作课程实施

> **本章导读**
>
> 学生的语文水平怎样，作文是一个重要的衡量尺度。习作教学是语文教学的"半壁江山"，也是培养学生创新能力的一个重要阵地。在习作教学中提高学生的习作水平，培养学生的创新能力，最重要的一条途径就是指导学生进行创思习作。

关于不同学段的作文，一、二年级称为写话，三至六年级称为习作，七至九年级称为写作，由此可以看出作文教学的目标阶梯。"写作是运用语言文字进行表达和交流的重要方式，是认识世界、认识自我、进行创造性表述的过程。"从《义务教育语文课程标准（2011年版）》对"写作教学"的表述中，我们可以看出培养学生的习作能力其实是丰富学生认识世界、认识自我、认识生活的能力，文字表述过程本身就具有创造性。

然而，多年来学生的习作仍普遍存在以下几个突出问题：

（1）无话可说。学生生活积累不够、积蓄不足，要解决"无米下锅"的问题，应积极引导学生用心去观察生活、感悟生活。

（2）空话套话多，流水账。这属于把事件具体化的问题，可以体现出学生对生活不敏感、体验不深刻、观察不够细致。知觉、观察、记忆、注意、思维、想象都属于认知能力，在日常教学中需要有意识地加强训练与培养。此外，还应丰富学生语言经验，提高语言的表现力，通过大量阅读培养学生对词句的敏感度。

（3）缺乏独特的观点和感受。这属于个性体验方面的问题，日常阅读文章或书籍一扫而过、囫囵吞枣，不注意揣摩、品味、体味、交流。即使有点想法也仅限于粗浅的认知并未有意识地深入思考，形成自己的观点。语文即生活，应积极引导学生观察、感知生活，发表自己的观点，交流自己的想法和看法，并有意识地加以锻炼。同时注意引导学生在阅读文学作品时结合自己的经验，理解、欣赏和初步评价作品，丰富自己的情感体验和精神世界。

（4）语言不通顺。只有通过大量的、自然的语言浸润才能形成语感。听得多了，尤其是读得多了，语言直觉变强了，语句自然通顺。

（5）错别字多。这需要日积月累，加强识字、写字练习，并在语境中应用，加以区分辨别。此外这还和学生的阅读量有关，读得多了，见得多了，自然会提高辨识、应用能力。

要解决以上问题，作为教学者，首先应非常清楚、明确各阶段有关习作训练的阶梯目标。在《义务教育语文课程标准（2022年版）》小学阶段总目标中关于习作的目标是"能根据需要，用书面语言具体明确、文从字顺地表达自己的见闻、体验和想法"。"具体"的意思是详尽的，各个方面的。"明确"的意思是确定。"文从字顺"的意思是顺畅、明白，指文章表意清楚、通顺。它的近义词有不蔓不枝、顺理成章。叶圣陶先生这样说："小学作文教授之目的在令学生能以文字直抒情感，了无隔阂；朴实说理，不生谬误。"在《义务教育语文课程标准（2011年版）》中还有一条是"能根据需要，运用常见的表达方式写作，发展书面语言运用能力"。虽然在《义务教育语文课程标准（2022年版）》的总目标中去掉了这句话，但我们作为教师仍需十分清楚明确的表达方式与习作评价要素之间的联系，这样才能在指导习作教学时清清楚楚地做到针对不同文体的创作侧重训练不同的表达方式。表达方式包括记叙、描写、抒情等。记叙是作者对人物的经历和事件的发展变化过程以及场景、空间的转换所作的叙说和交代。它指向习作评价要素中的"详略得当"。描写是把描写对象的状貌、情态描绘出来，再现给读者的一种表达方式。描写的手法运用得好，能逼真传神、生动形象，使读者如见其人、如闻其声、如临其境，从中受到强烈的艺术感染。它指向的是习作评价要素中的"具体明确"。抒情就是抒发和表现作者的感情，象征性地表现个人内心情感，具有主观性、个性化和诗意化等特征。它指向"主旨立意"。明确了义务教育阶段习作教学的总目标，我们就明确了小学阶段习作指导的方向，在各个学段直至某个年级进行指导训练时就能做到"向着远方，踏实走好脚下的路"。

一、写话、习作教学的理性思考

习作训练从写句子、写话到写片段再到写成篇的作文，由易到难，循序渐进。在习作过程中，要进行观察、思维和表达的训练，要结合起来进行训练。

观察

《义务教育语文课程标准（2001年版）》《义务教育语文课程标准（2011年版）》对观察提出了明确的要求，《义务教育语文课程标准（2022年版）》中对低年级的要求是观察大自然，热心参加校园、社区活动，增加了"留心周围事物"。对中年级的要求由"留心周围事物"提高到"观察周围世界"、大自然和社会，写自己的生活体验，并尝试运用多种媒介呈现。对高年级的要求没有变化。由此可以梳理出从低年级到中高年级由大自然、校园、社区到大自然、世界、社会的观察梯度。

因此，教师要正确引导，让学生养成良好的观察生活、思考生活的习惯，用一双慧眼去捕捉生活中可以利用的素材，为自己所用。

思维

为了提高学生的言语表达能力、发展自觉表象活动，我们在教学中必须重视培养学生的想象能力，如进行看图说话、写话训练；指导学生练习对抽象的词语做具体形象化描述；在阅读后，或推测事物的发展续写故事，或依据部分段落进行扩写练习，或将课文表达的内容编成话剧、小品表演出来等。

表达能力

在作文教学实践中，我们都有这样的体会：任何典型的材料、深刻的思想、精巧的构思，最后都必须借助语言这一交际工具才能把它们表现出来。语言表达的效果直接关系着学生作文的质量。为了提高学生运用语言表达思想的能力，有效地帮助他们克服思想外化为口头言语、书面言语时的困难，我们应该对学生言语表达的心理生成过程及其特点做些探索，重视由"看""想"到"说"，再到"写"的过程，"说"是帮助学生突破难以下笔的关键。

（一）习作始于观察和阅读

1. 习作始于观察

对比《义务教育语文课程标准（2022年版）》四个学段的写话、习作目标，我们可以发现观察能力的培养贯穿整个义务教育阶段。

第一学段：**观察大自然**，热心参加校园、社区活动，积累活动体验。结合语文学习，用口头或图文等方式整理、表达自己在活动中的见闻和想法。

对写话有兴趣，**留心周围事物**，写自己想说的话，写想象中的事物。在写话中乐于运用阅读和生活中学到的词语。

第二学段：**观察周围世界**，能不拘形式地写下自己的见闻、感受和想象，注意把自己觉得新奇有趣或印象最深、最受感动的内容写清楚。能用便条、简短的书信等进行交流，尝试在习作中**运用**自己平时积累的**语言材料**，特别是有**新鲜感的词句**。

第三学段：懂得写作是为了自我表达和与人交流，养成**留心观察周围事物的习惯**，有意识地丰富自己的见闻，珍视**个人的独特感受**，积累习作素材。

能写简单的记实作文和想象作文，**内容具体，感情真实**，能根据内容表达的需要，分段表述，学写读书笔记，学写常见应用文。

第四学段：**多角度观察生活**，发现生活的丰富多彩，能抓住事物的特征，为写作奠定基础。写作要有真情实感，表达自己对自然、社会、人生的**感受、体验和思考**，力求有创意。

写作时考虑不同的目的和对象，根据表达的需要，围绕表达中心，选择恰当的表达方式，合理安排内容的先后和详略，条理清楚地表达自己的意思，运用联想和想象，丰富表达的内容。

四个学段的要求体现了观察范围和观察能力培养的梯度：留心周围事物—观察周围世界—留心观察周围事物的习惯—多角度观察生活。

学会留心周围事物，需迈好"三步"：第一步，学会跟踪观察；第二步，学会定向观察；第三步，学会随机观察。观察和思考生活，体验洞察世界，抒写真趣人生。就怕蒙住自己的眼睛，塞紧自己的耳孔，视而不见，听而不闻。多以话题的方式进行渗透、聊……

观察是智慧的源泉。随着儿童观察活动的不断深入，思维材料不断地得到质的更新和改造。其间，经历了一个由模糊到清晰，由粗糙到精细，由反映事物的外表特征到反映事物内在联系的变化过程。观察的过程是一个发现问题、分析问题和解决问题的过程，它本身就是对思维的锻炼和发展。在观察中，儿童可以把所学的书本知识跟眼前具体、生动的形象紧密结合起来，在边感知边思考的过程中达到对概念的理解、掌握和运用，观察成为儿童所学的书本知识得以周转的重要手段。苏霍姆林斯基指出："发达的智慧的最重要的特征是观察力。""发展年幼儿童的思维，这首先就是发展他看见和观察的能力，就是通过对周围世界的视觉感知来丰富他的思想。"观察和思维的这种密切关系告诉我们，必须把观察能力的培养作为发展儿童思维的一项最基础的工作，并且通过切实的措施系统地训练儿童的观察能力。

掌握学生观察能力发展的水平。教师批改作文，要能对学生观察能力发展的水平做出分析和判断，以采取相应的措施，使学生的观察能力不断地向着高一级的水平发展。根据观察对象的复杂程度分为三个阶段：简单事物——一般事物—复杂事物。从科学观察的要求上可分为三级水平：能够反映事物的外部现象—能够抓住事物的外部特征—能够看出事物之间的因果联系和本质特征。从审美观察的要求上，可分为三级水平：①能够对事物外在的形式美产生直接的感受。②能够从他事物与本事物的审美联想或审美想象中增强感知的效果。③能够在审美感知的同时，在审美想象和审美理解的作用下，达到对事物美的本质的领悟。

2. 阅读教学中濡染浸润习作

我们从四个学段的目标中也可看出阅读与习作的紧密关系：

第一学段："……关心自然和生命，对感兴趣的人物和事件有自己的感受和想法，并乐于与他人交流。"

第二学段："……初步感受作品中生动的形象和优美的语言，关心作品中人物的命运和喜怒哀乐，与他人交流自己的阅读感受。"

第三学段："……能简单描述印象最深的场景、人物、细节，说出自己的喜爱、憎恶、崇敬、向往、同情等感受……""在交流和讨论中，敢于提出看法，做出自己的判断。"

第四学段："能对作品中感人的情境和形象说出自己的体验，品味作品中富于表现力的语言。"

从对阅读的要求中我们可以发现，日常的阅读教学目标恰恰对应着习作中问题的解决：空话套话多，缺乏个性、独特的观点。事实上，勤于观察，大量阅读，就是解决写作问题的法宝。

一、二年级阅读教学中渗透写话指导，如《棉花姑娘》一课进行分角色朗读的设计：

"请你帮我捉害虫吧！"

"对不起，我只会捉**空中飞的害虫**，你还是请别人帮忙吧！"

"请你帮我捉害虫吧！"

"对不起，我只会捉**树干里的害虫**，你还是请别人帮忙吧！"

"请你帮我捉害虫吧！"

"对不起，我只会**捉田里的害虫**，你还是请别人帮忙吧！"

读读这段文字，我们发现它有三个基本的功能。首先，提升学生认知，帮助学生认识到害虫会出现在不同的地点，不同的动物捉害虫时有自己的分工。其次，教会学生如何请求别人的帮助。最后，像这样重复的句式和重复的段落结构在一至三年级教材中出现的频次比较多，这是在反复中帮助学生在头脑中建立句子结构，学会表达。学生在这种重复句式的熟练朗读中将渐渐掌握驾驭语言文字的能力，建立起学习语文的自信心，获得成就感。

"如果教好阅读课，引导学生逐课逐课地体会，作者怎样用心思，怎样有条有理地表达出中心思想，他们就仿佛跟作者一块儿想过考虑过，到他们自己作文的时候，所谓熟门熟路，也比较容易抓住中心思想，有思维结构了。"

又比如《小虾》一课第三自然段的学习：学生在说到"吃东西的特点"的时候，往往用"小心"一词概括。教师带着学生通过反复朗读、讨论发现，在写吃的动作的时候，作者一连用了五个动作描写——"轻轻碰一下""迅速后退""再碰一下""后退""捧"，写出了"小心"。作者还通过"直到……才……"表现出小虾这些动作是反复在试探的，不仅是一连串的动作，而且是多遍一连串的动作，突出了小虾吃东西"非常小心"。学生就明白了概括应该用"非常小心"一词才是准确的。紧接着，这些动作要说明白，应该注意什么呢？怎样才能写清楚呢？一是要注意写清楚动作的顺序；二是文中用上了"先……然后……接着……又……直到……才……"表示顺序的词语。这部分阅读教学设计带领学生经历了认知、梳理到写法探究、鉴赏的过程，这个过程通过板书（见图4-1）呈现了学生的思维过程，也建立了一个段落表达清楚一个意思的思维结构，寻到了思维的路径。到自己写的时候，这样走过的路，学生自然有了深刻印象，自然会迁移到自己写的过程中。

再比如，四年级下册第三单元诗歌单元学习《繁星（七一）》这首诗的时候，通过反复朗读，发现语言形式方面有三组带"的"的短语排列："月明的园中""藤萝的叶下""母亲的膝上"，且三个短语展示的场景有从上到下、从大到小、由景到人这样的规律。接着，拓展阅读"语文园地"中另一首诗："春天的早晨，怎样的可爱呢！融冶的风，飘扬的衣袖，静悄的心情。"由此，学生建立起写诗的这样一种结构：总起句开头，接着写三个短语，三个短语排列的顺序是场景范围从大到小，由景到人，突出表现作者的思想感情。这就是在阅读教学中教写作。

低年级读绘本练说话是一种在集体阅读情境、语境中的说话练习，如完整复述故事、猜故事、谈看法认识、创编故事；是自我卷入、个性表达的学习。低年级学生读绘本讲故事，中高年级学生进行整本书阅读，这就是沉浸式说话写话指导、习作指导。经典文学作品就是语言表达的典范，阅读将促进学生全方位汲取营养。通过大量的阅读，学生之间有了更多交流的话题，而且是基于间接丰富生活经验、丰富语言、丰富体验的交流，在交流中促进思考，促进语言能力提升。周国平说："一个人但凡有了读书的癖好，也就有了看世界的一种特别眼光，甚至有了一个属于他的丰富多彩的世界。"书读得越多，心胸越大，视野越宽。

学生阅读感悟分享：

<h2 style="text-align:center">我的阅读心路</h2>

同学们好，我是三年级9班的杨文骁。

突如其来的疫情，让我们的学习和生活产生了巨大的变化，但无论外界怎样变化，我都一直坚持阅读。从寒假到现在的3个多月里，我读了很多书，差不多有70本，大约有1000万字，如《哈利·波特》、凡尔纳的7部经典小说、《纳尼亚传奇》、《多莱尔的希腊神话书》、《北欧神话》、《汉声中国童话》、《有故事的汉字》等。

不同的书，会带给我不同的感受。例如，《安徒生童话》中的故事充满了温情和美好，罗尔德·达尔的书能够将你带入一个神秘、冒险而又刺激的幻想世界，等等。在不同的书里，你会了解到很多意想不到的人和故事，它们有的令人感动，有的令人憎恨，有的令人疑惑，有的则令人欣喜或惋惜。种种历程，会让你觉得丰富多彩、非常有趣。

读书还可以增长见闻。比如，我了解到了，古埃及人是怎样做木乃伊的，古印度的孩子玩什么玩具，罗马的战士如何攻城，粗野的维京海盗是如何驾船的，古代的阿拉伯人是如何传教的，古印第安人是怎样筑神殿的，等等。

读书还可以打开胸怀，让自己不再为眼前的小事烦恼，不再总是计较得失，反而心里面会想着"管鲍之交"的宽宏大量；也不再因为眼前的失败而懊恼不已，反而知道兴衰成败不在一时。

最后，我想将我和爸爸共同的读书名言送给大家："读书能够让你，别嫌疑、明是非、定犹豫。"

3. 怎么观察，怎么写；怎么说，怎么写

好的写话标准就是"上口"。通篇上口的文章不但可以念，而且可以听，听起来跟看起来念起来一样清楚明白，不发生误会。（叶圣陶语）最有效的办法是养成好的语言习惯，真实、朴实些就好。语言习惯好了，写起文章来也错不到哪儿去，站在听话的人的立场，自己听听，那样一番话是不是句句听得清，是不是没有一点障碍。在观察和体验中具体化，如实写，变成故事。小学生还没有进行虚构的能力，要大量地进行基于事实的记叙。看见、看清。要观察。不仅观察景色和物品，更要观察环境、人和活动。看清楚了，看细致了，在落笔的时候自然是清楚细致的描写了。联想和想象是自然生发的事情，只要在写自己的真情实感，这些方法肯定都用上了。激发热爱写作的方法就是发表，尤其是在班内及时展读他们的作品。

写话兴趣需要培养，不要给学生限制和束缚，让学生"放开胆子"写。让学生怎么观察怎么写，怎么说怎么写；写自己想说的话，写想象中的事物，自由表达，自主表达；想写什么就写什么，想象到什么，就写什么。重点就是保护学生写话、自由写作的积极性。需要重点提醒学生的就是写的每一个句子的意思必须要表达清楚、通顺、完整、连贯。为了提高持续写的兴趣，教师要及时通过各种形式进行展示，如班级朗读，年级展出，利用升旗仪式朗读展示等，并给予大力表扬和鼓励。朗读就是发表，交流促进自信。

通过对比不同学段写话、习作目标（见表5-1）可以发现，不同学段侧重点不同。在实际教学实践中，值得我们注意的是习作教学的目标是螺旋式上升的，我们不能等到五六年级时才引导学生明确写作意义，到初中时才开始提升读者意识，而是一二年级做说话、写话指导时就有所渗透。

表 5-1　不同学段写话、习作目标对比

学段	内　　容	写话、习作目标
1	对写话有兴趣，留心周围事物，写自己想说的话，写想象中的事物	激发写话兴趣
2	乐于用口头、书面的方式与人交流沟通，愿意与他人分享，增强表达的自信心	建立写作信心
3	懂得写作是为了自我表达和与人交流	明确写作意义
4	写作时考虑不同的目的和对象	有读者意识

叶圣陶先生曾说，教学生阅读，一部分的目的在给他们个写作的榜样。因此，教学就得着眼于文中所表现的作者的积蓄，以及作者用什么功夫来表达他的积蓄。这无非要使学生知道，胸中所积蓄要达到如何充实而深美的程度，那才非发表不可；发表又要如何苦心经营，一丝不苟，那才真做到了家。阅读的文章并不是写作材料的仓库，尤其不是写作方法的程式。在写作的时候，越不把阅读的文章放在心上越好。

（二）"言说"，从看、听、读到写的引桥

"重读写轻口语"的思想依然影响着小学语文教学。写文章就是说话，也就是想心思。思想、语言、文字，三样其实是一样。想得认真，是一层。运用相当的语言文字，把那想得认真的心思表达出来，又是一层。两层功夫合起来，就叫作"修辞立其诚"。

在《打开文学的方式》这本书中提到：一个普通人，如何来打开文学，与文学发生关系，从文学中获取收益，我们要的是用自己的脑力，为自己"打开"文学，自己真正地享用之，就是要"言传"、"身教"、操练。书中写道：你的感动需要"言说"。你的"言说"就是你的"解读"，就是你对文学的"打开"。《做会为自己选书的阅读者——基于儿童阅读偏好与兴趣的观察与解释》中提出，"阅读交流是读书最大的价值"。两者观点如此一致，"言说"如此重要。语文学习不能只限于默会、

意会，还要会言传、言说，使"意会"之处也可"言传"，就是在进行系统的思考、语言实践。诵读是说的另一种形式。根植语言风格和凝练语言的办法是"日有所诵"，读诗背诗，把诗心激发出来，把诗性涵养起来，把诗意用文字表达出来。诗歌是最好的语言材料，接触优秀的语言和巧妙的构思，凝练智慧，心里的话会自如地流淌出来。文从字顺便说明早已攻克这道难关了。

下面（见图5-1）是一位经常考试不及格的三年级小学生读过《日有所诵》之后的微习作。

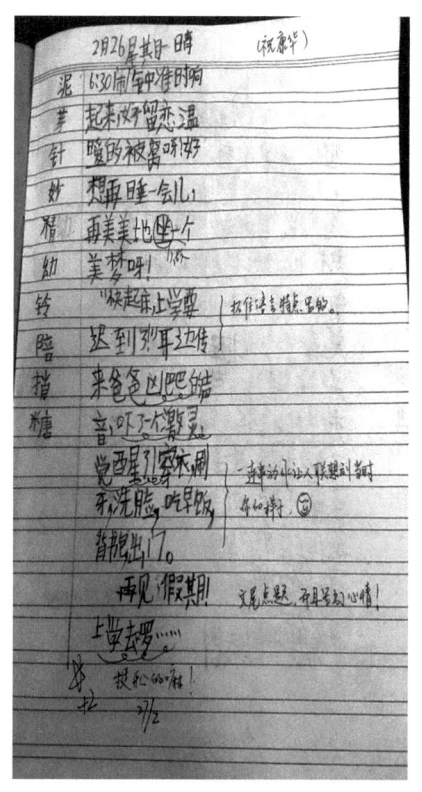

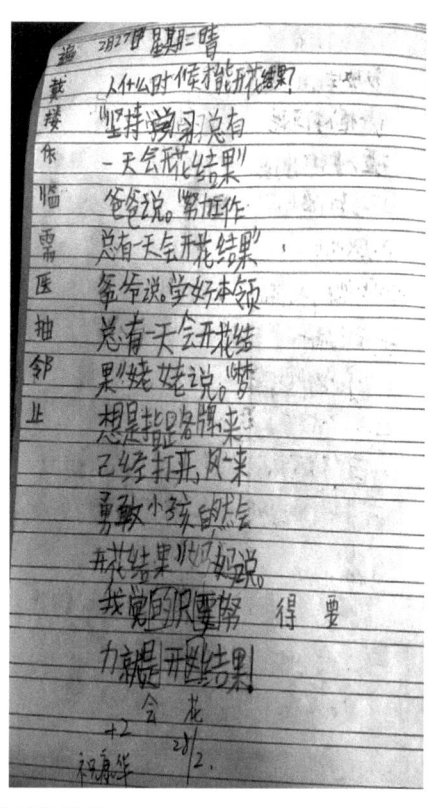

图5-1　微习作示例

从中我们可以看出，感情多真挚朴素呀！语句都不需要刻意再去改动什么，这就是大量诗歌诵读带来的效果。

《义务教育语文课程标准（2022年版）》把《义务教育语文课程标准（2011年版）》中的口语交际和习作做了整合，形成"表达与交流"目标板块，突出了说和写的相互促进作用。

比如，三年级上册第六单元"壮丽的祖国山河"安排了三篇精读课文《富饶的西沙群岛》《海滨小城》《美丽的小兴安岭》，这三篇课文的课后题都有"说""写片段"的训练要求。例如，《富饶的西沙群岛》一课要求："选择你喜欢的部分，向别人介绍西沙群岛。""小练笔：从下面的图中选择一幅，写几句话。"《海滨小城》一课要求："说说课文写了海滨小城的哪些景象，这些景象是什么样的。"《美丽的小兴安岭》一课要求："如果到小兴安岭旅游，你会选择哪个季节去？结合课文内容说说你的理由。""选做：你的家乡哪个季节最美？为什么？写一段话和同学交流。"这三篇课文的课后思考题贯穿了"哪些景象，什么样的，带给你什么感受"这样一个主问题。紧接着这个单元安排了习作"这儿真美"训练，要求写清楚"这个地方有些什么，是什么样子的"，非常典型地体现了读—说—写的习作学习路径。

（三）读者意识——选择用怎样的语气、语调、姿态讲述故事

维果茨基在《思维与语言》中提出：儿童在2岁左右甚至更大一些的时候，分别代表语言和思维发展的两条曲线汇合，语言和思维之间逐渐形成相互联系、相互依存、相互制约的关系。作文是观察能力、思维能力、语言表达能力三者整体效能的综合体现。观察能力的训练必须与思维能力、语言表达能力的训练一起抓，而且要根据不同年级的特点，使各种不同类型的观察技能训练同与之相适应的思维方式和表达方式的训练有机结合在一起。

曹文轩先生在《蜻蜓眼》这本书的序中写道：像"蜻蜓眼"这样的故事，我只能取端庄的写作姿态，用庄重的语调去书写。事实上，我的写作基本上就是这样一种姿态，这样一种语调。在写作倾向上，我可能更赞赏

十八世纪、十九世纪、二十世纪初的写作。那时的作家，姿态是端庄的，语调是庄重的。无论雨果、巴尔扎克还是托尔斯泰、肖洛霍夫，也无论是鲁迅还是沈从文都是这样的一种语调。

在习作教学或说话、写话教学中，虽然对照课程标准我们看到读者意识是初中阶段才在目标中出现的要求，但从低年级开始我们就应铺垫读者意识，说话写话、习作要有对象意识、读者意识，否则到了高年级，这就成了习作教学的难点。至于语气语调、写作姿态，则可以通过基于学生个体阅读偏好去阅读大量的经典文学作品，找到适合自己的表达叙述方式和那种能让心底里的话自然流淌出来的语言风格。

我们应该注意对学生写话、习作的要求不宜高中求高，能达到年级阶段、学段目标即可，把"具体明确，文从字顺"当作高标准，至于修辞之工，谋篇之巧，初非必要之需求。能之固佳，不能亦不为病。目的既如上述，则选择读物殊为必要。比与以模范，始得有着手之方。（叶圣陶、王钟麟）

（四）观察、思维、语言三辆马车并驾齐驱

写作指导紧紧围绕观察、思维、语言三点融合发展做足文章。

1. 教观察

三年级观察什么？观察的关注点是什么？教师的引导体现在哪里？看到，看清，看出；想到，想清，想出。如何指导看清楚？其实又回到了看什么，看哪些内容和方面。观察的内容，如路上的车流，路边小店的牌匾设计特色，上学路上的见闻等，要及时捕捉学生正在进行着的生活，加以提炼和指导。观察身边事物如公园、校园里的景、人、物、事，激活思考，激发兴趣，体验乐趣。

三年级学生不能只写横向思路的文章，否则限制了叙事纵向思路的发

展,到四年级进行写事练习时遇到的瓶颈就会很大。所以,观察内容要把观察到的事纳入进来,观察的范围要广、杂。详细观察,简单记事,多背诵、多读书是重点。简单记事需要持续观察,也可以属于观察系列。

丰富生活体验,不仅仅是积累素材,更重要的是身心整体深度参与,有真情实感。不拘形式地自由分享,使写作变得更有意义。在三年级教会学生观察是思维、写作提升的关键。教会观察就是教会认识,认识物,认识景,看清楚,这里面又衍生出活动、故事、典故等。这些观察变成了生活,观察也变得生动而更加有意义。定点观察,随机观察,定点持续观察,观察景,观察物,观察人……这其间又会获得多少乐趣和知识。

交流和分享自己的发现和体验乐趣,并使之成为日常的必聊话题之一,持续成为学习的一种价值观引导。

2. 教思维

思维可教吗?是的,思维也需要教。各科都需要教会思维,作为学校教育自身而言,就负有受教育者思维能力培养的重任。要培养一个人成才,很重要的一个因素在于思维,在于科学的思维。思维作为一种品质和能力,作为人的智力的核心,它是人的智慧的集中体现。叶圣陶先生曾提出,"训练思想(思维)应该是学校各科教学的共同任务"。从微观角度看,通过接受教育,发展个体的思维品质和水平,每一个人都能成为创造的主体,都能够不断地从自己的创造性工作过程和成果中体验到生命的价值,体验到成功的感动,那么无论是对其内在潜力的进一步挖掘、创造活力的不断释放,还是对于其人格的圆满、心性的提升,都大有裨益。

1)评、教、改一体化

习作过程是生活体验回放或亲历的过程,也是生活再现或体验的过程。基本路径是回放(或亲历)共同的生活或观察、说、写,然后展示朗读,再观察,教师介入、引导,对某一细节进行训练,拓展思路,进行多角度思考，然后再写，再展示朗读、修改。如此反复。此过程有观察体验，有动脑思考，有动手写，有同伴交流即评价，还有教师的评价，这就是评、教、改一体化。

2）建立思维结构即建立模型

写作技巧教授的最好方式就是语篇的浸润。在阅读教学或习作指导过程中带领学生逐步建立起思维结构也就是建立起一种表达模型，对于说什么，怎么说，写什么，怎么写，怎么说好，怎么写好，能有个全局统筹的训练。有了结构，有了路径，剩下的就是内容了。这就好比盖大楼，先做好结构设计、建筑设计。一般文章有横向思路与纵向思路；承接式、行进式；圆形循环式（首尾照应）；点上开花式，如围绕一个词或一句话展开写。不同文体，表达方式有所侧重，有的侧重叙述，有的侧重描写等。有了模型，学生举步成篇就容易多了。

3）激活情感，唤醒思维

习作基于对生活的观察、体验和思考。知识是表达的基础，知识呈现越系统，知识掌握越深刻，思辨性越强，越易掌握知识本质。表达源于倾吐的欲望，其根本是思维、是情感，情感和思维是紧密结合在一起的。创设真实的学习情境，再现或当下创设体验的情境，在情感的催化下，在情境的感染与推动下进行积极的思维。

4）关注并研究语言形式

语言是思维的工具，语言即思维，语言能描述清楚了，也就意味着想清楚了，思维清楚。每一种语言形式里都存在着一种思维结构。不同的语言形式，就是不同的小的思维模型、思维结构。关注并研究语言，有助于发展思维；词汇和语句的丰富、形象的积累，让思维的表达更具表现力。部编版教材从三年级开始着重引导学生关注语言形式，比如"阅读时，关注有新鲜感的词语和句子"。

三年级的小学生对语言的敏感度最高，对三四百字的散文诗最有感触，积累最快；诗文语言充满诗意和想象，具有韵律感，特别能激发学生的想象，这样的语篇学生接受起来特别快。到了高年级，除了课文，适当增加诗和散文背诵以增强积淀，让学生自主浸润其中，体会词句在语言情境中表情达意的作用。鉴赏能力提高了，自觉运用的意识就强。

常读，常背，常写。养成写作习惯，让写作像呼吸一样自然。提高对语言的敏感度是促进表达交流、训练思维的一种方式。

5）重视个性化阅读体验交流分享和质疑提问品质培养，打破思维定式

长久以来，因应试思想严重，形成了以书本为中心、崇尚书本的倾向，教师教学模式化，而且忽视个性阅读体验造成了思维中的从众定式，严重影响了学生创造性思维能力的发展。思维是对周围世界的间接和概括的认识（反映）过程。它的反映本质是：第一，反映对象和现象的一般特征和本质特征；第二，反映对象和现象之间的实质性的关系和规律性的联系。在小学阶段，学生的思维以形象思维为主，也就是说，从以具体形象思维为主要形式逐步过渡到以抽象逻辑思维为主要形式。因此，教师应该用好书本，在教书本知识的同时，积极引导学生主动发现语言文字表达的规律，学会基于个性化阅读体验进行思考和提问，甚至是质疑与辩论；鼓励与提倡发展个性和独立性，敢于标新立异，注重培养学生思考的独立性、灵活性、深刻性、独特性。

（五）建立思维结构，寻得思维路径

知识是思维的基础。没有知识经验，思维就难以很好地发挥作用。杜威说："我们可以有事实而没有思维，但我们不可能有思维而没有事实。"思维能力的高低，一定程度上取决于主体的知识结构和文化背景。日本教育理论家佐藤三郎曾说："学校教育中的智力训练，必须是以教育内容为依据的教学程序之中的东西。"《布鲁姆教育目标分类学》把知识分成了四大

类别：①事实性知识。②概念性知识。③程序性知识。④元认知知识。我们教师大多习惯局限于事实性知识的学习，而忽视包含概念性知识、程序性知识和元认知知识在内的更为广泛的知识类型，还容易忽视学生独立认真阅读教材、理解教材、建构知识框架等有意义的学习过程。因为这样的学习过程是建构学习的过程，经历了思想上艰苦努力的过程，用时比较多，费力比较大，因而教学容易走捷径即教师讲得多。而教师需要转变这样的观念，引导学生以知识为载体，经历艰苦思考的过程，学会思考，建立知识结构、框架即认知结构，获得成功学习体验。学什么？怎么学的？思考什么？用什么路径思考并解决问题？应达成怎样的目标即结果是什么？在这样的过程经历中建立起思维结构，寻求到思维路径，即学会思考，学会学习。

比如，学习《美丽的小兴安岭》一课。学习（思考、体验）的目标是感受、体会小兴安岭的美。经历的过程是：课文从哪几个方面写出美的？抓住四季的哪些景物、什么样子写出美，让人体会到美的？用个结构图（见图5-2）表示思维结构如下。

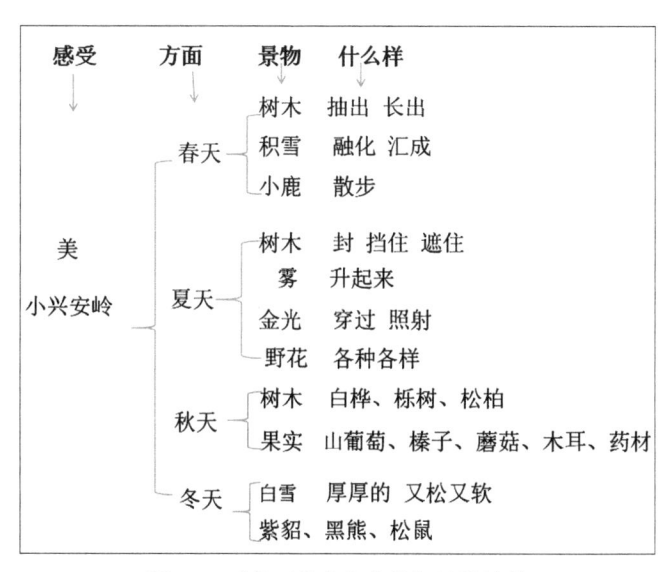

感受	方面	景物	什么样
美 小兴安岭	春天	树木 积雪 小鹿	抽出 长出 融化 汇成 散步
	夏天	树木 雾 金光 野花	封 挡住 遮住 升起来 穿过 照射 各种各样
	秋天	树木 果实	白桦、栎树、松柏 山葡萄、榛子、蘑菇、木耳、药材
	冬天	白雪 紫貂、黑熊、松鼠	厚厚的 又松又软

图5-2 《美丽的小兴安岭》思维结构

思维结构以主体的知识结构为基础，是实践结构的内化，是知识结构被同化、纳入主体思维结构的过程。反过来，思维结构对人的认识具有重要作用。首先表现在对于客体的同化上，即把外来的刺激纳入主体已有的思维结构，然后对它进行加工和选择。当外来刺激被纳入主体思维结构，经过选择、过滤，被同化的时候便引起相应的反应，客观事物由此被主体所认识。最终思维结构呈现出来的形式就是认知结构、知识结构的形式。在阅读教学中我们就要带领学生自然而然地形成这种认知结构。由于文章的内容不同、题材不同，文章的结构也各不相同。在部分和部分的关系上，有的属于并列关系，有的属于递进关系，有的属于因果关系，有的属于转折关系，有的属于承接关系。这些不同关系反映着内容之间不同的逻辑联系。当我们弄清了部分与整体、部分和部分之间的关系后，注意渗透结构性思维，就会形成一种思维方式。

（六）好作文不是教出来的

好作文不是教出来的，关键在于胸有积蓄，且有倾吐分享的愿望，教师的作用是激发与唤醒、渗透，使之浸润。下面看三年级小朋友的微写作。

一个会变脸的妈妈

我有一个会变脸的妈妈。

在早上起床的时候，妈妈坐在我的旁边，一边轻轻地拍着我，一边亲切地叫我："小懒虫，该起床啦，太阳晒着屁股了。"

在我握笔姿势不好的时候，妈妈双手叉腰，声音高八度地说："挺胸抬头，注意握笔姿势。"

在我吃早饭的时候，妈妈摸着我的头急促地说："赶紧吃饭，马上就要迟到了。"

在晚上快要睡觉的时候，我在小书桌旁看书，妈妈从床上站起来，一把拿走我的书说:"已经过点啦,赶快上床睡觉吧!"

爱玩儿捉迷藏的蚕

"一、二"怎么回事?我不是有三只蚕吗?为什么只有两只了?仔细一看,少的那一只竟然是"面条儿"。它总是一整天都在睡觉,就算醒来也只吃几口桑叶便又睡了,怎么会丢呢?我心急如焚。我又把盒子里的每一个角落都看了一遍,就是没有找到。这时,我拎起一片叶子,惊喜地发现"面条儿"在叶子上。也许是因为它躺在叶子边缘要吃东西,为了走近路,所以爬到下边去吃叶子了。真是虚惊一场。看来蚕在偷懒方面,也十分聪明。

这两篇微习作,写得清楚、明白,处处流露出自然、朴素、真实的情感。学生的观察细致,叙述生动,不是教师指导所能达成的,秘诀在于日常的阅读、观察、交流、诵读,是长期浸润的结果。独立思考问题、提出问题是创造性学习的重要特征,也是学生历来的薄弱环节,对习作表达这样的主体活动来说,独立意识就显得更重要。引导学生善于提出问题、独立解决问题并敢于表达自己的见解,也就是将被动的感知变为主动感知,将随意感知变成定向感知,养成了这样的习惯,学生就具有了独立思考能力、观察能力,习作自然有了个性特征。

评价一篇习作,一般按照内容、结构、语言、其他四个维度来评价。内容:①选材适当;②感情真实;③想象合理、丰富,思想清晰,目的明确。结构:①按照一定顺序叙述,条理清楚,内容具体;②根据需要分段表述,段落之间衔接自然。语言:语言清楚、通顺。其他:①行款正确;②书写规范、整洁,有1~2个错别字;③正确使用标点符号。基本原则:尊重学生独特的生活感受、阅读感受、成长感受,充分激活学生思维,激活学生对生命意义的探索。基于自我的、真实的体验就是最好的。叶圣陶先生给出了好作文的标准,"令学生能以文字直抒情感,了无隔阂；朴实说理，不生谬误""要写得便于听""上口"和"入耳"。念下去顺当流畅，语气和音节非常自然，跟平时说话一样，没有含糊的、不确切的词语，没有啰唆的、不起作用的词语，这才叫能够读。读起来顺当不吃力，这就便于听了。讲究节约的稿子，干净利落，这就便于听了。"上口"和"入耳"，才能充分地起到交流思想情感的作用。

关于评价的主体，不仅要有教师，还需有学生。我们可以读给学生们听，让他们来评价，要相信学生们的鉴赏能力。

关于习作修改方面，叶圣陶先生给出的建议十分贴切当下的形势。"老师改作文是够辛苦的。几十本，一本一本改，可是劳而少功，是不是可以改变方法呢？我看值得研究。要求本本精批细改，事实上是做不到的。与其事后辛劳，不如事前多做准备。平时不放松口头表达的训练，多注意指导阅读，钻到学生心里出题目，出了题目做一些必要的启发，诸如此类，都是事前准备。做了这些准备，改作文大概不会太费事了，而学生得到的实益可能多些。"我们若能落实好叶圣陶先生的谆谆教导，也就做好了习作教学了。

总之，无论何种文体的写作，叶圣陶先生的这种"好作文"的思想是我们评价一篇文章好坏的基本标准。

二、写话、习作教学的范式

写作是一种思维活动，是创造性思维过程，文章是思维的结果。写作是在锻炼思维，以思维发展为先，以培养观察力作为首要任务。写作更是一门思维训练课，训练思维：怎么想，想的路径。训练思想，即认知的高度、宽度、深度：态度、情感、价值观。

（一）自由写话，自主表达

先"说"后"写"，一、二年级写自己想说的话，思维、语言融合发展。

有想有思—有话要说—搜索积蓄，组织语言材料—说出来—思维加工后再清楚地说出来。想说在前即思在前，听得见的语言在后。

从写一句话开始，然后写几句话到一段话。

兴趣第一，写话形式力求多样、切忌单一。训练遣词造句的基本功。千万不要指定一个词让"造句"。教师要不断指导鼓励，引导学生做好写话训练三部曲：有话要说，有话写下来，有话能写好。写话内容的关注顺序应从大自然到社会生活，从景到物，从整体场景到形象再到细节，由表及里，从现象到本质，随机训练与有意识训练相结合。

写话主张为生活而写，生活中还有哪些需要？

说明、介绍、推荐、抒发观点或感情、设计海报、创意、写信交流、通知等，将这些形式都纳入练写内容，增强语文实践的丰富性。

写话的形式多样，训练要扎实：看图写话、观察写话、情境写话、听读写话、对话式写话、想象性写话、创造性写话。

我们最常见、最常用的就是看图写话。单幅图的看图写话基本步骤：

（1）初步看图，图上画的有哪些景物或事物？是什么样的？

（2）正确、细致看图，反复练习，在试错中习得正确、细致的观察方法。

（3）细致、有条理地说图，练习讲述图意，难点是图画中事物、景物的主次关系即重点景物和次要景物、主画面和背景画面，发现联系，梳理写的先后顺序。

多幅图的看图写话基本步骤：

（1）初步看图，有几幅图？每幅图上画的有哪些景物或事物？是什么样的？

（2）连图观察：几幅图连起来画的是什么？

（3）有序说图，写话。

操作要领：情境导入—独立看图—说出图意—连起来说图意，多幅图抓联系，单幅图抓重点。

写话的重点是训练遣词造句的基本功。比如，阅读中出现的常用的、生动的词语，阅读教学时必须突出，结合上下文和生活中的事物、景物，让学生感受词的形象和情感色彩。一是，通过组成词组、组成句子，让学生学习运用，并在运用中加深理解。二是，通过同义词、词语归类逐渐帮助学生积累词语，鼓励学生运用新学的词语，切忌以词解词式的抽象的单纯词义教学。三是，在校外认识周围世界的活动中，有意识地将事物的形象与学过的相应词语联系起来。例如，三年级开展了微写作活动"我为词语做代言"。

学生作品举例：

缤纷

赵雨薇

我们的世界是缤纷的。

春天是缤纷的。一朵花开出一个春天。红的似火，粉的似霞，白的似雪。全开了的花，像一个个小仙子在跳舞；半开的花，像一个个害羞的小姑娘躲了起来。小小花骨朵，就像小婴儿一样等着春风唤醒她呢！清香宜人的兰花，争开不待叶的桃花，五颜六色的月季，还有白璧无瑕的梨花，都一起来了，争芳斗艳。

夏天是缤纷的。各种打扮的冰激凌上场了。你瞧，有穿着巧克力色上衣的，有穿着粉色的小短裙的，还有穿着蓝色短裤的，他们招呼着："快来呀，快来呀，我快被火热的太阳烤化了，快让我躲进你的肚子里去吧！"

秋天是缤纷的。一叶知秋。树叶是秋天的信使，它们把自己装扮的漂漂亮亮，好像在筹办一场秋日晚会。瞧，苹果抹着红红的脸蛋轻盈地走来了，香梨划着黄色的小船来了，石榴张着红红的小嘴向大家问好。

初冬也是缤纷的。半片黄叶落下来，我仿佛听到了树叶跟大树母亲告别的声音。火红的树叶掉落在小河里，小鱼游过来把它当帽子。金黄的树叶和果子落在地上，小鸟飞过来把它们当被子和粮食。冬青树的叶子不变色，它是冬天的绿色点缀。神奇的大自然为人类带来了五彩缤纷。

（二）习作教学范式

1. 自由表达，自主习作

课程标准中强调自由表达，自主习作。习作教学中经常采用的形式有微写作、日记、自然笔记、持续观察日记、读书日记等。利用及时反馈、展读、展览的方式激励学生持续保持写的兴趣，还可以用无上限积分策略进行"动力加持"。如将积分纳入阅读积分卡中，所得积分可转化成"读书币"，期末开展一次"交易会"或"跳蚤市场"活动，模拟自由贸易市场，让学生体验自由选择、市场买卖的乐趣。

2. 濡染沉浸式全过程指导

先自由自主写，再在分享交流、头脑风暴中讨论出评价标准。然后，历经体验、观察，再互评互改，教师评改。最后，展示发表。过程中采用非指导性原则，淡化教师主导地位，采取浸润式、渗透式的点拨，防范思维束缚学生，引导自主建构。

案例一：观察，写植物

首先带领学生到校园去观察，去之前要讨论观察什么，从哪些角度观察。以小组为单位，自由观察和记录。过程中，孩子们有时会摸一摸，用手比画比画,看到大树还会去搂一搂有多粗……这一节课就在欢乐、沸腾、自由、自在中度过。习作未完成的,回家写,第二天放学前交上。

接着,教师批阅交上来的第一次写作成果,把习作中的优点、问题记录下来,准备点评,做指导。

表 5-2　第一次写作成果

	习作方法	修改要素
1	不是大白话,紧紧围绕一个意思写。写出真实的感情和感受	语句通顺,用词准确
2	把细节加进去:对话、样子、姿态、动作、场面、神情、心理……	分段表述、行款正确
3	把自己的感受、感想、想象、联想、猜测加进去	书写整洁
4	折腾折腾,不能只明白地写一句话	内容明确
5	写出"六感":听觉、视觉、嗅觉、味觉、触觉、感觉	细节描写具体生动
6	多角度观察,多角度写:正面与侧面;远看与近看;仰视与俯视;放大与缩小;我看与他看等	真情实感,不虚假
7	用点方法:比较、对比、分类、引用、比喻、拟人、排比(有的……有的……有的……;或……或……或……;有时……有时……有时……)、直接抒情、插叙故事或传说等	文尾或文中点题
8	写变化(不同时间段看到的不同,不同季节的不同等)	正确使用标点符号

然后,再次指导,分课上两个步骤、课下一个步骤。第一个步骤是展示分享,头脑风暴。采取的方法是朗读展示具有代表性的作品,学生头脑风暴进行评价,把提出的修改建议写在黑板上,学生提出的建议实际上就是习作指导意见,也包含评价标准之意。教师及时拍照保存下来,课后做出梳理。这里需要注意的是,尽量不改变学生的原话,保留学生们自己讨论的痕迹,体现他们的思维成果。第一次习作,出现的主要问题是写的字数较少,也就是内容不丰满。于是"以怎样写,才能写得多"为主要解决的问题,进行头脑风暴。写得多,就是做加法,写出折腾,写饱满,写丰满,写丰富,写生动。表5-2整理的是学生们的课上评价、修改建议。第二个步

骤是针对提出的修改建议，小组内朗读展示自己的作品，再次对照黑板上普遍存在的问题或优点，自己点评一下自己的文章，再听同组同学做点评，明确自己需要修改、补充、完善的地方。第三个步骤放在课下，没有观察清楚的同学，自己利用大课间、快乐午间等时间再去观察，修改自己的习作。

最后，教师把以上评价、指导的小条打印发给每一位学生，学生根据小条对照文章一一标画，个别还没有达到要求的进行面批指导。优秀作品立即放在班内展示栏展示，或班内展读，或投稿，或上传校园网优秀习作专栏等，还可以打印出来，由学生自己设计封面，做成专辑，人手一册。

像这样的习作指导过程重在体现、加强学生自身个性化的生活体验、情感体验、观察体验，将习作指导意见和修改评价意见融合在习作指导过程中，让其完全出自学生自己之口、之思，是一种体验式习作教学，是自由自主习作基础上的习作指导，是基于自主体验、自己领悟的习作指导，这样的评价话语因出自学生自己之口，更容易为学生理解和接受吸收。用这种方法，也可以指导课后的观察。

学生作品举例：

杨树

三（9）班 安以恒

今天，我和同学们到校园寻找自己喜欢的花草树木。忽然，一阵微风吹过，耳边传来沙沙的响声。这时我才发现，我已经走到了一棵高大的杨树旁边。

我特别好奇，它到底有多高？因为我抬头都望不到它的顶。可是怎么量呢？哈哈，我看到了校园墙外有一栋高楼。我数了一下，这栋楼一共有13层，每层大约有3米高，这棵杨树刚好和这栋楼一样高，也就是说，这棵杨树大约有39米高。

这棵树可真粗啊！我和同学两个人都没法把它围住。那它到底有多少岁呢？这我可就不知道了，因为想要看出一棵树的岁数，就必须要看树内部的年轮。

这时，我看见了它的叶子，是网状叶脉，单子叶植物是平行叶脉，双子叶植物是网状叶脉，所以说杨树是双子叶植物。而且这棵树的树干很神奇，中间被直直地分成了两半，就像是被闪电忽然劈开了一样。

因为杨树的树干上面有很多像眼睛一样的横纹理，所以我们可以轻易地辨认出来。

我发现这棵树有一面有非常多的蚂蚁，顺着蚂蚁往上看，原来是树脂正在从上面往下流呢！我就想会不会有树脂正好把蚂蚁给粘住，到了千年之后，变成琥珀呢？

现在正是杨树传播种子的时候，漫天的杨絮乘着风的翅膀飘来飘去，寻找自己生根发芽的地方。我相信许多年之后，它们也会变成参天大树。

葡萄树

周筠函

葡萄树长得很快，转眼间，它的枝条已经有一米多长了。看着它郁郁葱葱的样子，让我不禁想起了它生长的过程。

初夏的一天，家里的一盆君子兰枯萎了，姥爷随意把种君子兰的花盆放到了阳台上。本来打算暂时不用那个花盆了，可是不经意间，有一个嫩绿的小枝叶从花盆里探出头来。开始，姥爷以为那是一棵杂草，过了几天，"杂草"长出了一片有小锯齿的叶子。哦，原来这是一棵葡萄树苗！我想，一定是有人不经意把葡萄籽落到了花盆里，但就是这个人的不经意，才孕育出一个幼小的生命，铸就了这棵小树苗的成长。今天，种子用将近一年的时间将自己从默默无闻的葡萄籽，变成了一棵茁壮成长的小葡萄树。它也引起了我极大的兴趣。

秋末的季节，葡萄树出现了一些细小的变化。

葡萄树的枝条上，有的叶片歪七扭八，水分稀少，已经失去了往日郁郁葱葱的模样，绿色的叶片上长出了黄色的斑点；有的叶片换上了深黄色的衣裳，掉落在地上；有的正在极力阻挡秋风的侵袭，毫不畏惧，像一面旗帜一样挺起自己笔直的腰板，威风凛凛。

气温虽波动不定，但是夜间的温度已经降到3°C左右。葡萄树的叶子还在一片片地变黄，大部分的叶子甚至已经掉落在了我家的阳台上，铺成了一条"黄地毯"。

窗户外面的树木长满了红色、黄色、绿色的叶片，随风飘落。这色彩斑斓的秋景与阳台上葡萄树的颜色协调一致，一眼望去，在葡萄树的点缀下，这片秋景更迷人了。葡萄树枝条上还挂着几条弯弯曲曲、打着圈圈干枯的藤蔓，它让我想起了爬山虎那细小的脚。如果在夏天，这些"脚"也会像爬山虎一样紧紧地抓住窗户外面的护栏，让树枝依靠在护栏上，舒舒服服地生长。我忍不住打开窗户，用手轻轻地触摸一下树叶，叶片干枯，水分全无，好像瞬间就要变为一片片碎片。我在心中对树叶说：冬天还没到，你也太脆弱了吧！

转眼到了立冬时节。窗外大树上的树叶已经所剩无几，但葡萄树上有些叶子不仅没有掉落，连颜色也没有改变。虽然葡萄树的枝条表面看上去已经干枯，表现出懒洋洋要冬眠的样子，但当阳光洒向叶片的时候，它那挺拔、高傲的身姿更凸显出旺盛的生命力。

我忽然感觉，葡萄树不畏寒冷表现出的是一种顽强不屈的精神！"兰秋香风远，松寒不改容。"我也要不断培养自己这种遇到困难坚韧不拔、勇敢刚强、勇往直前的性格，永葆活力，向上有为。

我接满了一小桶水，给阳台上的葡萄树补充水分，靠近它的身边，仔细观察它几天来的变化。立冬后的阳光微弱地洒在葡萄树的身上，好像给它包裹上了一层金黄色的纱衣。葡萄树上为数不多的叶片依然很不规则地挂在枝条上，乱中生美，黄绿相间，别有一番景致。

阳台上原来摆放的五颜六色的花木，不知什么时候被姥爷移到了屋内的窗台上，仅有的这棵不畏寒冷的葡萄树还在原来的位置上摆放着。姥爷站在我的身边，用剪刀认真地修剪葡萄树上枯萎的枝条。我发现，经过修剪的葡萄树比之前又增添了许多精气神，相比窗外那些光秃秃的大树，这棵小小的葡萄树就显得更有灵性，更有生命力了。

我真希望这棵小小的葡萄树好好度过这个冬天。

案例二：按照事情发展顺序写校园生活中的一件事或一次活动的习作评价标准。

根据学生的头脑风暴，梳理如下：

（1）有真情实感，写自己感兴趣的、印象深刻的、细节记得清楚的亲身经历的事情或活动。把时间、地点、人物、起因、经过、结果交代清楚。先写起因再写经过，经过是重点写的部分，过程中要有曲折、有变化。最后写结果。文章结尾点明主题。

（2）写法列举：

①概括写之后要具体展开写；

②写场面，写整体后要再聚焦某个活动或某个环节或某几个人写；

③看到什么、想到什么就写什么，如实写来更能打动人；

④用上修辞：引用、拟人、比喻、排比、反问……

⑤抓对话，抓动作，抓心理活动，抓联想或想象，抓样子，抓声音等。

案例三：写一件（　）的事

（1）展开情节的方法之一：抓住对话描写，对话结束，故事也就结束了。

（2）一件事情抓住一条主线贯穿始终。

①有的抓住心理活动，看到—想到—做到。

②有的抓住变化贯穿始终。

③有的抓住动词（动作、行为）展开。

3. 怎么读，就怎么写

前面我们讲过习作指导始于观察与阅读指导中，也以三年级上册第六单元为例说明在阅读教学中如何渗透习作，又在习作指导中再次加以突出。三年级学完关于童话的许多文章之后，进行基于创作角度的对比发现，孩子们总结出了以下特点。

想象文：寓言、童话（都讲述了一个真理。）

习作题目：小雨滴

怎么写：

（1）用对话推进故事，故事中的动植物都会说话。

（2）用循环往复的结构、故事情节，激发读者的疑问和思考，来说明一个意思或道理。

（3）用夸张的手法突出一个主题。比如：三颗纽扣的小房子怎么会不停地容下那么多人呢？这就是为了突出点明三颗纽扣的"心胸大"。

（4）重复的故事情节（故事结构）之后有变化。比如：在三颗纽扣的房子里面，王子看到这件事后反思了自己以往的言行，后来心怀百姓。

要求：

（1）读自己写的文章，对照以上4条，讨论是否做到了，然后修改。

（2）语句通顺；标点符号跟着字走；每一段开头空两格；开头段不要过长。

4. 基于读懂教材的习作指导模型

教无定法，习作教学像阅读教学一样，有不同类型的习作指导，有想象类、写景类、叙事类等，教学环节需要紧紧围绕教学目标来安排。我们采取模型要素自由组合法来设计习作指导与讲评课。

常见的习作指导教学要素：明确目标、创设情境；打开思路、阅读教材；紧扣要素、明确要求；回顾写法、理清思路；练习表达、展示评价；课堂总结，课后延伸等。

习作讲评课模型要素有：回顾要求，整体点评；佳作展示，互学互鉴；共同修改，完善表达；自读自改，互学互改；课堂总结，课后延伸等。

以五年级上册说明文习作单元教学为例。

学生的写作难点有两个：一是一般写物的文章与写物的说明文容易混淆；二是说明文习作容易出现资料堆砌的情况。

这个单元采取了项目化学习的方式来设计：

第一步，创设真实任务情境："最美校园，最美遇见"，学校幼儿园的小朋友要来本校游学，每个小组将与小朋友结对子、当小老师，并带领他们感受优质的校园环境和美的内涵。你们会选择校园中的哪种动物、植物、物品来做最精心的演讲介绍？你将从哪些方面介绍？怎样才能介绍得清楚、生动呢？怎样做才能准备得更充分？

我们还可以把介绍的内容写成一篇文章，集全年级之力打造一本校园百科全书。在全年级进行了出项和观察选材指导之后，以小组为单位进行活动。

第二步，学习课文《太阳》《松鼠》，指导习作。

第三步，具体的习作指导。下面（表5-3）是两次教学设计，对比可以看出第二次教学设计指导思想的变化。

表5-3 两次教学设计对比

环节	初设计 用时	初设计 教学内容	再设计 用时	再设计 教学内容
环节一	15分钟	单元复习，回顾两篇精读课文和两篇习作例文的写作方法	2分钟	情境创设，明确目标
环节二	10分钟	读教材，指导写作	10分钟	交流写法：①回顾单元内容、结构、说明方法；②阅读习作例文，拓展知识和方法
环节三	10分钟	学生动笔	5分钟	建立读者意识，指导选材
环节四	5分钟	读，展示	13分钟	现场写作，巡视指导
环节五			10分钟	互动交流，评改，启发

第四步，出项。邀请幼儿园的小朋友们来参观，学生当解说员、当导游，并对校园做介绍。把写的说明文集结成册，招募编辑、文字校对、美编等，进行书籍封面设计评选等，最终成就一本校园百科全书，这个过程就是实践活动与习作发表。

习作讲评课基本模型：

板块一：习作总评

结合班级学生的作文情况，进行班级作文的小结，主要肯定大家的选材比较丰富，能够从多角度选取喜欢的事物，这是比较难得的。

板块二：展示交流

从班级作文的整体引到学生作文的个体，跟学生一起回顾、探究本次习作的评价标准，目的在于强化学生的认知；再以小组为单位，结合评价标准进行自评、互评、小组推荐；最后将小组推荐的优秀作品在班级中朗读展示，并邀请同学进行讲评，这个环节的目的是让学生换一个角度发现同学作文中值得学习的地方，取长补短，相互启发。

板块三：难点评鉴

引导学生从整体到片段进行推敲，先出示一个片段，引导学生按照

"读一读—发现问题—如何解决"的流程进行,当学生觉得困难时,及时出示主体课文和习作例文中的片段,再次学习作者是如何写清楚的,从而找到修改的策略。在这个环节结束时,应该给学生进行一个小结,即结合板书总结一下同学们修改的片段重点在哪里,这样学生修改的目的性会更强一些。

板块四:自主修改

学生有针对性地修改自己的习作片段,展示、交流自己的片段。

板块五:互评交流

小组交流,读一读,互评。评价的标准沿用单元学习过程中,习作指导时同学们自己给出的细则:能够抓住事物的特点,恰当运用说明方法,把事物的特点介绍清楚;能从不同方面介绍事物的特点,并能引起读者的兴趣,使人读后有收获。

5. 基于习作知识体验的习作指导

到了高年级,随着学生逻辑思维、辩证思维的发展,习作教学应该在以体验式、感悟式教学激励学生写作兴趣的基础上,明确地提出理性的、贯穿写作知识的习作练习。获得写作知识的理性认知,可以帮助学生建立习作自信,并促进其自主自觉加以运用,提升习作鉴赏能力、修改能力,从而减少写作恐惧。写作知识的教学可以从一篇篇的文章阅读中得来,也可以从整本书阅读中得来,比如《亲爱的汉修先生》《俗世奇人》《昆虫记》《汤姆历险记》等。教师可以针对某种写作知识进行有计划的教学。

比如,于永正老师的《把作文写得有声有色》的教学就是很好的范例。理解写作知识"有声有色"是通过"读中悟,说中明,做中学"实现的。这节课分为四步:三个例子,一组词语。先用三个例子让孩子们分别领会声音、色彩带来的表达效果,然后给一组词语,让孩子们进行创作,当堂点评。

（1）看两幅图，读一段话，提问：哪些地方写看到的事物？哪些是写听到的声音？（交流，模仿声音）

（2）读《小英雄雨来》片段，哪些是听到的声音？（拟声词）文章运用拟声词有什么好处呢？（身临其境、有声有色）

（3）讨论：为什么要有声有色呢？

走进大自然会听到……

走进工厂会听到……

现在教室多静啊，如果哪个文具盒掉到地上……

晚上静不静？静就能听到爸爸打呼噜的声音，谁来模仿？……打呼噜很有特色，谁来模仿？

（4）我们就生活在这多姿多彩的有声的世界里，走进树林你会听到什么声音？

如果来到小河边会听到什么声音？

来到大街上会听到……

大自然有各种声音，我们要用笔写下来。老师带你们去公园看一看，要带上眼睛，带上耳朵。（放录像，没有声音）

师述：……（没有声音）

再播放，加上声音的……

第二次逛公园，感觉怎么样？把刚才听到的、看到的，写下来，老师给你们提供一些词语：①轰隆隆、呼呼、哗啦哗啦（画面）；②嘿嘿、咯咯、嘻嘻（出现什么人）；③啪、呜呜、啪、扑哧（会想到一件什么事）。

（5）写，巡视，交流。

（三）创造性思维习作

人类文化史就是一部创造史。英国科学家霍伊尔指出："今日不重视创造性思维的国家，则明日将为沦为落后国家而羞愧。"写作是创意，写作即创造。多做一些创造性思维写作的练习既丰富了写作的形式，又训练了思维，激发了学生的写作兴趣。教师应激发和培养学生本身的创造力，帮助他们挖掘写作素材，让他们对写作发生兴趣，并在写作过程中，主动地、逐渐地掌握有关写作的技巧。教师则在学生不断写作的过程中，来磨炼和培养他们的文字表达能力。

①基础作文：字词联想、意象联想、换句练习、短句伸长、叠句练习、夸张法、特写镜头、拟人化、明喻法、暗喻法、象征法、衬托法。②音乐作文。③看图作文。④剪贴作文。⑤合作作文。⑥接力作文。⑦成语作文。⑧趣味作文。⑨编写短剧。⑩评论故事。⑪感官作文（利用五官感觉）。⑫表演作文。⑬说故事作文。

2017年三年级小朋友毕栩涵的日记如图5-3所示。

> 2017年9月16日　声音
>
> 　　眼睛，给了我们色彩，让我们领略大千世界的五彩缤纷。耳朵，给了我们声音，让我们能够聆听大千世界的奇妙旋律。我在声音里了解这个世界，我在声音中逐渐长大。
>
> 　　从婴儿在摇篮里咿咿呀呀学语，到第一声叫爸爸妈妈，从老师的教诲，到爸爸妈妈到成天的唠叨，从小孩子的嬉笑，到吟诗、弹唱，我在声音中长大。
>
> 　　大自然的声音，更加有趣，清朝诗人张潮有一首诗《听声》："春听鸟声，夏听蝉声，秋听虫声，冬听雪声。松下听琴，月下听箫。涧边听瀑布，山中听松风。"
>
> 　　昨天晚上我静静坐在小区的树林里，仔细的聆听周围的声音，我听到了蟋蟀在草丛里唱歌，青蛙不停地呱呱叫，一阵微风拂过，掠过树梢，发出轻轻的沙沙声。
>
> 　　我去过很多瀑布，我喜欢站在瀑布下听瀑布的声音，就像诗人李白所描写的景象"飞流直下三千尺，疑是银河落九天"。我去过海边，大海非常神奇，有时平静如水，有时波涛汹涌，海浪拍打着岸边，发出轰隆隆的巨响。我乘坐过飞机，飞机起飞时，发动机发出剧烈的声音，飞机加速前行，然后听到响声逐渐减弱，飞机起飞了。
>
> 　　我讨厌噪音，讨厌在公共场所大声喧哗，比如上自习时就应该保持安静，让同学们能在安静的环境中学习。

图5-3　毕栩涵小朋友的日记

> 2017年12月2日　我希望我的房间是魔术屋
>
> 　　我很喜欢我的房间，在那里可以睡觉、写作业、弹钢琴、看书、玩。可是，有时候我希望我的房间和现在不一样。
> 　　我希望我的房间是一个五彩缤纷的世界。有各种各样的花，有绿油油的小草，有茂密的大森林、有清澈见底的小河，有秀丽的高山。走进房间，好像进了原始森林，让人心旷神怡。
> 　　我希望我的房间是一个魔术屋。墙壁是巧克力，窗户是果冻，床是面包，地板是饼干，水龙头里流出来的是可乐，枕头是大白兔奶糖，书架是薯格。哇，那该多好！
> 　　我特别希望我的房间是游乐园。有过山车、有摩天轮、有海盗船、有旋转木马，可以让我尽情的玩儿，而且不用买门票。
> 　　我希望我的房间是太空船，只要趴在窗口就能看见月球、土星、木星、金星、火星、天王星、海王星、水星……说不定还能看到外星人呢！
> 　　我希望我的房间是大书柜，有历史书、地理书、漫画书、小说、科幻书、工具书、数学书、语文书……这些书可以丰富我的知识。
> 　　幻想完了，我还是最喜欢现在的房间，在这里可以读书、幻想。

图5-3　毕栩涵小朋友的日记（续）

（四）习作教学三阶梯与三部曲

语文的外延与生活的外延相等。捷克教育家夸美纽斯说过："我们应该用一切可能的方式，把孩子的求知与求学的欲望激发起来。"充分开发和合理利用富有特色的语文课程资源，开展丰富多彩的语文实践活动，可激发学生求知与求学的欲望。现在各校都很重视自然和人文环境的打造，在最美校园建设的同时渗透了文化理念和课程资源，这也是习作指导生活化的有效途径。

习作内容和目标可分年级结合学校课程进行序列化规划。习作教学三阶梯：三年级，想说乐说——放胆文；四年级，不拘形式有话可说——小心文；五、六年级，有构思——会说。

三部曲：写作视点遵循成长阶段特点，用好校园课程资源。三年级：写出来，写起来，不厌写，起步成篇；面批、鼓励、在赏识中引导，在发表中、互评中激励。关注点是我与自然、我的家、我和同学。四年级：不拘形式地写见闻、感受和想象，表现自己觉得新奇有趣的或印象最深、最受感动的内容。关注点是人的活动（发生的事儿）、人与自然。不拘形式，纵向思路，有情节发展、细节描写。五、六年级：讨究写作。关注点是人与社会。习作教学三阶梯和三部曲如表5-4所示。习作教学的训练重点如表5-5所示。

表 5-4 习作教学三阶梯和三部曲

	目标要求	激励与指导策略	内容关注点	策略	步骤
三年级	想写什么就写什么，写自己想写的。写起来、写成篇，不厌写，起步成篇，横向思路练习	1. 面批、鼓励，大力地表扬、赞赏 2. 展读、发表，家长圈表扬，使其拥有更多的读者 3. 大作文指导与微写作日常指导相结合；无上限积分评价激励 4. 让作文题目紧贴生活、有创意，给开个头，指定当下的内容，学生自己出题目，随便选	我和自然、我的家、我和同学、校园活动、校园景物、关注身边的变化	1. 野马放缰，放胆写 2. 内容及顺序：走到、看到、想到，时间，不同方面，总分，地点转换 3. 阅读书目：《亲爱的汉修先生》《森林报》	想说乐说有话可说说有中心（赏）
四年级	不拘形式地写见闻、感受和想象。（表现自己觉得新奇有趣的或印象最深、最受感动的内容。）写事难点在于思路的连贯流畅，整体、逻辑一纵向思路	1. 发表、展读互评、改进后再展读互评 2. 基于写作知识的作用的指导。重点：如何铺垫，因果关系，各部分与中心的关系，细节描写的作用 3. 像作家一样写作，心里有读者意识。帮孩子找到写作特长、特点；找到自己的薄弱点	人的活动（发生的事儿）、我和自然、关注时事、社会	1. 不拘形式，小心文 2. 纵向思路，有情节发展，细节描写 3. 阅读书目：《俗世奇人》《昆虫记》《老舍读本》《俗世奇人》《神秘岛》《昆虫记》等	围绕中心会说；有见有想有情（赏、改）
五、六年级	写作讨究写事围绕中心铺垫，写人特点突出；讲点艺术性 多种表达方法的综合运用；中心的突出形式	1. 大作文，精心指导儿篇，下足气力 2. 以活动任务作为驱动，互评、积分来促进自主写，自主修改	人与社会，世界；班级里的那些人、那些事儿；校园里的那些人、那些事儿	1. 讲究点文学性 2. 共读书目：《青铜葵花》《俗世奇人》	能鉴赏，能自改

表 5-5　习作教学的训练重点

训练重点	三年级	四年级	五、六年级
内容	我与自然 观察、体验校园自然环境。持续观察记录农场的种植，小动物园；记叙摘山楂活动	我与他人 观察、体验校园人文社会生活。持续观察景色变化，重点观察广场、园、路；记叙国学中秋活动	我与社会 选材新颖，有独特体验。重点体会校园文化的内涵，观察、体验社会性活动，习作中能够运用问道路的名言警句。记叙摘柿子活动
观察事物	1.按一定顺序观察、认识事物 2.有重点地持续观察，认清事物	1.学习有比较的观察 2.抓住事物特点进行观察	多角度观察事物，合理想象
看图作文	按步骤看图，弄懂图意 细看细想，说写具体	看图想题，抓住重点；仔细看图，合理想象	能从图文等组合材料中找到有价值的信息，有自己的发现和感受
写作训练点	1.围绕一个意思用一段话写清楚 2.抓住事物的特点写具体	1.能够按照一定的顺序进行表达，做到有条理 2.抓住细节写具体	1.详略得当地进行表述 2.写实与联想结合，写生动具体
句、段、篇训练重点	句、段结构；围绕中心句；句子的类型；顺序训练	总述与分述 写清楚	概括叙述与具体描写

文字的原料是思想、情感。思想构成的径路，情感凝集的训练都是要讨究的。讨究了这些，才能够得到确是属于正面的原料，不枉费写作的劳力。而作文，就拿这些合理与完好的思想、情感来做原料。思想、情感的具体化完成了的时候，一篇文字实在也就已经完成了，余下的只是写下来与写得适当不适当的问题而已。

学生作品举例：

小男生的侥幸

这周三，晴空万里，空气中夹杂着一丝丝热。我坐在车里透过玻璃看着这五彩的大自然，凋零的花瓣儿随风飘落，留在枝头的花儿美丽依旧，人来人往，各自奔向西奔向东。啊！有两个人影从我眼前一闪而过，然后又回来了。怎么回事？我看清楚了，是穿着校服的一个小男生和一个小女生，只见小女生拼命拽住小男生的两条胳膊，小男生的脸像一只大红气球，铆足了劲儿要向前走。这时，小男生胜利了，他挣脱了小女生的手向前走去，我看到小女生神情复杂地看了一眼上方。她在看什么呢？我追随着她的目光往上看，天啊，是红灯。我再一次把目光集中在小男生的身上，是的，你没有听到"啊……"的一声，那证明他走到斑马线对面了，他侥幸地过去了。但，如果他没有过去呢？那位小女生的内心将会是怎样的呢？自责、痛苦、忧郁……那么，他的家长呢？无论他们是怎么想的，但那时已经晚了，又有一个生命会被死神无情地夺去，而等待他的非死即伤。不过，他过去了，死神让这个生命在这个世界继续生存下去。可是，他却选择在马路的右拐道等待，等待他的同伴。

呼……滴滴……一辆摩托车从小男生面前驶过，小男生背着书包愣愣地站在车流中，小女生背着书包，坚定地站在斑马线旁，等着红灯变绿灯。她对小男生做着手势，意思是不要站在那里，快到安全的地方。小男生看了看小女生，快步地走开了。此时，小女生仍站在原地等着红灯变绿灯。我觉得她就像春天里最美的一朵花。安全第一，"红灯停，绿灯行"，不要存在侥幸心理，做一个文明的小学生。

点评：这是四年级小学生赵雨薇同学的一篇随笔。作品选题很好，规则意识的培养和守则习惯的形成对成长中的少年很重要。场面描写再现了生活中小男生遭遇的种种险情。文中有联想，有议论，抓住生活表象、现象进行本质思考，并明确地表达了自己的观点，表达了对社会行为的审美。从中可以看出这位小学生的思维发展已经走在了前面，向辩证逻辑思维的方向发展了。

只要我们根据学生的年龄特点、学段特点、认知规律，充分规划好写作课程序列和课程资源，就能很好地促进其写作思维的高阶发展。

（五）不同国家和地区习作教学研究现状比较

1. 中美习作教学研究比较（见表5-6）

表5-6　中美习作教学研究比较

	美国	中国
习作内容	侧重生活事件及历史事件的评价；展现自我意识、想象力及生存技能	侧重人、事、物、景的描写及道德问题的评判。培养学生的写作技巧和文字表达能力，但对写作之外的能力不太关心，学生作文时只能进行文字的排列组合，不能进行知识、经验、兴趣、爱好的排列组合
习作核心	注重个性观点	叙事立意
习作要求	不要求学生当堂完成写作任务，可以到图书馆查资料，可以调查访问，给予学生充分思考和准备的余地	要求学生将自己所认识的人或经历的事如实地记录下来，做到主次分明、条理清楚、用词得当

2. 作文教学思想理念对比（见表5-7）

表5-7　作文教学思想理念对比

学者	观点
美国学者克莱默	促使儿童书面语言充分发展的主要因素是语言的创作，即创设一种情境，使儿童感到自己是真正的创作者
南加利福尼亚大学的斯迪芬·德·克拉森教授	（1）增加作文训练的次数只对初中一、二年级学生作文能力的发展有益，但对提高小学高年级学生的作文熟练程度帮助不大
	（2）增加课外阅读比增加经常性写作训练对发展学生作文能力更有效；学生课外阅读有助于作文能力的发展
	（3）在高中阶段，让学生多做一些说理性的、评价性的、鉴赏性的写作训练，有助于学生作文能力的迅速提高与发展
	（4）学生作文技能中的表达方式和结构方式等因素是可以并且能够教会的，但其他因素教不会，语法教学指导对于发展学生的作文能力毫无帮助

续表

学者	观点
南加利福尼亚大学的斯迪芬·德·克拉森教授	（5）教师评改学生的作文草稿，在学生作文的过程中给予及时反馈，对提高学生的作文水平确有效果，但教师在家里或办公室批改作文后再发给学生，则对发展学生的作文能力没有什么作用 （6）学生中优秀写作者作文时大多花较多时间构思、复读和修改 （7）学生作文总是"受题目的束缚"，很少花时间考虑自己文章的读者，应像专业作家一样，花较多时间考虑所写东西对读者的影响，即怎样把自己的观点传送给读者，读者需要怎样的背景知识才能读懂，什么东西能引起读者的兴趣等问题

3.我国台湾近年作文教学的趋向

（1）由划一化趋向弹性化。表现为灵活地处理教材中作文训练的内容，增加教材中作文训练的量，寻求自由的、更富有创造性的训练方式与训练内容。

（2）从泛政治化趋于民族化、本土化。在作文教学中强调民族观念，阐扬固有伦理、道德，认识乡土环境，热爱乡土文化，养成修己善群、勤劳服务的习性，培植民族自尊心和自信心。

（3）由文雅化趋向休闲化。主张教育更应该注重培养学生生活能力，更应该使学生学会丰富、安排和消遣学习、工作以外的生活，支配自己的课余时间。在作文教学中表现为追求趣味性、幽默性和游戏性。

（4）由注重模仿趋向创造。在作文教学中，强调学生的创造性。注重学生创造想象、创造思维及创造精神的培植。特别是结合学生的学习与生活，鼓励个性化的自由联想。

以下是海峡两岸联合杯作文大赛的作文题，要求观察图5-4，自拟题目写一篇文章，可以看出思维开放性非常强，有益于突出学生的写作个性和思维品质。

图5-4

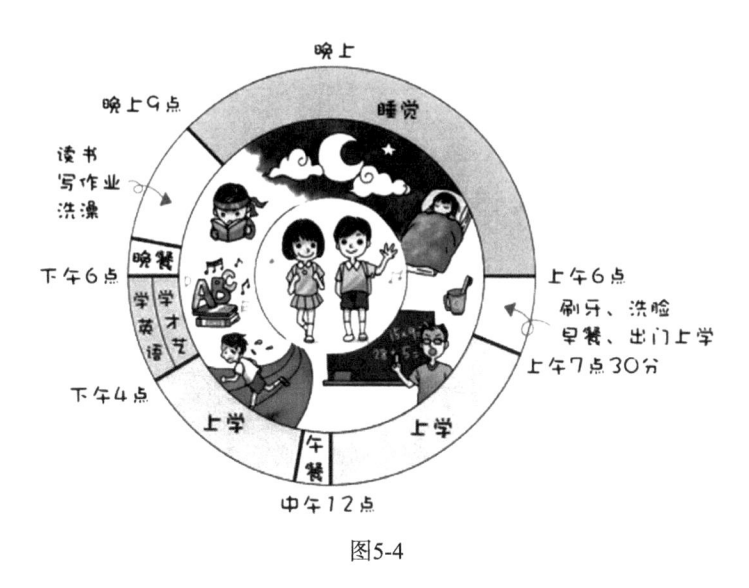

学生作品举例：

一盒彩铅

北京市育英学校 四（1）班 戴小晓

小女孩看了看她那幅未完成的画《世界》和旁边的一盒彩铅，上床睡觉了。周围是那么安静，但盒子里的彩铅七嘴八舌地吵开了。

橙色彩铅抢先一步说："我代表温暖和友好，大家看见我都会有一种安全感。我应该最好！"

绿色彩铅紧接着说："我代表自由和青春，大家一看到我就会全身充满活力，而且我还养眼。我应该最好！"

黄色彩铅接着说："我是太阳的颜色，我很阳光，我还代表幸福和乐观，大家看着我心里便会充满希望。我应该最好！"

粉色彩铅用她那又甜又腻的声音说："我代表温柔和宽容，大家看着我心中就会涌动着爱。我应该最好！"

紫色忙不迭地用傲慢的语气说："我代表优雅和高贵，大家看到我心里便会浮现出梦幻的意境。你们都比不上我，我是最好的！"

"……"

"我最好！"

"我最好！"

"不，不！我最好，你们都没我好！"

彩铅们失去了理智，大声地争论起来。这时，一缕阳光射了进来。第二天早上了，小女孩要来画画了！无奈之下，彩铅们只好闭上了嘴巴，乖乖地让小女孩使用。小女孩展开她的画纸，画了起来。

彩铅们安静地看着。它们看小女孩如何让红彤彤的太阳从东方升起；看绿油油的小草是如何长得生意盎然；看信鸽怎么飞越湛蓝色的大海，把亲人的心里话传达；看老师是怎么教学生念字读书，让他们成为国家的栋梁……

画完了！《世界》画完了。小女孩站起来，看着画，灿烂一笑。随后，她拿着画欢呼着出了房间，留下一盒在沉思的彩铅。

三、怎样教，才能写得"多"

教师常要求学生习作要写够一定的字数，提醒学生把内容写具体充实，而最令学生头疼的就是写够字数。综合分析，写不多的情况主要有四点：

（1）缺乏感情内驱动，态度不积极，没有展示自己的经验、吐露自己的心情的意愿。

（2）缺乏细致观察和内心独特体验的积累，语言无个性。

（3）缺乏细节描述，记叙性的语言多，概括性、笼统的语言多。

（4）缺乏思考力和想象力，写得啰唆，有效文字少。

基于以上分析，我尝试用四种做法进行指导：

（1）创生话题，自主体验，自由写作，激发倾吐意愿。

（2）留心观察，指导观察，自由演练，锻炼思想和情感。

（3）丰富表象，微格训练，敏锐感官，向美而生。

（4）以问促思，濡染浸润，建立思维结构，播种读者意识。

（一）激发倾吐意愿

"好烦呢，又让写作文……"

"又要写作文，好无聊啊……"

"唉，一参加什么活动就写作文，好累啊……"

因学生对写作缺乏感情内驱力，是由一种被动的任务驱动，因此写作态度敷衍，写出来的文章自然不鲜、不活、无趣，自然字数有限。

【妙招介绍】自主体验，自由写作，激发倾吐欲望。

写作是一项主体活动、独立活动，态度、情感就显得更重要，写作能力的指导应贯彻"情感为主"的原则，可运用三个途径来激发写作情感：①唤醒倾听、阅读期待；②叩开发问、评价的闸门；③交给解决问题的钥匙；④找寻写作的归属感和乐趣。总之，巧借榜样，唤醒发现的眼睛，激活倾吐的欲望，倡导放胆作文，树立表达信心，体验到写作乐趣。

【案例叙述】

海棠熟了
——习作指导第一阶段

教学对象：三年级下学期的小学生。

执教背景：自主观察，自主写作之后。

1. 唤醒倾听、阅读期待

上课伊始，进入常规学习的第一环节——"闪亮登场"。被点到名字的同学欣喜，拿着自己的本子开心地站到讲台前准备宣读自己的作品。没有被点到名字的同学坐得端正，期待进入欣赏的情境中。"呀，竟然有祝华？""有郝静……""还有王琪？！""侯博宇！"揭示名单的同时，带来意料之中或意料之外的欣喜，也带来了倾听的阅读学习期待。

2. 叩开发问、评价的闸门

接下来，闪亮登场的同学们逐一展示朗读自己作文中被教师画了红圈（表示精彩）的部分，然后自主提出"请大家评价"。虽然只是一句话，但是是学生自己提出来的，学生们或发问，或评论的闸门顿时打开了——

例文1（侯博宇）：我们学校有海棠树，秋天到了，校园里海棠树也结果了……我们兴高采烈地去往海棠花溪，远远看见海棠树有几十棵，他们三五成群地凑在一起，好像在窃窃私语……这些果子在三个地方，第一是长在树上，他们露在外面，对我们微笑；还有的藏在树叶后面，羞羞答答地不敢出来见我们。第二是掉在水里。因为水很凉，是个天然的大冰箱，所以果实都保存得很好，一个个都水灵灵地静静地躺在水底；第三是落在地上。因为天还比较热，所以大部分坏了，还有的被虫子蛀了……

评价1：他把果子的位置进行了分类，长在树上的，掉在水里的，落在地上的，然后通过观察，写出了各是什么样。

评价2：他用了拟人的写法，说是"藏"在树叶后面，羞羞答答。把小溪比作天然的冰箱，因为在水里的果子好好的，没有坏掉。而地上的果子是坏掉的，说明溪水很凉。

例文2（吴金戈）：……我们学校的海棠果也丰收了，有红的、青的、半红半青的，他们圆圆的，胖胖的，像一个个灯笼一样挂在树枝上，虽然它现在还没有完全成熟，但我已经有了品尝它的念头……

评价1：写了海棠果的颜色和形状，用了比喻句，跟世纪林里的灯笼一样，还写了自己的想法，想尝一尝它的味道……

评价2：因为世纪林里的灯笼上面挂着，下面有个穗头，海棠果呢，上面有个梗，下面有个像穗头的那个东西，中间肚子鼓起来，样子就跟灯笼一样，一个是大灯笼，海棠树上挂的是小灯笼。

例文3（盛纤然）：……如果运气好能捡到三个小海棠连在一起的。你乍一看："咦？海棠树下怎么会有樱桃呢？"其实是海棠果！看，海棠果多神奇啊，还会变魔法呢！

例文4（王梓萌）：我发现海棠花溪里的海棠有两种，一种是西府海棠，一种是大鱼海棠。大鱼海棠的叶子颜色比较深，果实又大又红，沉甸甸的，把树枝都压弯了。西府海棠的叶子颜色比较浅，果实也比较少，而且很小，但非常可爱。海棠果有的红，有的绿，五颜六色的。突然有一个海棠果掉了下来，落在小溪里，我捡起一个尝了尝，酸酸甜甜的，和苹果一样。

评价1：写了两种海棠，她观察得非常细，分别写了两种海棠的叶子、果实的不同，还写了海棠的味道。

评价2：她把两种海棠进行了对比写。

……

例文5（郝赟）：到达地点后，我第一眼就发现了一个特点——每棵树上都挂着一个牌子，走近细看，牌子上写着本树的名称和描写它的一首诗，比如：大鱼海棠树上挂着"东风袅袅泛崇光，香雾空蒙月转廊。只恐夜深花睡去，故烧高烛照红妆"。再比如……

海棠果真美啊！远远望去，只见三五成群，好像在说悄悄话。我不禁想起了山楂，感觉它就是青色的山楂，还像小小的西红柿。走近了看，会发现特别像晶莹的石榴……

评价1：他按照观察的顺序写，先写远看，再写近处看，还举了例子，抄下了诗。

评价2：他说海棠"三五成群"很有趣，像人一样，感觉很热闹。

评价3：他想起了校园里的山楂和石榴，这些果子都有相似的地方，观察得很仔细。

例文6（赵雨薇）：……当我们走近海棠树，红色的海棠果像宝石，似火焰，若朝霞，在阳光的照耀下发出耀眼的光，像是在吸引着我们的目光，此时，它是安静的。

海棠果又是"活跃"的，像个顽皮的小孩子。一颗颗海棠果随着秋风摇动，在树叶间钻来钻去，露出小巧玲珑的脑袋，显得淘气、俏皮。几个调皮的小海棠果"栽"到了地上，被三五成群的学生"捉住"，放在鼻子上嗅一嗅。啊，一股清香的气味扑鼻而来。

评价1：海棠果的红色，用了好几个比喻，写出了红的样子，还写到了光泽，这是我没想到的。

师：写了耀眼的光，给你什么感受？

生：好像有了生命。

评价2：写得像《小镇的早晨》一样，每个段落写了一个特点，用一句中心句总结。还运用了比喻，抓住了动作，写出了活泼可爱。

评价3：写得很有趣，"栽""捉住"，写出了果子的顽皮。

例文7（胡宇宽）：这些海棠都在不同的地方：有的在树上，有的在水中，还有的在地上。树上的迎风晃动，水里的在旅行，可地上的单独坐在那里，一动不动。海棠真美啊！我做了一首诗：

海棠吟

一串海棠挂树梢，

半树彤彤半树琼。

可怜八月十五日，

大珠小果落碧潭。

评价1：按照海棠掉下来的地方进行了分类写，写了它们的姿态。

评价2：他自己创作了一首诗，表达了喜爱的感情。

评价3：他很有想象力，把海棠果比作了人，坐在那里，或者是去旅行。

一切都在我的意料之中，每位同学写的方法学生们是能够发现的，文中体现的情感是能够体会到的，评价也是很到位的。学生用自己的语言表达出来，就是内化理解的过程，评价的过程就是观摩学习，深度学习真实发生了。

3. 交给解决问题的钥匙

接下来，进入对照榜样充实自己的习作阶段。

师：当我们充满着喜爱的感情去写的时候，语言就自然生动起来了，感情也就自然出来了。他们的哪些写法是你没有用上的，或给你留下了深刻的印象呢？

生1：他们写得都很好，他们有的仿照《小镇的早晨》写的，有的仿照《葡萄沟》写的。

生2：我们都去那里看了、玩了，我也玩得很开心，但是这些都没有写进去。

生3：写多了并不难，把看到的、想到的、捡果子这些事都加进去，就是表达了对海棠花溪的喜欢。

生4：我也要创作一首诗，把诗也加进去。

生5：要写出果子的颜色、吃的时候尝到的味道，还有我捡海棠时看到了金鱼的样子。

……

师：是啊，你去看、玩的时候，心情是怎样的？

生：喜欢。

师：那你在这里做的所有的事情就都体现了你的喜欢啊，只要如实写出来，字数就写多了呀。把字数写多，难吗？

生：不难。

师：是啊，写作文不是为了字数多少，而是为了表达出我们的感情。

师总结：以上同学从内容方面和写法方面总结出了这些习作的特点，也反思了自己习作中缺少了什么。这些习作还有一个共同的特点，你发现了吗？（沉默）他们写的为什么你那么爱听，都在写同一个内容，而写出的语言却不相同呢？

生：他们写了自己的看法和感受。

师：是啊，每个人观察或体验某一处景物都有自己感兴趣的点，这个兴趣点是你与旁人不同的，是独一无二的，因为你喜欢，融入了感情，所以，写出来才这么生动。感谢今天闪亮登场的同学，为同学们树立了写作的好榜样。

（简评：榜样的力量是无穷的，教师提供丰富的案例并让孩子们自主评价，倾听和评价的过程就是习作方法学习和教师指导的过程，而且这些都是共同体验过的，也再次促进孩子们回想当时的观察过程，反思自己的习作。）

4. 找寻写作的归属感和乐趣

习作的情感归属即为什么非要写作文呢？难道仅仅是为完成作业而做吗？如果是这种心理驱动，那就不能真正激发孩子们爱写作，持续写作甚或自己主动写作、创作的积极性。而习作指导的另一任务就是激发写作的持续的热情，让写作变成一种具有内驱力的行为，一种有情感、有生命力的事情。下面我就引用三位作家在书中的原话，进行点拨。

同学们最喜欢沈石溪先生的动物小说，至今为止，他已经写了五百多万字的动物小说了，他为什么写了这么多动物小说呢？请看他是怎么说的——

生读："动物是人类的一面镜子，人类所有的优点和缺点，几乎都可以在不同种类的动物身上找到原型。文学虽然是人学，但人类本身就是从动物进化的，至今或多或少地保留着某种动物性，如果着力于从动物身上折射出人性的亮点和生命的光彩，在动物王国中寻觅人类在进化过程中失落的优势，或指出人类在未来征途上理应抛弃的恶习，将为动物小说的存在寻找到坚实的价值基础，为动物小说的发展开辟宽广的前景。——沈石溪"

师：作者借写动物世界里的故事，来思考人类的生存和发展。这真是一种独特的想法和做法，是一件多么有意义的事情啊！

师：大家都喜爱曹文轩先生，曹文轩先生还到我们学校给大家做过写作的讲座，至今还记得他说过的一句话：写作需要折腾。曹文轩先生出的书大家都爱看，那他通过写书又想为人们做些什么事情呢？举一个例子来说吧。

生读："就在我写完《青铜葵花》后不久，我读到了罗曼·罗兰的一段文字：我们应当敢于正视痛苦，尊敬痛苦！欢乐固然值得赞颂，痛苦又何尝不值得赞颂！这两位是姊妹，而且都是圣者。她们锻炼人类开展伟大的心魄。她们是力，是生，是神。凡是不能兼爱欢乐与痛苦的人，便是既不爱欢乐，亦不爱痛苦。凡能体味她们的，方懂得人生的价值和离开人生时的甜蜜。《青铜葵花》要告诉孩子们的，大概就是这个意思。"

师：每一部书都浸透了作者的人生观和世界观，都在表达一种思想或认识。同学们都读了《森林报》，作者比安基为什么会写得如此生动，吸引人继续读下去呢？这本书的译者王汶翻译家说——

生读："比安基在很小的时候，就开始自己打猎了。成年后，在乌拉尔和阿尔泰山区一带旅行，沿途详细记下了他所看到、听到和遇到的一切。到二十七岁的时候，他已经累积了一大堆日记。

他常常回忆起童年时代在动物博物馆里玩时的心情。这边是两只小棕熊，扭在一起打着玩，它们的大哥哥蹲在一旁看着它们。熊妈妈躺在山坡上打瞌睡。那边是两只老虎，一只在岩石上，一只在岩石下，龇牙咧嘴，好像马上要彼此扑上去了……这边是一只老鹰，一动也不动地悬在半空中。那边是一只刚从窠里飞出来的野鸭妈妈，窠里还有蛋。

它们全罩在大玻璃罩里，都是标本。可是，那时比安基可不相信它们是死的。他想，那一定是被一个魔术家给"定"住了。只要学会叫它们苏醒过来的咒语，一念，它们就会活过来。

当二十七岁的比安基想起这些时，他决心要当个作家，用艺术的语言，让那些奇妙、美丽而又珍贵的动物，永远地活在他的书里！"

师：读了这段话你有什么启发呢？

……

后来，在学生的日记中我发现他这样写道："原来觉得写作文是件很无聊的事情，听了王老师说比安基写作是为了让那些动物永远地活在他的书里。我也想这样。"仅有同伴榜样的感染也许会起到一段时间的作用，而向作家汲取写作的力量却是对写作价值观的点拨、引导，播下一粒热爱写作的种子。

【要点罗列】

（1）适用于缺乏写作热情、态度敷衍的小学中段学生。

（2）善于发现榜样。选择的榜样一定要是学生身边的同学、熟悉的作家等真实的例子，具有榜样示范、引领导向的作用。

（3）互动交流产生自由碰撞、共鸣和共识是习作指导的最大价值。在学习指导过程中一定要创设自由发言、敞开心扉的情境，才能互相启发，积极地接收信息。

（4）写作任务驱动或写作任务的情境创设，要基于学生当下生活、当下心理需求，基于学生的意义发现。

【常见误区】

（1）以说教式、"教学"式为主。

写作是极具个性化的行为，从观察、诉说到写成文字的过程是一个复杂的自我建构与否定、再建构的过程，也必然是基于个体大脑思想复杂加工、炼制的过程，任何"灌输""说教"或用我们的主观思维给予所谓的指导都是事倍功半的，应多用欣赏、互动交流讨论的方式。比如：交流本班学生作品的优秀片段，让学生读（读、倾听就是体验），让学生来评价，而不是教师透析优点所在。一样的事情让学生去做、去议，最后容易形成共识，被积极吸收。

（2）选择的榜样是学生不熟悉的。

不熟悉的榜样起不到良好的影响和激励作用，学习者会有一种不真实感，以一种旁观者的心理状态参与学习，起不到好的学习效果。

（3）任务情境不真实。

不真实的任务情境，会导致学习的意义大打折扣，无法激发学生积极主动倾吐的欲望。

（4）不注重体验能力培养，怕浪费时间。

读文字是间接体验，实地观察、顺应观察如实写是直接体验，无论哪种方式，都需要有足够的时间和自由度。有了丰富深刻的体验，能受到感染，激发起学生写作的兴趣，就像给学生装上了写作的"发动机"。

（二）锻炼思想和情感

上习作指导课，教师以同写一篇为例，详细指导怎么写，写作方法也讲了不少，然而一说写作，学生仍然犯了难，尽量回忆着教师的指导要求，结果写出来的文章一个模式，学生的思维被限制，字数也写不多。

【妙招介绍】

教师的写作指导是把双刃剑，教师主导性太强就会限制学生思维，使其泯灭对鲜活生活观察和表达的乐趣。学生的写作经验和生活经验并不是零基础，基于学生的已有经验，放手让学生参与习作评价标准的讨论，研究评价标准的过程就是写法指导的过程，走出教室，到实景实地处观察体验，想怎么写就怎么写，写作过程完全自主。①让评价搭起实际操练的舞台。②让评价发挥反思操练的效力。③放飞心灵，自主体验。④体验成就感带来的幸福和快乐。

【案例叙述】

海棠熟了
——《海棠熟了》习作全过程指导第二阶段

1. 让评价搭起实际操练的舞台

第一阶段完成的是写作欲望的激发，也倾听、评价了可以参照的样本范例，这些都是学生的感性认知，零乱的思路还需要有一个整体的、系统的、有序的梳理和再提升，让后面的实地考察和习作变成更有序、有意识的自觉体验。

"老师这里有一篇文章，给大家读一读，请同学们帮帮忙，看看怎么修改？再做些什么工作呢？"

"内容太少了，太空洞了。"

"好，怎么写才能写得多，写好呢？大家头脑风暴开始——"

学生自由发言，不点名，不限制，教师一一在黑板上写下具体内容，相同的内容只写一个，最后梳理成写法即评价标准如下（见表5-8）。

表 5-8　写法梳理

序号	怎样写清楚，写得多
1	紧紧围绕一个意思写。写出真实的感情和感受
2	把细节加进去：对话、样子、姿态、动作、场面、神情、心理……
3	写出"六感"：听觉、视觉、嗅觉、味觉、触觉、感觉。把自己的感受、感想、想象、联想、猜测加进去
4	多角度观察，多角度写：正面与侧面；远看与近看；仰视与俯视；放大与缩小；我看与他看等
5	用点方法：比较、对比、分类、引用、比喻、拟人、排比（有的……有的……有的……；或……或……或……；有时……有时……有时……）、直接抒情、插叙故事或传说等
6	写变化（不同时间段看到的不同，不同季节的不同等）

怎样写，才能写得多？

写得多，就是做加法，写出折腾，写饱满，写丰满，写丰富，写生动。

反思：

引导学生进行评价的过程也是指导学生怎样细致观察的过程。每个孩子的话语系统、语感都有着细微的差别，容易影响到理解，因此，在制定评价标准的过程中一定要尊重学生的语言表达习惯和方式，教师可以提出建议，但是得经过孩子们的讨论认可。虽然跟孩子一起制定的评价标准看上去分类不那么严谨，甚至表达不是特别规范，但是，仍要以这样的现实表达为基础，因为它的诞生是孩子们思想成果的表达形式。

2. 让评价发挥反思操练的效力

"请对照自己的习作，看看少了什么？能借鉴这些同学的哪些内容？对照评价标准你做到了哪一条，批注在自己的习作旁边，还需要补充什么？需要实地观察或考察的，在文本上做出标注、记录。"

给出十分钟的时间进行批注，记录。同伴互相交流，说一说自己的修改计划，明确接下来实地观察、考察的目标。

3. 放飞心灵，自主体验

"我们对照评价标准，有了再次观察、考察的目标，下面我们就再去海棠花溪实地观察，边看边写，或边写边看。"过程中，有的孩子跑到远处看又走到近处看；有的探出半个身子去捡掉在溪水里的海棠果；有的站在果子最大最美的那棵海棠树下跺着脚地喊："掉下来，掉下来，掉下来……"果然一颗果子掉了下来，引得周围几个孩子一起哄抢；有的静静地站在树下，把本子放在长条形的围栏上边看边记录……

在上课过程中，校长带着两三个人经过此处。有的同学开心大方地走上去问好，并举着果子让校长看。校长说："你们可以摘一颗尝一尝。"这"圣旨"一下，顿时沸腾了……

自然这个插曲也被写进了作文里；自然那位同学跺脚盼果子的故事也被写进了作文里；自然他们看到的同学们当时观察、记录的场景也写在了作文里；自然写作评价中又增加了一条：写出有趣的故事……作文变成了真实情感和真实生活的诉说，思想和情感的表达自然浸润其中。

4. 体验成就感带来的幸福快乐

再次批阅这次习作，强烈地感受到变化之大。这次学生的互评是以找亮点为主进行的。小组内对照评价标准逐条查找，然后整体评价。一致觉得写得好的地方用五星标注。

"对照两次习作，你有哪些进步？晒一晒自己的幸福吧！"展示朗读自己的作品，是一种奖励，也是榜样示范。正值校庆70周年纪念日，学校征集作文，这些同学的作品被放到学校官网上的特色课程一栏发表，极大地调动起了孩子们自主习作的热情。

指导效果数据统计：一个班写得质量高且平均字数超400字，作品被学校推荐在校园网上发表的同学有83%，这部分作品平均字数510字，最多的写了931字。

所教两个班习作指导后的成效统计如表5-9所示。

表5-9　习作指导成效统计

作文评分	四班	五班
一类文：字数多，质量高	83.8%	77.1%
二类文：字数够400字，质量较高	13.5%	8.5%
三类文：字数不够350字	2.7%	14.4%

第一次习作：

海棠熟了

四（4）班　赵雨薇

校园的秋天，秋高气爽。漫步育英校园的那条海堂花溪，不管我们是安静的，还是热闹的，它都守护着。

我们海棠树下有一条小溪，溪边种了许多海棠树。走进海棠花溪，远远地可以看到枝干繁多的海棠树在潺潺流水的小溪旁静候着我们，欢迎着我们的到来。当我走近海棠树，看到红色的海棠果儿像宝石，似火焰，若朝霞。在阳光的照耀下发出耀眼的光，像是在吸引着我们的目光。此时它是安静的。

海棠树又是活跃的，像个顽皮的小孩子。一颗颗海棠果随风摇动，在树叶间钻来钻去。几个调皮的小海棠果"栽"到了地上，被三五成群的孩子捉住，放在鼻子上嗅啊，嗅啊，一股清香的气味扑鼻而来。

我不仅喜欢安静的海棠果，还喜欢活跃的海棠果，它也是我们秋天的美景之一呢！（321字）

第二次习作：

海棠熟了

四（4）班　赵雨薇

校园里的秋天，秋高气爽，也是果子成熟的季节，漫步在校园，无论我们是安静的还是热闹的，那片海棠果都守护着我们。

我们学校的海棠花溪有许多海棠树。从远处看，红海棠果在一大片绿油油的树叶里，显得分外明显，好像一大片草地中有一朵红花在盛开着，在招着老师，引着同学来欣赏他们呢。我再走近一看，红色的海棠果像宝石，似火焰，若朝霞，在阳光的照耀下发出耀眼的光芒。小小的海棠都有二或三厘米长了，坐在旁边的椅子上，抬头望着红海棠，一小簇一小簇的红彤彤的挂在枝头让我们垂涎欲滴。有些同学忍不住说了出来："我真的好想摘一颗啊！"但我们的校训是"静静挂在枝头的桃子"，对于校园里的海棠则应为"静静挂在枝头的海棠"，所以，我们不能摘！我在一旁仔细地观察这落在地上的小海棠，我发现小海棠上面没有斑点，可小山楂上却有一些小斑点。此时海棠果是安静的。

海棠果又是活跃的，像个顽皮的小孩子。从远处看，一颗颗小海棠果随着秋风摇动，在树叶间钻来钻去，露出小巧玲珑的脑袋，显得淘气、俏皮。走近看看，几个"调皮"的小海棠果"栽"到了地上，被三五成群的学生"捉住"，放在鼻子上嗅一嗅，啊！一股清香的气味扑鼻而来。

海棠果一般在这三个地点：一，在树上。二，在地上。三，在水里。前两个地点我都已经提过了，那么我现在说说水里的。由于小溪一直在流动，所以海棠果也顺水漂流。在水里游泳的海棠果千姿百态，有的"头"朝前，"脚"朝后；有的"脚"朝前，"头"朝后；有的横着游。记得有一次，我捡到了一个不太红的海棠果，也许它还没有长熟就被风刮下来了。我的脑海里冒出了一个念头：扔到水里看看鱼吃不吃？于是，我在溪边找了一个鱼多的地方，"扑通"一声将海棠果扔了进去，我想海棠果应该在鱼的世界算是上等美食，会有鱼吃吧。可我万万没有想到接下来鱼会这样做，它们不但没有吃，其中还有一条小鱼用尾巴扫动了一下海棠果，好像在说："这个海棠没红，你还是再捡一个吧。"这可使海棠在它们的"美食单"中一落千丈，我不甘心看着海棠果的名声就这样一落千丈，便又捡了一个红彤彤的，这次终于有鱼吃了。

看到校园里满树成熟的海棠果，我不禁想到"磊磊落落秋果垂"这个诗句。我不仅喜欢校园里安静的海棠果，还喜欢活跃的海棠果。它也是我们校园的美景之一呢。（931字）

【要点罗列】

（1）把评价的自由交给学生，相信学生的智慧。

（2）把选材的自由还给学生，真实生活是思想和情感的源头。

（3）把想象的自由让给学生，真实的体验中有许多不可预知的事情发生，每个孩子的视角和感受是不同的，给予他们想象的自由空间就是尊重生命体验的独特性。

（4）把表达信心交给学生。本来生活就是需要诉说的，表达不可怕、不难，只要能通顺无误地把自己内心要表达的思想或情感表达出来就是最好的。

【常见误区】

（1）把范文示例当作指导的法宝，取代真实体验。

范文指导写作的效果经过实践证明，收效甚微，因为每个人写作都基于自己的情感体验，情感体验不同，个性不同，语气、语调风格不同，结构安排也不同，模仿起来很难，而且容易被框限。

（2）习作评价的内容求全。

习作都是练在当下，每个年级每个阶段学生的写作能力和关注的点都有很大差异，教师往往不分当下学段，不顾当下自己班级学生的现实状况，将习作评价标准强加于学生，评价标准的内容是全面了，但正是因为太全面而导致学生写作畏难。

（3）一味追求立意的高大上，忽略学生真实的内在体验，以教师的价值观取代学生的价值观。

每一个儿童都是一个独特的世界，儿童从自己的兴趣和爱好出发认识和评价事物，有时与成人价值观不同，但真实表达自己的体验、感受、理解就是最好的，也为高学段的创意表达做铺垫。

（三）让感官敏锐起来

为什么孩子的语言如此贫乏、平淡、概括，毫无表现力？为什么学生使用的许多词和词组，并没有带着鲜明的形象进入他们的意识，也没有跟周围世界的事物和现象发生联系？为什么孩子的话语里没有他自己的、活生生的思想？为什么让展开写，他却不知该如何展开了呢？

【妙招介绍】引向活动，鲜活短语，让感官敏锐起来。

如果没有生活的积累，你会觉得一个个的词语或词组就像一个个抽象的概念摆在书上，自然也体会不到其中的情景、形象、观念、事实和现象。苏霍姆林斯基说："全校首先要有高度的语言修养，应充满对语言十分敏感的气氛。……要领学生观赏大自然，对他们表明颜色、声音、动作的细微差异，向他们说明人的劳动就是创造，并使这一切通过语言、通过说话的语气反映出来。"要把学生从书本和思想引向活动，再从活动引向思想和语言，这样才能使语言成为创作的手段。带着问题，带着思考，带学生到大自然中去，到生动思想的源头去游历，跟孩子们一道学习用词表达事物和现象的细微差别。通过分享交流，学习用准确而优美的语言交流思想，交换对周围世界的观感，将语言和思想、思考统一协调起来，彼此间相互作用。思想活了，眼光亮了，语言自然就丰富了，可说的话就多了。

1. 即兴对话，生发情境体验

师（即兴作文）：刚刚过了假期，咱就来分享一下假期的见闻吧！

国庆节七天假期，虽然知道旅游景区人多、拥挤，但还是忍不住去挤一挤，心里安慰自己：旅游就要挤一挤，热情就要挤一挤，挤一挤，才说明看到的景色是多么的珍贵、难得啊！不挤的不叫风景。

我们这个西安兵马俑团，导游非常尽责，5：30就出发了，想赶上旅游景点的第一拨观看的人群。尽管如此，等过了第二道门的时候，看到兵马俑处已经是人山人海了。每过五六分钟的样子，人群便可以往前移动不到一米，再过五六分钟，再移动一米。每次移动都不需要自觉迈步，后面的人直接就拥着你往前动，不用担心落队。头顶上太阳直晒下来，汗珠从我脸上滚下来，可是后面的前胸紧贴着我的后背，令我又感嫌恶又很无奈。看看旁边的两个八九岁的小男孩，被两个大人对着脸用胳膊支撑出可以转身的空间，还一直嚷嚷："别挤了!别挤了!"不远处，时常传来大人的呼喊声："不要推，不要挤了，看着脚下的孩子！！""别挤了，快出人命了！"我时不时踮起脚尖看看，再看看，总前不见头，后不见尾，人头攒动，挨挨挤挤，不见空隙。此时想退出不看了，也退不出来，只好被拥着往前走。低头看一下自己的脚，被踩得疼不说，更是连个颜色也不见，像两头花斑狮子一般了。唉，这受罪的旅游。可是，不若此，怎会一天有十几万的游客来虔诚地不怕拥堵危险来参观、瞻仰？这不正是世界文化遗产的魅力吗？我用种种安慰术、种种想象来打发因拥堵而浪费的时间，平复烦躁的心情。

一百米不到的距离挪动了两个小时，终于可以进去看了，回首再往后面看，呀，自己还是很幸运的……

（刚刚看到我停顿，收尾，没等提示，就有学生站起来自动言说了。）

生1：老师，你讲了这么多就是想说人特别多。

生2：前几天，我去天安门广场完成"我和国旗合个影"的作业，那里的人都乌泱乌泱的，已经看不到地了！

因为是国庆假期，大家都忙着回家。我看到一个视频：地铁关门都需要警察把人推上去手动关门。更可笑的是，有一个人正要下地铁，刚走了一半，又被上去的人给挤上去了！哈哈哈哈，笑死人了！地铁站里已经堵得水泄不通了！

生3：我们排队观看，都不用自己往前走，简直就是自动人肉电梯。

师：刚才老师说的和大家说的，咱们用一个词概括，是什么呢？

生：人多。

师：换个词呢？

生：摩肩接踵。

生：人满为患。

生：拥挤。

生：车水马龙。

生：人山人海。

师：请问，人这么多，这么挤，给你带来这么多烦恼，你为什么还来这里？

生：吸引力大。总想吃上、看上，不然很遗憾。

生：排队看到的风景格外美丽。

师：这位同学说的好有哲理。同学们刚才讲的每一句都没有离开"人多"，但却生动地再现了人"异常多"的情况，非常厉害。咱们说的这些话，看起来大家也都爱听呢！这些话都有个共同的特点，你发现了吗？

生1：让人身临其境。

生2：眼前好像有这个画面。

生3：似乎触手可及，随即可见。

师：这叫生动形象，有表现力，有画面感，有这些文章就鲜活了。

生：还可以用时间或者物，隐喻爆满场面带来的心情。

师：比如？

生：太阳光斜照在他脸上，眉头紧锁，嘴角紧抿着，左瞧一瞧，右望一望，再问问……

2. 寻找"本领"，悟理得法

师：刚才同学们这些生动的叙述其实是用了很多的"本领"的，比如，刚才小王同学说的这个方法，他自己起了个名字叫"用时间或者物隐喻爆满场面带来的心情"，简单点说就是聚焦一个典型人物，抓住环境（光）、人物的神情和动作进行细致的描绘，展现人物焦急等待的心情，突出当时的人多。这就是场面描写时点面结合中聚焦"点"的描写。

再看看还用到了哪些本领？

生：借助写人物的心理安慰侧面写人多。

生：用现象当中的动作特点突出人多。

生：通过视觉观察到的真实情况的真实叙述。

师：我们起个名字，叫？

生：细致描绘。

生：素写，老师说过。是什么样就写成什么样。

师：我们就叫素写，还可以叫白描吧。

生：抓住人物动作语言。

师：解释一下？

生：大人给孩子撑开一点空隙转身，还有其他大人喊的话，小孩子的抱怨声，体现了当时的场面。

生：还用了对比和比喻。比如，鞋子的变化……

生：还运用了联想和想象，人靠联想来打发时间，缓解无奈的心情。

3. 思维拓展，丰富表达

第一阶段：自主交流、讨论、发现

师：以上都是我们亲身体验的，下面请看几张网络上，还有朋友圈里发的照片。各大官网和网友们又是怎样说？从哪个角度说的呢？下面同学们小组内读一读，议一议，找出表达得好的地方，总结写法。

小组自主活动。

材料及预设批注如下：

网络：10月1日北京八达岭上，游客们摩肩接踵，一点一点地向前移动。北京首都机场，排队等候的出租车排的密密麻麻。（生：从游客和车的情况说。）

大公网：经中国文化和旅游部数据中心测算，10月1—4日全国接待国内游客5.02亿人次，同比增长8.80%；实现国内旅游收入4169亿元，同比增长8.12%。（生：从大数据来说。）

中新社：10月2日，大批游客涌进南京中山陵参观，南京中山陵园风景区迎来"井喷"客流。（生：用了一个比喻。）

闽南网：1—4日，全市假日旅游市场运行安全有序，各景区（点）游人如织，清源山、安溪清水岩、惠安崇武古城、中国闽台缘博物馆、晋江五店市等五大景区累计接待游客45.81万人次。（生：比喻、大数据。）

网友：这辈子最后悔国庆来黄山！早上5点排队，堵在黄山"进退两难"，自己脑子有病！（生：抓住了心理活动和现场现象。）

网友：今天是返程的日子，在同一个地点看见了日出和日落。（生：素写。）

网友：国庆第一天，洪崖洞人山人海，人头攒动，公路再次被挤成步行街。（生：抓住了道路的变化。）

网友：故宫三大殿挤得看不到地面。（生：夸张的手法。）

第二阶段：比较归纳方法

师：同学们，官方网站和网友的评论，都是在展现人多，比较一下，语言有什么不同？为什么？

生：官网语言用数据说话，客观、真实、准确；网友语言用亲身感受到的来说话，主观、夸张、形象。

师：不同身份、角色的人说话的风格、语言都不同，多角度去观察、去表达，这样就能让人切实感受到人多的程度。我们可以搜一搜，找到与自己相关的景点的评论，补充进去，增加读者的体验。

针对以上观察和体验，对于节假日出游，你有其他思考吗？

生：错峰旅游。但是哪儿都人多啊！

生：去些人比较少的地方。

生：可是那些地方景色就比较少，比较小，不太有意思。一般近处，平时就去了。

生：从数据看，出去旅游的人这么多，每年数据都在增长，说明人们有钱了。

生：人们的观念转变了，原来关注吃和穿，现在舍得花钱旅游、玩了。

生：也说明人们美化环境，开发旅游项目多了。

……

师：你们是说国泰民安、安居乐业、生活幸福对不对？这就是联想。

师总结：以上我们从自身体验说人多现象到他人说现象，再到媒体（社会）说现象，最后引发现象背后的深层思考，这些都紧紧围绕"人多"来说、来写。

4. 任务驱动，无上限积分评价激励

师：同学们归纳总结一下，围绕一个词，我们可以用到哪些方法展开写呢？

生（分别说出）：通过联想、比喻、夸张、数据、心理活动、场面描写，还可以写写现象背后的思考等。

师：下面我们自己选一个感兴趣的词语，可以用老师提供的，也可以不用，结合着自己的生活经历和经验，把它展开来写。看看你能用上几种方法呢？

接下来，学生们自由创作，然后分享交流，在交流中完善。表5-10是为词语"配音"微写作无上限积分评价标准。

表 5-10　为词语"配音"微写作无上限积分评价标准

词语	表现的方式（文字）			表达的方法超过三种每一种 +5 分	配插图 +5 分
	情景	场景	画面		

课堂作品展示：

明媚

四（4）班　徐千沣

一阵凛冽的寒风把多天来北京市的雾霾吹走了。

天空湛蓝湛蓝的，有一丝丝白云若隐若现地飘在空中。我的眼睛可以无限地望去，望去，向着高处，向着远处望去。太阳从天空中露出笑脸，阳光落在我的身上暖呼呼的，好像有个声音在跟我说："快出去一起走走吧，我们一起去走一走吧。"阳光落在树上，光线从树叶的缝隙里射进来，地上有许多亮亮的光点。

课后反思：在教室里上课，主要还是以认知—得法—回想训练，然后运用表达的方式进行的。这样的练习有一定的效果，但词语浩瀚，仅靠一节两节习作课是解决不了问题的，这种活动应成为常态，还需配上更多的真正亲身去体验的活动，把学生从读书中得来的词语与生活紧密地联系起来。如，让学生每天写下两个词语，思考含义，再在旁边写出或画出场景、情境、画面等，第二天给同学讲出来。或者教师布置固定的词语，比如：落英缤纷，让孩子们找到一幅相对应的画面，或拍摄也可以，然后，用语言素描出来。还可以开展"我为词语做代言"活动，即写出一个画面或情境而不出现这个词语。这些都是习作微格训练，既积累了素材，又丰富了表象，练就了观察力，一举多得。

作品选录：

绚丽

四（5）班　毕栩洺

绚丽有很多种，比如：自然界的绚丽和人类社会的绚丽。其中自然界里最具代表性的是秋天绚丽的色彩；人类社会礼仪最有特色的是在舞台上绚丽的表演。

秋天的果实是绚丽的。各种各样的果实，沉甸甸地挂在枝头，让人看了垂涎三尺。秋天的满山的红叶是绚丽的，看到红叶让我想起了刘禹锡写的一句诗："山明水净夜来霜，数树深红出浅黄。"

舞台上演员的表演是绚丽的。每一次亮相，每一次旋转，每一次跳跃，每一个音符，带给了观众无比愉悦的审美感受。

秋天绚丽的背后是冬天的积累，春天的播种，夏天的成长；舞台上精彩的表演的背后是演员们每天刻苦的练习。绚丽的背后一定是有辛勤的付出和汗水的，为了我们以后的绚丽，我们现在只有脚踏实地地学习，才能迎来属于自己的绚丽时光。（482字）

点评：这是个会思考的小作者，不仅体会到了绚丽呈现出的色彩、画面，还多角度思考，并思考了现象背后的道理。这是个会读书会学习的孩子。学过《小镇的早晨》这篇例文，其间的思维结构和表达方式，那种积极的内心体验，像种子一样种在了脑海里，与自己的写作实践进行对接,学以致用。一个勤于学习,会学习,具有思考力的人,才能走得更高更远。

悠闲
四(4)班　张笑涵

　　看,那边有一群奶奶在跳舞。她们面带微笑,和着音乐的节拍,时而旋转,时而伸展,时而摇摆,轻盈的舞姿仿佛一只只穿梭的蝴蝶。

　　看,这边有几位爷爷在唱歌。他们表情陶醉,有的吹笛子,有的拉二胡,还有的放声高歌,悠扬的演奏声与歌声一起回荡在我们耳边,犹如一道清泉流过心间。

　　看,旁边还有几位小朋友在练习轮滑。他们排成一队,在障碍间灵活地穿梭,偶尔有人摔倒了也不哭,马上爬起来跟上大家的脚步,好像灵巧的小燕子在展翅飞翔。

　　看,花坛边的小路上还有爸爸妈妈们在推着小宝宝晒太阳呢!他们慢悠悠地走着,不时低下头拿玩具逗小宝宝开心,小宝宝睁大眼睛,举着双手,嘴里还发出"咿咿呀呀"的声音。

　　太阳公公也变得悠闲起来,懒洋洋地把暖暖的阳光洒在每个人的身上,照亮了人们脸上幸福的笑容。

【要点罗列】

　　(1)引导学生确切而又优美地说出体验到的一切,用不同方式的语句表达事物和现象。

　　(2)要即兴言说创作,创设一种即兴交流、自由互动的真实情境。师生的交互作用一定是在安全自由的环境中发生。

　　(3)拓开学生的思维,体验同样一种情境或一个意思的多个词语表达方式,促进学生多角度、多角色体验和思考,体会同一个意思的词语情境的细微差别。

（4）须有评价措施，无上限积分评价旨在持续激励学生自主习作。

【常见误区】

（1）表达自己的独特体验时，要求摈弃那些抱怨之气、非积极之情意，语言要求准确而优美。

（2）教师事先写好下水文，而不是进行即兴作文。只有即兴创作才能创设出一种谈话交流、"聊"的自由表达的氛围，否则给学生带来言语表达的心理负担。

（3）不关注学生同样内容表达中对于叙述的语气、口吻和现象细微的差别，而站在什么样的立场，用什么样的语气语调才是顺利疏通表达的关键。

（4）拓展思维仅仅为了内容写多，而不是一种思维方式的植入。

（四）促生疑问，播种读者意识

"你说他家的鞋子很有创意，有什么创意呢？"

"你写的题目是买靴子，你是怎么挑选的？为什么选这双而不是其他呢？"

"让写难忘的事，为什么难忘？没有突出难忘啊？"

……

在孩子互相评价作文时，常常是以追问的形式来进行的。这种提问或疑问恰恰是孩子们作文中出现的问题，也是孩子们作文中内容不够充实的方面。能够提出疑问、追问是非常宝贵之举，也是教师应该重视并加以培养的能力。

【妙招介绍】

孩子们对周围世界不明白的事情越多，想知道的愿望就表现得越明显，接受知识的敏感性就越强。独立思考问题、提出问题是创造性学习的重要特征，对于写作表达这样的主体活动来说，孩子能提出疑问便说明他发现了需要完善的写作内容。

提问法是将被动的感知变为主动感知，将随意感知变成定向感知。策略就是：什么？怎么？为什么？打开发问的话匣子；发现疑问中的写作密码；为问号和提示语找到"家"；播下读者意识的种子。

【案例叙述】

执教年级：小学三年级。

执教背景：初写写事的作文。

习作要求：写一件（　）的小事，题目自拟。

1. 打开发问的话匣子

师：生活中我们常常购买东西，其间不乏印象深刻的故事发生，一位同学对买靴子的经历印象比较深刻，下面我读一读，大家听一听。

买靴子

冬天来了，天气越来越冷，我想买一双长靴子。

周六上午，我央求爸爸给我买一双靴子，爸爸犹豫了一会儿，眨了一下眼睛，对我说："好吧，但是，我要给你提以下几点要求：一，价格不能超过500元；二，鞋底必须非常舒服。"当然，我什么都答应。就这样我随爸爸和奶奶一起来到了华熙地下一层，那里的鞋子琳琅满目、各式各样。奶奶告诉我："五棵松地铁口旁边有家新开的店，他们家是卖鞋的，但是这些鞋都是自己做的，很有创意，建议你去看一看。"我们来到了奶奶跟我说的地方，里面不大，但是什么都有。服务员阿姨笑盈盈地来迎接我们，她领我们来到了展示窗前，一件一件地给我们推荐，我几乎没有认真听，因为我是来买鞋的，而阿姨却给我推荐的是衣服和裤子。我问阿姨："请问，您这里有卖靴子的吗？"阿姨跟我说："当然有了。"我顺着她手指的方向看去，橱柜里有数不胜数、各种各样的靴子，我目不暇接，都不知道要买哪双了。阿姨给我拿下来了一双很漂亮的黑靴子，我心想：这不正是我想买的靴子吗？我连忙穿上了这一双漂亮的靴子，在镜子前左转转右转转，这双鞋的筒长30厘米，鞋底又轻又舒服。阿姨似乎看出了我也喜欢这双鞋子，她告诉我："这双鞋价格是398元。"我一听惊呆了，天呢，怎么那么贵？我对阿姨说："反正也就最后一双了，就便宜点吧！"最后，我们费了九牛二虎之力砍到了380元。爸爸给我买了这双昂贵的鞋。

这次我学会了砍价，下次我争取砍下40元。（584个字）

师："这篇文章还是不错的，写到584个字了，事情也基本写清楚了。尽管如此，你还有什么要问的吗？"

生1："她最先去的那家有很多样式，而她奶奶又推荐了五棵松那家店，说很有创意，有什么创意呢？"

生2："她买的靴子是什么样子啊？费了九牛二虎之力砍价，怎么费劲砍的呢？"

生3："她说，橱柜里有数不胜数、各种各样的靴子，我目不暇接。有哪些样子的？数不胜数是说多，那是什么多？像《小镇的早晨》那篇课文，写了菜市场上菜的种类多、数量多，人多，什么场面都写得很清楚，而她啥都没写清楚。"

生4："我觉得她买靴子买到自己满意的了很开心，又试着砍价，敢砍价了，也很开心。所以结尾应该加上表示买到靴子开心的意思。"

2. 发现疑问中的写作密码

师："同学们提的问题非常好，那从写作角度想一想，这些问题对应着哪些写作知识呢？下面小组讨论一下，归纳一下。列条说明。问题用关键词提示就可以。"

小组合作讨论，归纳。表5-11说明了所提问题对应的写作知识。

表 5-11　所提问题对应的写作知识

	问题出处（什么）	写作密码（怎么）	为什么
1	创意	店面的环境描写	为买做铺垫
2	样子	靴子的样式、颜色描写	喜欢、为什么买
3	数不胜数、各种各样、目不暇接	具体写、场面描写	难选择，东西好，喜欢
4	砍价	砍价的过程	贵但是喜欢，想买
5	结尾	点题	两个收获怎么表达

经过归纳，虽然各组说法不尽相同，但意思基本一致。经过现场交流、教师引导，学生发现生活问题与写作知识的对应，为下面理性、有意识地修改运用做铺垫。

师：以上根据我们的感觉、想知道的细节，找到了写作的解锁密码。曹文轩先生来我校作读书讲座的时候告诉了同学们一个写作的秘诀，有三句话，其中一句是写好折腾。那你们觉得买靴子的哪个过程会比较折腾？怎么写出折腾呢？

生（异口同声）：砍价。

师：写几个来回算得上折腾，像小作者说的那样费了九牛二虎之力呢？

生：很多次……

生：三次……

师：好，咱们回想砍价的情形，砍价通常用到了哪些方法？

生：央求的办法。

生：想要，但是表现犹豫的样子，故意找毛病，为了让他降价。

生：先多砍然后一点一点地退让。

生：故意走，看看服务员让不让回来，你一走，他就说，回来吧回来吧……

师：同学们真有办法，这是买东西的策略。至少写到来回三次就可以了，说明砍价砍得比较难了。

以上通过具体梳理砍价的方法，孩子们明确了怎样展开写"费了九牛二虎之力"，内容展开了，字数自然多了。

3. 为问号和提示语找到"家"

师：同学们，根据你们提出的疑问，那应该把问号加在文章的什么地方呢？下面我们把问号和归纳的写法放在合适的位置，提醒这位同学修改吧。

学生活动1：在大屏幕上展示原文，同学们一起安放问号和提示语。

互动完成。

4. 播下读者意识的种子

学生活动2：

师：感谢今天宋雅涵同学为大家提供了学会修改习作的平台，下面请宋雅涵同学来回答一下这些疑问吧？

……

师：同学们还有没有得到解答和想弄清楚的地方，说明大家对这家店很感兴趣。可是宋雅涵同学自己会觉得挺明白的，没有什么疑问，为什么呢？

生：她自己亲自去了。

师：对呀，没有去的人，作为读者，这些小细节如果作者没有讲出来，我们的大脑中就出现不了那个场面，也就不明白了。写作时我们要考虑到这篇文章是要有读者的。假若只给自己看，若干年后，一些事情我们就会忘记，不写清楚也是不明白的。这叫写作要有读者意识。一个小的细节，用文字写出来也许需要一段话，写作就是把小点画成一条线。

这个环节通过读者与作者的对话，引导小作者换位思考，逐渐建立起一种读者意识，同时，帮助孩子回忆细节，发现印象模糊的地方，指导二次细致观察。

宋雅涵同学的二次习作：

买靴子

冬天来了，天气越来越冷。我想买一双长靴子。

周六上午，我央求爸爸给我买一双靴子，爸爸犹豫了一会儿，眨了一下眼睛，对我说："好吧。但是我要给你提以下几点要求：一，价格不能超过五百元；二，鞋底必须非常舒服。"当然，我什么都答应。就这样，我随爸爸和奶奶来到了华熙地下一层。

那里的鞋店很多，买鞋的人更多。鞋子琳琅满目、各式各样，但是没有一双我中意的。这时奶奶告诉我，五棵松地铁口旁边有一家新开的店，他们家也是卖鞋的，那些鞋都是自己做的，很有创意，建议我去看一看。我们来到了奶奶跟我说的地方，<u>里面不大，东西也不多，但是商品都是手工制作的，不管是衣服还是鞋子，有的设计有独特的线条和花纹，有的镶嵌了精美的缀链儿，还有的缝着亮丽的蝴蝶结，看起来很新颖，让人耳目一新</u>。服务员阿姨笑盈盈地来迎接我们，她领我们来到了展示窗前，<u>一双一双地</u>给我们推荐。我几乎没有认真听，因为没有我想要的款式。突然，我看见另一个柜子上摆着五颜六色的儿童鞋。我仔细地看了看，柜子上鞋的颜色有的是黑色的，有的是红色的，还有的是粉色的……正当我看得入迷时，阿姨走过来询问我要什么款式。我告诉她："我想要一双黑色的长靴子，花边不要太多，鞋底要舒服就行了。"<u>她顺着我描述的意思给我拿下来了一双黑色的靴子。我心想：这不正是我想要的靴子吗？</u>它比我想象中还要美丽。它的筒足足有40厘米高，<u>前面样式简洁大方，特色在后面，长长的蝴蝶鞋带是配在后面的，大小也正好。</u>我问阿姨多少钱，阿姨告诉我："这双鞋是三百九十九元。"我一听惊呆了，天呐，这么贵！我<u>央求阿姨</u>："阿姨给我便宜点儿吧，您看就一双了，我还那么喜欢，你就给我<u>便宜二十元吧</u>。"阿姨果断地拒绝了。我说："阿姨，<u>便宜十五元总行了吧？</u>"阿姨还是摇摇头说："不行，再这样的话我就亏本了。"我说："阿姨，您最低给我便宜个十元吧。"阿姨无奈地对我说："那好吧。"就这样，我终于砍下了十元钱，爸爸给我买了这双昂贵的鞋。

这次我<u>不仅</u>买到了满意的靴子，<u>还</u>学会了砍价，下次我还<u>要用缩减法的砍价方法</u>，争取比这次砍下的更多。（844个字）

（下划线部分是学生修改后加上的，再次写，其他地方的语言、意思也顺畅了许多。）

【要点罗列】

（1）选文要选中上层次的文章。

（2）给予学生充分的自由空间和时间去发现、发言。

（3）将写作中出现的感性问题转化为写作知识，并还原呈现的位置。

（4）读者意识渗透是帮助学生向着理性写作、有意识创作转变的关键。

【常见误区】

（1）简单二元论式修改指导。或把评价当作评判，或把帮助改进当作批判，搞得当作例子的同学整节课很紧张，其他同学也没有安全感，不能敞开心扉畅所语言。

（2）找到问题即目标。没有把发现的问题进行归纳提升、对接到写作知识，也就是没有将写作知识与生活经验结合起来理解，使感性认知停留在感性层面，写作知识与生活经验变成了两张皮。

（3）发现了写作问题后，不能引导孩子们再动一动手、动一动脑进行归位安放，使所解决的问题、所发现的方法悬空。

（4）不能引导学生在写作时提升读者意识，亲身体验与写作是两件事情。写作是把一个点用语言展开来，是在"显微镜"下细细描。

《义务教育语文课程标准（2022年版）》一大变化在于凝练了语文核心素养，即学生在积极的语文实践活动中积累、建构，并在真实的语言运用情境中表现出来的，是文化自信和语言运用、思维能力、审美创造的综合体现。

新的变化实际上把写作贯穿于语文教学的各个过程，尤其是学习任务群的学习中，这实际上真正体现了作文教学的价值，凸显了作文教学在思维、创新、研究中的意义和价值，凸显了作文在语文学习和各科学习中的意义和价值。